"十二五"国家重点图书出版规划项目

顾问：刘魁立 马盛德
主编：高丙中

龙王庙前盘子会
一部"文化遗产"的后现代多声部民族志

Pan-zi Fairs in Front of the Dragon King Temple:
A Postmodern Polyphonic Ethnography of "Cultural Heritage"

宋 奕 著

图书在版编目(CIP)数据

龙王庙前盘子会：一部"文化遗产"的后现代多声部民族志/宋奕著.—北京：北京大学出版社,2016.10
（写文化丛书·中国非物质文化遗产报告）
ISBN 978-7-301-27147-6

Ⅰ.①龙… Ⅱ.①宋… Ⅲ.①文化遗产—介绍—柳林县 Ⅳ.①K292.54

中国版本图书馆 CIP 数据核字(2016)第 107225 号

书　　名	龙王庙前盘子会——一部"文化遗产"的后现代多声部民族志 Longwangmiao Qian Panzihui
著作责任者	宋　奕　著
责任编辑	陈相宜
标准书号	ISBN 978-7-301-27147-6
出版发行	北京大学出版社
地　　址	北京市海淀区成府路 205 号　100871
网　　址	http://www.pup.cn
电子信箱	ss@pup.pku.edu.cn
新浪微博	@北京大学出版社
电　　话	邮购部 62752015　发行部 62750672　编辑部 62765016
印　刷　者	三河市北燕印装有限公司
经　销　者	新华书店
	965 毫米×1300 毫米　16 开本　19.75 印张　插页 20 页　236 千字 2016 年 10 月第 1 版　2016 年 10 月第 1 次印刷
定　　价	56.00 元

未经许可，不得以任何方式复制或抄袭本书之部分或全部内容。
版权所有，侵权必究
举报电话：010-62752024　电子信箱：fd@pup.pku.edu.cn
图书如有印装质量问题，请与出版部联系，电话：010-62756370

图1

柳林 初到柳林，我发现面前的"柳林"远不是我浪漫想象中的那一片柳树林子里的穷乡僻壤。贺昌大街上往来的小车，还有青龙大桥两边的高楼都在快速修改着我心中预想的小镇图景。（图1）很难想象原来从对岸的青龙到柳林还要坐船，"秋冬水少，木头搭个浮桥，石头垒起，盖个木板，到四月十八古会后就是汛期，就拆桥，小木船两面拴粗麻绳，人拉纤……"现在清河水少了，高楼也多了。在城市化的巨变之中，岁时节庆和婚丧嫁娶中的一些风俗倒是如同这"抖气河"上冬晨仍然蒸腾而起的缕缕白气，顽强地留了下来。（图2）

图2

旧街 柳林七十年代之前最热闹的旧街已经被后来居上的贺昌大街所取代。现在，这条被称为"明清街"的老街上除了经营着纸活、土产、炒货、理发、小吃等各类老产业的小铺面，还有"坐地户"与外来打工的租户们混住的古旧院落。（图3）镇上的打工者大多来自地势较高的周边乡镇。他们黄土高坡上的家乡被柳林人习惯地称作"南山"与"北山"。（图4）

图3

城市化 柳林县城城市化的进程始于2000年前后。旧国道以南的"南坪"原来是一溜水浇地，后来成了新建楼房的聚集地。十八米街和来福区以三四层的商住两用楼房为主，而贺昌大街南面两座高耸的塔楼"银凯楼"则聚居了从旧街搬去的一些富裕户。（图5）

图4

图5

图6

腊月 腊月里的柳林正处于年终的繁忙之中,镇上随处可见的"彩门"提醒人们,柳林一年中最红火的季节就要来了。(图7)古旧的明清街上平日里显得暗沉青黑的临街店面也因为这些以大红色与金色为主色调的节庆用品而在冬日阳光的反射下显露出勃勃生机。(图6)

十八米街 十八米街的兴建改变了柳林镇原有的格局与面貌,也让贺昌村的一部分较有家底的农民成了镇上最繁华街区内楼房的产权拥有者。小年将至,十八米街背街的院子已经被各色花纸装扮了起来。(图8)

图7

图8

图9

盘子 盘子常被人称作"移动的庙宇",每年元宵前后就会出现在柳林的大街小巷。据说它起源于古代搭棚祭神、供奉天官的活动。后来随着明清两代柳林镇商品经济的迅速发展,开始有匠人将民间庙宇按比例缩小,做成可以拆卸的"盘子"。脱胎于周边各地"天官会"的"盘子会"也就此成为柳林镇(图9)与镇郊穆村(图10)元宵节的一道独特风景。

图10

图11

"棚棚"与庙 柳林的盘子与包围县城的南、北山上的风俗显现出亲缘关系。对于从南、北山上下到柳林定居或打工的人来说,盘子其实与他们村子里至今还有的"棚棚"(图11)和天官庙(图13)在功能上并没有太大的分别。即使是在柳林镇上的一些地方,现在也还能零星看到一些天官庙(图12)。

图12

图13

盘子的拆搭 纠首们齐心协力参与盘子的搭和拆本身就被看作是盘子会"红火"的一部分。在正月里闲暇无事的柳林人在拆搭盘子的过程中实现了社区邻里的互动协作，提升了"旺气"。（图14）盘子骨架搭建好之后，安装屋檐、斗拱、画板和零零碎碎的毛头滴水都是复杂的工作。把这些让人眼花缭乱的构件识别出来，再正确地安装到合适的位置并不是件容易的事情。（图16）一般情况下，纠首、主人家中都有一两个经过长年参与积累了一定知识的里手。在人力不足或是技术传承出现断层的情况下，请盘子制作者指导拆搭或干脆雇用专业木工师傅负责盘子的拆搭现在也并不少见。（图15）

图14

图15

图16

图17

图18

教化与祈愿 盘子里各面的彩绘画板上除了绘有天官牌位,还有包括"护儿张仙""送子观音"和八仙等在内的各路神仙以及"二十四孝"之类的教化故事。(图18、图19)此外,盘子的各面还挂有木雕对联,多是以祝愿国泰民安、人丁兴旺为主题。(图17)

图19

图20

"供献" 盘子里的"供献"包括香菇、土豆、银耳、木耳、粉条、黄花和肉块等供菜,此外还有各式的蒸制面塑,如"大供""寿桃""佛手""羊腿把"和"卷卷"。更为特殊的蒸制供献是放在正中天官牌位前的人形的大枣山、分位于两边的"枣洞洞",以及面塑的鱼、猪、羊"三牲"。此外,盘子里还摆放有各式果品:葡萄、菠萝、橙子、香蕉、酒枣、炸花、柿饼、葡萄干、瓜子、糖、花生等等。(图20、图21) 传统的"供献"面食都由妇女们在家中蒸制,但现在有很多盘子会会直接在面食作坊采买成套的"供献"。(图22)

图21

图22

图23

图24

图25

枣洞洞 枣洞洞是用面做成的求子容器，拼好后会在盖子上插上"鸡鸡"和"花花"，来分别代表男孩和女孩。枣洞洞里盛放的红枣、核桃等供物也是求子者所看重的好东西，要和"鸡鸡"或"花花"一并捧回。（图24）"鸡鸡"和"花花"用竹木扦子缠上花纸做成，然后还要在顶部插上面塑。（图25）与正月十五天官会略有区别，正月二十五的仓官会上还会出现用玉米面捏制的面塑，上面除了有全家人的属相动物，还有家中的各色用品。（图23）

图26

图27

纠首 盘子会纠首们的准备工作除了搭盘子,还有走家串户"起份子"(图26)、挂彩灯、购用品和垒旺火(图27)。正月十二、十三,鞭炮鸣响,昭告邻里"出盘"的时刻到了(图29),而纠首们新一轮的繁忙才刚刚开始。轮班守盘子、打扫、照应盘子上的大小事务(图28),直到拆盘、出榜。

图28

图29

图30

图31

九曲 十八米街的盘子和九曲都是柳林镇上最"红火"的。（图32）柳林人相信，转完迷宫一样的九曲，就象征着把一年中的二十四个节气都顺顺溜溜地走了一遭，一定能换得满年通顺。（图31）也难怪有九曲之处都是柳林元宵最热闹的地方，锣鼓阵阵，人声鼎沸。（图30）

图32

图33

红火 柳林元宵夜的"红火"离不开旺火。在寒冷的冬夜围着熊熊的旺火观看弹唱、二人台或是各种戏曲歌舞是柳林人元宵夜的必备节目。（图33）在旺火的映照之下，孩子们或是玩闹嬉戏，或是燃放烟花炮竹（图34），而成年人则可以围坐在旺火前谈天说地，或是在供敬完天官之后围着旺火烤卷卷。据说这样烤出来的卷卷会带来好运。（图35）

图34

图35

图36

图37

秧歌 柳林元宵节期间的另一大"红火"就是秧歌。除了本地的水船秧歌,流传自周边各地的伞头秧歌、高跷秧歌甚至谷子秧歌等都可在柳林县城一见。除了盘子跟前聚集人气的自发娱乐(图37),实力雄厚的盘子会还会组织起秧歌队去远近的各大厂矿和富户人家"送秧歌"。这也能为盘子会带来一些收"份子"和卖锁收布施之外的收入。(图36、图38)

图38

收场 正月尾，十八米街上的九曲和盘子相继被拆掉，和搭盘子一样，还是众纠首们齐心协力一通忙活。随着精美的部件一个一个地被拆卸下来，矗立在贺昌大街和十八米街交汇处的这座"庙宇"在短短的一两天时间里便消失得无影无踪，将闹市街道重新交还给日常。（图39）拆卸下的盘子组件连同人们还愿的灯笼都被纠首们运回库房存放。（图40）如果盘子已经日渐老旧，那么维修整饰或者割新盘子的议题也将成为新旧主人家与纠首交接时需要好好商议的话题。（图41）

图39

图40

图41

图 42

图 43

"散份子"与散伙饭

盘子拆掉之后，从盘子里撤出来的供献要按等份分给跟盘子的每一户人家。（图44）供献中大枣山顶端的部分被称作"枣山脑"，是主人家身份的象征。一个枣山脑、一份供献、一条被面送到家里，表示这家男主人已经被推选为来年盘子会的新主人家了。（图42）按照规矩，盘子拆罢后纠首们还会聚集到天官会的灶上或饭馆里吃一顿"散伙饭"。除了向忙活了整个元宵节的纠首们表示感谢，散伙饭席间的重要内容就是新旧主人家及纠首的交接。（图43）

图 44

图45

出榜 和庙里张榜或立碑公布捐助布施一样,每年盘子会结束之后的"出榜"也是最后的一个重要的环节。除了公示盘子会主人家、纠首以及每家每户的"份子"数额(图45、图47),还要将当年的收支情况列一个明细。大到小几千的炭钱,小到购买钢钉、铁丝的开销,巨细无遗。(图46)顺利交接后,还会张榜公布下届的主人家与纠首。(图47)

图46

图47

图48

图49

图50

龙王庙 石家沟龙王庙里的木工们除了零零星星地赶赶割盘子的活，主业还是庙上的修复与扩建工程。（图50）修庙工程的资金投入大部分来自龙王庙每年二月十九观音会上从家户收取的"人口份子"和布施收入，以及不定期为新塑神像举办的开光大典收到的捐助。"二月十九观音会"为龙王庙的观音殿集聚了不少的人气。（图48）还愿的人一般会送来花灯，但也有人送来写着"祝观音生日快乐"的蛋糕。（图49）

图51

开光 长年的修复与扩建工程让龙王庙积累了数目可观的外债。(图52)于是除了每年的二月十九观音会,龙王庙也会借着新殿落成的时机举行"开光大典"。戏台搭起,彩饰挂起,重新刷红的院墙也贴上了巨幅海报,庙里庙外被装扮得如过年一般。(图51、图53)

图52

图53

图 54

图 55

事月 龙王庙的开光就像一次为婚丧嫁娶或暖窑而办的"事月",考验着"主家"的号召力。(图 56) 有"事月",就有前来"相伙"的。每逢庙上二月十九或开光的"事月",一帮保护组的老成员和热心的乡邻就会来到庙上"相伙"。(图 55) 忙活了一天之后,一帮老人吃罢庙上的"斋饭",有时会从厢房里拿出弹唱的"家具"自娱自乐一番。(图 54) 时运、天气、人员和策略无不影响着每一次开光或每一届盘子会的成败,但就像柳林人的"事月"有盈有亏一样,这就是生活。

图 56

图57

南山的盘子和北山的寺 南山公园的汉白玉盘子（图57）是柳林镇的一座纪念碑似的地标，它和北山上的香严寺（图58）分别占据着镇子南北的制高点，投射出自上而下生成发展的权威遗产话语地位。但当我们从俯瞰县城的山上下到纷乱嘈杂的市井之中，便会发现，"文化遗产"的宏大话语被支解还原成了柳林人的日常生活，琐碎但鲜活。

摄影：宋奕

图58

目 录

第一章 研究者的声音:"盘子会"引发的"文化遗产的后现代多声部民族志" ·············· 1

引言 ·············· 1

第一节 从"看景"到"歇下":田野的进入 ·············· 7
1. "在呀歇着?":居所的焦虑 ·············· 7
2. 像个柳林人一样地"歇下":"主位"的当地生活 ·············· 10

第二节 后现代视角下"文化遗产"的多声部民族志 ·············· 12
1. 从《写文化》开始 ·············· 12
2. 关于"后现代主义" ·············· 14
3. 人类学的转向与后现代多声部民族志 ·············· 19
4. 后现代视角下的"文化遗产民族志" ·············· 24

第三节 从盘子会到龙王庙:并置在后现代视角下的"文化遗产空间"中 ·············· 27
1. 贾宝平:周旋于盘子和龙王庙间的柳林人 ·············· 27
2. 关于"空间的视角"与"文化空间" ·············· 30
3. 建设性后现代主义启示下的"文化遗产空间" ·············· 33
4. "文化遗产空间"中盘子会与龙王庙的并置 ·············· 35

第四节 "话语"与文化遗产 ················ 38
1. "话语":来自福柯的启示 ················ 38
2. 文化遗产话语的历史化 ················ 41
3. 异质性中多声部的文化遗产话语 ················ 44

第二章 从世界到中国到柳林:文化遗产话语的考古 ········ 49
第一节 "世界非文物组织":柳林人的文化遗产话语 ··· 49
第二节 国际"文化遗产话语":一个后现代的产物 ···· 53
1. 应对现代性——发端、战争年代到战后"世界
   遗产公约"的问世 ················ 53
2. 后现代的挑战——对抗权威、反思"物质性"与
   "非遗公约"的诞生 ················ 60
3. 迈向后现代主义的多元"整合" ················ 71

第三节 从"文物""民俗"到"文化遗产":中国的
文化遗产话语形成 ················ 76
1. "自外而内"与"从上至下"的走向 ········ 76
2. 从文物保护到文化遗产 ················ 80
3. 从民俗到文化遗产 ················ 85

第三章 嘈杂交响之地:柳林镇与柳林人 ··········· 92
第一节 柳林镇 ························· 92
1. 清河水浇灌出的柳林——三镇的格局与历史 ··· 92
2. 三条大街中的市镇变迁与地方生活 ········ 96
3. 农民与市民——煤炭时代中的身份变换与
   流动 ································ 99

第二节 柳林人刘二娃的生活 ················ 103
1. 山上山下两间房:居厢与营生 ············ 103
2. 饭馆、龙王庙和盘子会——"人在社会上" ········ 107

第四章　变迁洪流中的抑扬——被官方文本遗漏的历史之声 … 111

第一节　龙王庙——不见经传的前世 … 111
1. 龙王庙保护组 … 111
2. 出人意料的"厚重"历史 … 118
3. 遗漏于官方话语之外的浩劫——"龙王庙案" … 121
4. 世俗的侵占与"神"的回归 … 128

第二节　柳林盘子会——申报书以外的复杂变迁 … 132
1. "庙"？"棚棚"？"盘子"？——申报书与民间的解答 … 132
2. 盘子和庙的互变纠缠："移动的庙宇"与"生根的盘子" … 141
3. 压制、复兴、波折与发展——补全的生命史 … 145

第五章　反常之声：送不出去的盘子与龙王庙结局相反的两个"事月" … 157

第一节　打破"规矩"的杂音：两座送不出去的盘子 … 157
1. 反常的连任 … 157
2. 各自的难题 … 161
3. 抛却烦恼的正日子——满城尽红火 … 164
4. 最终解决的大问题——一波三折的移交 … 172

第二节　出乎预料的强音——龙王庙二月十九观音会 … 182
1. 一年一度的"事月"——观音会与人口戏 … 182
2. "上门收礼"——起"人口份子" … 184
3. 正日子——许愿、还灯、看戏、度锁锁 … 187

第三节　声势突降的哑音——龙王庙开光 … 193
1. 筹备——不凑巧的年景 … 193
2. 散帖——不顺遂的开场 … 197
3. 阴雨中的开光 … 200

  4. 失败的议论和贾宝平的烦恼 ………………………… 208

第六章　纠首刘二娃的盘子会：日常生活的嘈杂人声 ……… 213
 第一节　初一到十五：家庭到社会 ……………………… 213
  1. 走罢亲戚动弹开 ………………………………………… 213
  2. 正月初八收份子 ………………………………………… 216
 第二节　搭盘子与酒桌上的蓝图 ………………………… 221
  1. 正月十二：拉家当、搭盘子 …………………………… 221
  2. 盘子上的晚饭：关于换届的商议 ……………………… 225
  3. 正月十三：接班话题的延续与二娃的
    主人家史 ………………………………………………… 231
 第三节　正日子和接班问题的发酵 ……………………… 235
  1. 正月十四：为神神采购、供敬与出盘 ………………… 235
  2. 最后的"钉子户"与晚饭上的交心谈心 ……………… 241
  3. 二轻局盘子的红火之夜 ………………………………… 246
  4. 正月十五：新主人家的露面 …………………………… 254
 第四节　收场与散伙饭 …………………………………… 259
  1. 出榜与请成永平上山吃饭 ……………………………… 259
  2. 拆盘收场 ………………………………………………… 262
  3. 散伙饭上的群情与憧憬 ………………………………… 264

第七章　尾声：南山上的盘子和北山上的寺 ………………… 271

结语　后现代语境中"文化遗产"的"多声部民族志" ……… 275

附录　部分柳林方言口语词汇对照释义索引 ………………… 279

参考文献 ………………………………………………………… 283

后记 ……………………………………………………………… 294

致谢 ……………………………………………………………… 303

研究者的声音:"盘子会"引发的"文化遗产的后现代多声部民族志"

引言

　　初冬季节里夹带着地热的清河水时断时续地爬过一块块浅滩,冒着热气向着西边黄河的方向流淌。清河又被当地人叫作"四十里抖气河",它在南北两边的山地间浇灌出的这座晋西吕梁山上的小县城就是柳林镇。2008年年底初到柳林,从汉口乘火车到太原,搭长途汽车到离石,再坐小客车到柳林——当汽车在河边的清河广场前停下,我发现面前的"柳林"远不是我浪漫想象中的那一片柳树林子里的穷乡僻壤。贺昌大街上往来的小车,还有青龙大桥两边的高楼都在快速修改着我心中预想的小镇图景。

　　最初吸引我来到这个陌生之地的是当地的"盘子会",一项新入选的国家级"非物质文化遗产"。盘子会形式接近庙会,不过这"庙会"里并没有庙,有的只是一种叫作"盘子"的东西。顶着一个容易让人误会的名字,柳林的"盘子"是当地人一年一度供奉天官爷的时候使用的一种类似神龛的东西,不过在尺寸上要比一般的神龛大得多。"盘子"大多是木结构,造型繁简不一,但基本上都形似一个供奉着神仙牌位和各式供品的亭子。这些"亭子"的独特之处在于可以拆装,它们每年元宵节前后就会出现在柳林的大街小巷或坡前空地,集聚大小社区的人气——点香祭拜的、上锁许愿的、看晋剧弹唱的、围观流行歌舞的、扭伞头秧歌的……热闹非凡。可等节日一过,就连"盘子"带红火,都随香烟消散得无影无踪。小镇各处的风貌又归于平常——地和人都还在,只是换上一副平实的样貌,开始了新一年的日常劳作。喧闹一时的"盘子会"的红火只能等着在来年节日中再现。

我的"人类学"田野最初就是围绕这座陌生小镇上的"盘子会"展开的。不过,"盘子会"每年就只在正月出现十几二十天,有些规模较小的"盘子"更是搭得迟收得早,前后一共不过六七天。地方上的人们听说我是因为它而来,不止一次地告诉我"来早了"。的确,若是要"看"这昙花一现的"文化遗产",腊月来还什么都看不到,而过了正月就又似乎没啥可看的了。自从柳林的盘子成了国字号的文化遗产,四面八方的观摩者也大都是循着盘子一年一度的短暂生命周期而来,寻访拍照、叹为观止一番,便匆匆离去……柳林的"盘子会"就像此地年年上演的一出看家戏,来看戏的人往往只奔着"正日子"的精彩热闹而来,而戏班众人一年三百六十五天的台下功夫、人际流转抑或柴米油盐都不是一般看戏人有闲工夫关注的。盘子会就这样在外人眼中成了海市蜃楼般迷人却难以捕捉的"魅景"。

盘子会如此,近年来举国上下的"文化遗产"大戏又何尝不是如此?对于"文化遗产",不少人的认识过程也仿佛就是观看一场节庆大戏。"文化遗产"在很多情况下被简化成仅为绚烂节日准

第一章　研究者的声音："盘子会"引发的"文化遗产的后现代多声部民族志"

备的、供人匆匆观看的对象。而当节日一过，它的一日三餐，它的悲欢离合，它和周遭的"人"与"物"之间的关系就被行色匆匆的观者们遗忘了。对于文化遗产的表述日益让它成为一种脱离日常的、高大而遥远的奇丽"魅景"。于是在这样的背景之下，一个立足于"戏班"生活的人类学田野工作在"盘子之地"柳林展开。这段田野工作和后续的研究思考最终开花结果为一部民族志，它通过对日常生活与历史及现实大环境之中的柳林盘子会和龙王庙进行多声部的再现，试图为"文化遗产是什么"这一问题找到解答的路径，同时也为"文化遗产"的民族志再现与相关实践提供方法论上的启发。

　　作为一种后现代视角下"多声部"民族志的研究尝试，整个民族志的书写架构本身也体现着"多声部"的方法论诉求，来自不同声源的、音调各异的声部分别得到呈现。第一章是属于研究者本人的声音，它讲述了研究者的田野进入过程以及关于研究与民族志写作方法论的思考。在一个后现代的理论思潮背景之下，来自《写文化》的启示为书写关于文化遗产的"多声部的民族志"提供了方法论上的解释。此外，后现代"文化遗产空间"视角在第三节中的引入为民族志研究与书写过程中盘子会与龙王庙的并置提供了解释，而第四节中关于"话语"研究与文化遗产研究的结合则为这部意在呈现不同声音对"文化遗产"的述说的民族志提供了方法论上的依托。

　　紧接对"话语考古"方法论的解释，第二章尝试对一个自上而下的国际"权威遗产话语"在后现代状况下的生成、演变及传播过程进行"考古"。在这一章中，多声部中的另一类声音得到呈现，它们来自于权威公约、宣言、文献、政府文件与专业指南，这类声音共同构建出一个宏大的国际"权威遗产话语"集合。这个话语集合从后现代的世界走入后现代的中国，并和中国国内固有的"文物"与"民俗"等话语相融汇,形成具有中国特色的官方"文化遗产话语"的过程在第三节中得以呈现。在整个第二章中,对正式的、书面话语的研究既是构成多声部"文化遗产民族志"的一个重要声部的呈现,同时也为即将出场的当地声部提供了一个宽阔的时空背景。当地的声音得以被放置于"国际的"与"国家的"宏观话语环境之下,同时也与这一宏观话语体系的历史流变发生联系。值得注意的是,通过研究者的话语"考古"过程所呈现的宏大权威话语的连贯性本身也是这部民族志声部之多、音色之繁的一个体现。

在多声部的民族志真正进入多声部的嘈杂交响之前,第三章为整个民族志的核心——盘子会和龙王庙,即两个广义上的文化遗产提供了可供其"生根"的地方与人的环境。在"文化遗产空间"的视角认识下,任何文化遗产都扎根于一个特定的、地方性的生态集合之中。在这个集合之中,一方水土、一方人和一方的"文化遗产"相互成为彼此的背景,共同作用,造就一种民族志的整体观。变迁中的柳林三镇地貌以及其上的柳林镇民生活正是对这一方水土与人的面貌的呈现。同时,作为民族志关键人物之一的刘二娃的出场,也正是在将这种由"水土""人"及"文化遗产"共同构成的整体观呈现具体落到活生生的柳林人的身上。

宏大的权威遗产话语在经历了国际与国家层面的流变发展之后来到了地方,继而形成了一种地方的官方文化遗产话语。它与地方治理、经济发展等政府话语相结合,似乎完成了一个由国际到国家再到地方的完整的话语发展序列。但是这个貌似完整的话语序列仅仅是多声部民族志的一个部分。与之相异的,被官方正式文本所遗漏或回避的声部成了后续章节的关怀所在。在第四章中,龙王庙与盘子会兴衰变迁中的此类被遗漏或回避的声部得到呈现。诉说的声音来源不一,其中包括马清这样亲历历史事件的行动者,马天宝这样的旁观与见证者,以及张生全、曹会斌这样被卷入其中的前任官员。此外,申报书高度标准化与统合化的声音所遮盖的异质的发展现状也在当地人的口述中得到呈现。从这一章开始,"当地人的声音"成为这部多声部民族志中的主导声部。

除了上述基于访谈获得的多声部历史呈现之外,人类学的参与观察也为呈现现实日常生活状态中的"文化遗产"提供了方法论上的基础。对特定事件的参与观察所收录到的"行动者的声音"在接下来的两章中成了主导声部。在第五章中,对2009年两座在移交问题上出现麻烦的盘子会和以失败告终的龙王庙开光的参与观察与民族志呈现提供了两个被标准的官方文本所回避的异质的、反常的、消极状况的实例。这样特例的出现不仅有助于实现在一部多声部的"文化遗产民族志"作品中对被压抑、被忽视声部的关怀,更为重要的是,由反常特例所呈现出来的张力指向了一个事实,即地方文化遗产的生存与发展在当地的现实社会环境中受制于多种因素的共同作用。这些因素常被宏大的官方遗产话语所遗忘,它们可以是个人际遇、经济环境、群体决策,甚至是天灾人祸。对这些因素的正视是在为"文化遗产"揭开面纱的过程中不容回避的。

如果说第五章的参与观察产出了以反常事件为中心的两段民族志描述,那么第六章中的盘子会就切切实实地回到了以个人为核心的日常生活之中。刘二娃在山上曾经当过盘子会的主人家,这次担任旧街上二轻局盘子会的纠首是他与盘子会不断发生关联的生命周期中的一环。作为一个普通的柳林人,盘子会也为他提供了每年的年节周期之中与神明以及与周遭的人们发生关系的空间。在这样一个空间之中的盘子会不再是什么宏大的"文化遗产",而是当地人心目中神明的临时居所,是他们求子祈福的地方,是他们狂欢红火的场子,是他们走出家户与社会相联系的节点,也是他们在群体中实现自我价值的舞台。它既能让有的人趋之若鹜,也能让有的人避之不及。正是具体到个人的地方日常生活所还原出的这么多宏大官方话语中无暇顾及的嘈杂人声,构成了多声部交响中的重要声部。

尾声中出现的南山上的石头盘子与北山上的香严寺,一个是政府重金打造的地方文化标志,另一个则是从地方精英到外地学者都试图多加着墨的"国保"官庙。在这些"参照物"的映衬之下,柳林盘子会与龙王庙的日常与平凡,又和它们浸没在流年岁月中的跌宕与不凡一起,汇入了一部"文化遗产"的多声部民族志之中。

第一节 ｜ 从"看景"到"歇下"：田野的进入

1. "在呀歇着？"：居所的焦虑

初到柳林，我被县里的文化局安顿在了柳林宾馆，这是一个"官方"的"客人"们通常落脚的地方。柳林县城俗称"柳林三镇"，由柳林、青龙和锄沟三个部分组成。可从清河广场边的柳林宾馆俯瞰连接柳林与青龙的青龙大桥，其是柳林镇名副其实的桥头堡。站在宾馆楼上，从窗口便可望见蒸气缭绕的清河和对岸高耸的文化大楼以及楼下繁忙的清河广场。在这样一个开阔的视野中，柳林镇的枢纽要地成了一个可以被宾馆里的客人们隔窗"观看"的客体：从清晨到日落，沿河的307国道上的运煤车队、在二十多公里外的市府离石与柳林之间往来拉活儿的黑车、清河广场上晨练和围观交谊舞的人群、红白事月里声势浩大的迎亲或转街队伍、傍晚在柳林最大的商场"燎原大厦"门口巨大电子屏幕下驻足的人们、驶过青龙大桥的公交、宾馆楼充气拱门下川流不息的吃喜宴和"过大生"（过生日）①宴席的大人与孩子们……一幅幅或平实或热闹的柳林生活图景像走马灯一样变换。不过，此时的它们都还只是供"外地人"远远观看的"景"。只要还住在宾馆里，"看景"的就可能始终只是"客人"。话说回来，如果住的本来就是一个来此地"看景"的旅游者，那么占据了"一线河景"且寝食无忧的

---

① 括号里的解释或说明为笔者所加，下同。

柳林宾馆的生活是再理想不过了。但对于一个摩拳擦掌的人类学研究者来说,这却是一种足以引发深切焦虑的居住状态……

柳林人和陌生人或久不见的熟人聊天,常问的一个问题就是"在呀(yà)歇着?"("在哪儿住?")。不同于更追根溯源的问题"呀家的?"("哪儿的人?"),这个关于居所的问题对于柳林人似乎有着颇为重要的意义。原因之一或许是近十年的煤炭工业发展让这里的经济腾飞以后,城镇地貌的巨大变化与人口的流动使得人们常常自然地把关于居所的问题当成交流彼此生活状况的"开篇话题"。在柳林这个窑洞、塔楼、小三层和古院落参差,村民、市民、干部和外来打工者混杂的小镇上,乡村与城市、周边与中心、前现代与现代合成一张复杂的后现代拼贴地图,而"在呀歇着?"就好像是一枚用来定位的图钉,这枚图钉不仅是一种"地理的",更是一种"社会的"方位标注。山上、山下、新楼、旧院里,各色人等的复杂身份与际遇交错在一起,使得"歇处"成为一个超越了纯粹地点的、含义丰富的概念。

然而,柳林镇民各自"歇处"所具有的这些复杂性又在一个时刻得到了统一,那就是元宵节。每年的元宵期间,不论是居于街道或半山上的"坐地户"(拥有房产的本地居民),还是从周边乡镇来柳林打工或照顾孩子读书的"邻家"租户,在一处"歇"下了,就可以交纳一定数额的"份子钱","跟"上这处的盘子,也就可以来上香、求锁,享受此处盘子所供奉的天官爷"满年通顺"的保佑。交上"份子钱"、"跟"上一处的盘子从某种意义上说就是通过成为当地盘子会的一分子而获得一种被民间认可的居民身份。不管你是本柳林(镇)的,还是从相邻的穆村镇上来的,还是更远一些的孟门、三交,抑或干脆来自县外的方山、中阳,似乎只有跟上了盘子才是正正经经地"歇"在柳林的居民,而不再是一个"游客""外来者"……柳林宾馆没有盘子,匆匆进出的房客们也无须通过"上份子""跟盘子"成为某个地方小社区的一员。即使在正月里专门为盘子而来,他们能做的也只是走马看花地"看",而非对地方生活的参与。从一定意义上说,"跟"上了一处的盘子,才是在柳林的地方生活中找到了安身之所,也才是真正在柳林"歇"下了。对于我来说,这一切都从搬离柳林宾馆开始……

腊月里的柳林正处于年终的繁忙之中。十八米街和来福区这样的大街区上的年货市场也陆续搭了起来,商品中最打眼的就是家户过年装饰用的各色对联和花纸。古旧的明清街上平日里显得暗沉青黑的临街店面也因为这些以大红色与金色为主色调的节庆用品而在冬日阳光的反射下显露出活泼生机。此时的县文化局正在忙着筹备正月里的"春文"活动,除了安排盘子制作艺人和文艺骨干带着我参观盘子制作工艺和造访镇上的明清古街这些传统"考察点"之外,他们对我这个"来得太早"的外地人要赶着在年前离开舒适的宾馆而住进家户的迫切愿望似乎并不能完全理解。

毕竟,柳林镇上除了几个做小生意的老板,来自周边乡镇与县市以外的真正意义上的外地人似乎并不多。"共同生活"的状态对于一个跃跃欲试、急于进入田野的研究者来说固然是个能让其义无反顾的目标,但对于任何一个相对静态、稳定的当地家户来说恐怕都意味着一些令其迟疑的不确定性。而且,在过年这样合家团聚的特殊当口,突然住进来一个素不相识且充满好奇的外来客并不是每个家庭都能接受的。这时候除了家户一方的成员构成、住房状况以及对陌生人的开放度等因素,来自进入者一方的能动性也影响着家户对其的接纳:目的是否表达得清楚,能否通过言行消除对方的疑虑并给予其足够的安全感,是否对于对方的友善付出能报以某种形式的回馈等都在其中起着不小的作用。当然,研究者与被研究者能相互"看对眼",进而实现"共同生活",还需要的一点就是"投缘"。于是,初到柳林的头几个星期,在这个陌生的环境中,寻找能接纳自己的家户成了我最重要的一项田野实践。终于,在腊月二十三的小年到来之前,我离开了舒适得令我有些窒息的柳林宾馆,在一户"投缘"的柳林人家"歇"了下来。

2. 像个柳林人一样地"歇下":"主位"的当地生活

居所的转移终究只是融入当地生活的第一步。在柳林"歇下"的真正含义应该还不止于住到当地人家里,不然只是在坐标上将"营地"从宾馆转移到了家户,而做的可能仍旧是瞪着眼睛"看景"。要开始人类学的参与观察,还必须做到的是"像一个柳林人一样地歇下"。而通过它所实现的是从"客位"到"主位"的体验身份的转变。"参与观察"的核心在于"参与",没有它,观察也好,倾听也好,思考也好,都只是在一个"客位"的层面上。柳林话中有一个常用的词叫"相伙",和"参与"的意义相近,有一种在群体活动中参与帮忙的意味。"拾跟着柳林人做兀家们的营生"(跟着柳林人做他们的事)就是一种实现由"客位"向"主位"转变的"相伙"方式。比如和家户中的婆姨和细们(小孩子们)相伙着做家务、贴对子、迎大年,拾跟着盘子会上的纠首挨家挨户收份子钱、搭盘子、看盘子,在唱人口戏或开光的庙上相伙着掰香看殿……拾跟得多了,相伙得勤了,当地人慢慢地就不把你当外人看了,而自己也就不把自己当外人看了。

除了这种"拾跟着柳林人做兀家们的营生",还有一种参与观察的模式——在参与中做"个人的营生"(自己的事)。比如给家户中的细们辅导功课,在红白事月中充当"摄像",替人写求助信,或是给在正月上忙着赶场的秧歌队员们拍照留影。在这样一些情况下,研究者并不是通过对当地人生活实践的模仿,而是以个人独特的方式参与到家庭或社会生活当中。这样的互动会使当地人感受到外来研究者的存在对于其生活的现实意义。而当研究者的角色由单一的信息资源索取者转变为一个面相丰富的资源付出者的时候,当地人会更容易向其开放他们的生活世界。因此,对于研究者来说,开发自身除"研究者"外能被当地人所需要的面相也是融入当地生活的一条重要途径。就像一个外来的谋生者,在生活上逐渐习得、习惯,并且开始被当地人在某种程度上需要了,才是从真正意义上开始在当地"生活"了。实现这样的相互需要与共同生活不仅使研究者能够更顺利地被当地人接纳,便于近距离的参与观察的展开,更有利于他们以一种主位的角色展开对当地社会生活的观察与思考。此外,这样的实践模式还有助于研究者在学科伦理层面保持自觉,使得学科实践本身与最终的成果能够有助于实现研究者与被研究者之间,以及各自所属不同范围的文化群体之间的良性互动。

就这样,我带着"细们的辅导者"与"一起过年的外地人"的身份进入了第一个当地的家户。在之后的两个元宵,我交上"份子",前后"跟"上了三处盘子。此间随着在三个家户间的进出,我逐渐习惯了在柳林和柳林人一起的生活,习惯了这里的面食、口音、农历和煤尘,尝试着"像一个柳林人那样地歇下了"。我"歇"过的第一户人家就在龙王庙的旁边,这户人家的女主人高勤是贺昌中学的老师,她那刚过世不到一年的婆婆曾经是龙王庙保庙运动中的积极分子。和高勤一家过了年,我又住进了贺昌村民、盘子制作艺人木匠贾宝平在十八米街上的家里。2009 年秋天再次回到柳林的时候,我又住进了厨子刘二娃在杨家圪廊山顶上的家中,这里也成为我此后每次回柳林的"歇处"。在山顶的小院子里我看着二娃嫁了大女儿红红,转年又参加了他二女儿亚红出嫁的红事月,那已经是 2012 年春天的事了……

第二节 | 后现代视角下"文化遗产"的多声部民族志

1. 从《写文化》开始

随着 2009 年初走出宾馆并在柳林正式"歇下",这个晋西小镇的生活便在我面前展开了一个宽广、繁杂却又有趣的田野,就如同任何一处"他者"的生活世界可能对一个人类学研究者所展现的那样。努力成为当地生活者的尝试与时而冒出的研究者的自觉,以及一个新鲜田野所蕴含的种种不确定的相互作用,牵引着我生活的步调与发现的方向。当地的文化遗产"柳林盘子会"是最初吸引我来的原因,但我清楚地知道,我来柳林并不是要成为一个研究柳林盘子会的专家,而是要通过人类学的田野工作书写出一部关于"文化遗产"的民族志。如果说前面提到过的如"参与观察"和"主位"这样的术语表达了一个人类学新手对始自马林诺夫斯基的"科学人类学的民族志"方法的遵循的话,那么我在接下来的田野研究与民族志书写过程中的尝试则带有一些显得不那么传统的取向,而这些尝试的很大一部分灵感来自于我学习人类学之初就接触到的《写文化——民族志的诗学与政治学》(*Writing Culture: The Poetics and Politics of Ethnography*)一书。

《写文化》是 20 世纪 80 年代在美国召开的一个名为"民族志文本的打造"的研讨会的结晶,由美国人类学家詹姆斯·克利福德(James Clifford)和乔治·马库斯(George Marcus)共同编纂。这本书连同马库斯与米开尔·费彻尔合著的《作为文化批评的人类学》(Anthropology as Cultural Critique)的出现标志着人类学发展史上一个具有"反思"意味的、充斥着各种"转向"标签的时代的到来。虽然这些关于转向的话语所使用的术语与所着眼的角度不尽相同,但它们的出现都指向了一个事实,即传统的、关于"科学人类学"的理想与实践在一个后现代的思想环境中正在经受反思式的检视,而且这个过程与其他学科领域中(如哲学、艺术、建筑、文化研究等)所兴起的"后现代主义"思潮相互应和。现代人类学发展史上对各种"传统"理论流派与其宏大理论的质疑与取代素来就是这个学科前进的驱动力之一,但是对始自马林诺夫斯基时期的民族志传统的反思还是伴随着以《写文化》为标志的民族志后现代转向而形成气候的。

自此,反思人类学、人类学的文学转向与后现代转向以及后现代多声部民族志等概念纷纷成为人们乐于讨论的话题。而上述《写文化》与《作为文化批评的人类学》两书的作者马库斯则被瑞典学者麦茨·埃尔弗森在其所著《后现代主义与社会研究》一书中称作"人类学中通常所称的后现代转向的最有影响的提倡者之一"①。虽然享有这样的名声,但马库斯本人似乎并未使用过"后现代主义"这个标签,原因据称是"他看不出人类学中的修正跟艺术中的后现代运动有什么相似之处"②。的确,含义宽泛的"后现代主义"概念在不同的学科背景与语境中的所指并不全然相同,其未必一贯的内涵与其复杂的公共形象都使得与它保持谨慎距离的态度让人可以理解。但是这也并不妨碍我们在讨论人类学民族志方法的"后现代"转向的时候,将他所编撰的《写文化》当作这一思

---

① 麦茨·埃尔弗森:《后现代主义与社会研究》,甘会斌译,上海人民出版社 2011 年版,第 22 页。
② 同上。

潮的指标性作品进行讨论。这也正如我们在提到广义的"后现代主义"的时候无法回避不爱为自己贴上这样或那样的标签的米歇尔·福柯(Michel Foucault)一样。

2. 关于"后现代主义"

"后现代主义"的复杂面相和人们对它毁誉参半的纠结态度并不妨碍我们在"文化遗产"的研究与民族志书写的过程中借用这个视角去观察理解"文化遗产"这一后现代状况中的话语实践,同时也在写作方法论上从相关学科的"后现代转向"思潮中获得启发。因此可以说,后现代主义为这部"文化遗产的民族志"提供了一种"后现代的语境"。要理解这一语境对这部民族志研究与书写工作的影响,我们有必要来看看这个有着复杂面貌的"后现代主义"究竟意味着什么。虽然给后现代主义下一个清晰的定义并不容易,甚至有人认为"后现代主义"本身的一大特点就是它"难以说清楚"①,但是这一术语的研究者们还是在繁杂的应用中找到了一些明显的共性与较为清楚的脉络。在《后现代主义与社会研究》一书中,埃尔弗森归纳了"后现代主义"这一表述所包含的三层含义,它们分别是作为一个历史时期的后现代主义(即当前时代),作为建筑和艺术上的一个运动的后现代主义,以及作为一种哲学或思想风尚的后现代主义。②

关于作为一个时代的"后现代主义",利奥塔(Jean-Francois Lyotard)在其《后现代状态》一书中写道:"随着社会进入被称为后工业的年代以及文化进入被称为后现代的年代……这种过渡最晚

---

① 参见黄剑波:《写文化之争——人类学中的后现代话语及研究转向》,《思想战线》2004年第4期,第39页。

② 麦茨·埃尔弗森:《后现代主义与社会研究》,甘会斌译,上海人民出版社2011年版,第19页。

从 50 年代末就开始了,它对欧洲来说标志着重建的结束。"①詹明信(Fredric Jameson)在其《后现代主义与消费社会》一文中也对这个新时代的社会形态进行了描述:"一种普遍的感觉是,在二战之后的某个时刻,有个新型的社会开始浮现(描述它的名称各异:后工业社会、跨国资本主义、消费社会、媒体社会等等)。新形式的消费;有计划的弃旧换新;时尚和风格变化的节奏越来越快;广告、电视和媒体前所未有地渗透进整体社会;城市郊区和普遍的标准化取代了旧时的城市与乡村、中央与外省之间的紧张关系;庞大的高速通道网的发展及汽车文化的来临——这些社会特征似乎标志着与老式的战前社会的彻底断裂。"②

在谈论作为一个时代的后现代主义的过程中,后现代性(postmodernity)一词常被使用。后现代性预设了一个现代性(modernity)的存在,现代性是和强调理性的启蒙运动密切结合在一起的。美国学者道格拉斯·凯尔纳(Douglas Kellner)和斯蒂文·贝斯特(Steven Best)在《后现代理论——批判性的质疑》一书中将现代性界定为"指涉各种经济的、政治的、社会的以及文化的转型……是一个历史断代术语,指涉紧随'中世纪'或封建主义时代而来的那个时代"③。而之后的"后现代社会"所要颠覆的正是现代性建立在这种绝对理性基础上的"确定性、客观性与进步取向"④。P. 多迪(P. Daudi)在其 20 世纪 90 年代的文章中乐观地描述一个时代的到来:"新的/富于挑战性的变革朝我们迎面而来,同时异质化的

---

① 让-弗朗索瓦·利奥塔尔:《后现代状态》,车槿山译,生活·读书·新知三联书店 1997 年版,第 1 页。
② Fredric Jameson, "Postmodernism and Consumer Society", in H. Foster, ed., *Postmodern Culture*, Pluto Press, 1983, pp. 124-125.
③ 道格拉斯·凯尔纳、斯蒂文·贝斯特:《后现代理论——批判性的质疑》,张志斌译,中央编译出版社 2011 年版,第 2 页。
④ 麦茨·埃尔弗森:《后现代主义与社会研究》,甘会斌译,上海人民出版社 2011 年版,第 22 页。

进程也加速发展。在生活方式的竞相争艳上,在哲学思想的多元性上,在宗教的异国情调上,以及在迅速蔓延的文化多元论上,可以看到这一进程的印记。现代性和后现代性之间的过渡就在我们眼皮底下发生着,我们作为主体在制造它,作为客体在体验它。"①

艺术与建筑领域中的后现代主义被表述成一场运动,其主旨指向不同艺术领域之间差别界限的模糊化,以及对精英艺术观念的反动,这样的精英艺术观声称艺术"具有独特的空间和功能"。②后现代主义在艺术领域显露出一种具有平民主义③的"破坏性",它"勾销"了艺术和日常生活之间的界限,"摧垮"了高级文化和大众文化之间的差别,但同时又通过"戏仿、拼凑、反讽和嬉戏"实现一种具有折中主义取向的"风格上的杂拌",进而呈现出一种富有活力的创造性。④ 而在相邻的建筑领域中,后现代主义这一术语在20世纪70年代开始被用来指在建筑设计上受到传统和地方性启发的一种取向,它与现代主义建筑中那种非历史的、强调理性与功能至上的风尚形成鲜明的对照。⑤ 传统造型与符号的回归以及对建筑与自然及人文历史环境之间有机结合的强调都是后现代主义建筑的突出特征⑥。艺术与建筑领域的后现代主义思潮在审美价值上所呈现出的对传统与地方性的回归取向也暗示了一条和"文化遗产"话语的出现及发展相互交缠的思想线索。此外,虽然马库

---

① P. Daudi, "Conversing in Management's Public Place", *Scandinavian Journal of Management*, 1990, Vol.6, p.286. 转引自麦茨·埃尔弗森:《后现代主义与社会研究》,甘会斌译,上海人民出版社2011年版,第24页。

② 麦茨·埃尔弗森:《后现代主义与社会研究》,甘会斌译,上海人民出版社2011年版,第21页。

③ 道格拉斯·凯尔纳、斯蒂文·贝斯特:《后现代理论——批判性的质疑》,张志斌译,中央编译出版社2011年版,第13页。

④ Mike Featherstone, *Postmodernism*, Newbury Park, Sage, 1988, p.203.

⑤ 道格拉斯·凯尔纳、斯蒂文·贝斯特:《后现代理论——批判性的质疑》,张志斌译,中央编译出版社2011年版,第2页。

⑥ 参见王其钧:《后现代建筑语言》,机械工业出版社2007年版,前言。

斯曾表示看不出艺术与建筑领域的后现代主义和人类学的转向之间的联系,但细看其主张,我们似乎都能在其对门类界限的模糊化、对精英强权的质疑、对平民与日常的提升以及对多元化的诉求中闻到一些人类学后现代转向中的熟悉味道。

在埃尔弗森看来,描述当下社会现象的后现代主义和作为一种哲学与思想风格的后现代主义之间的组合具有某种"创造的潜能",即"一个后现代时代呼唤一种后现代哲学"①。也正是在这样一种组合的潜能推动下,作为一种哲学思想风尚的后现代主义可以被我们用以考量后现代时代中民族志的研究设计与文本生产,并通过它对这个时代中所特有的"文化遗产"概念与实践进行认识。

然而,作为一种哲学与思想风尚的后现代主义意味着什么?又是什么特质使它推动了人类学在20世纪后期的转向?首先,作为哲学基础的一种研究视角的后现代主义是从"怀疑"与"拒斥"开始的。利奥塔在《后现代状态》一书中称,后现代即是对"元叙事"的怀疑。② 作为一种哲学与思想风尚,后现代主义对理性、秩序和确定性以及建立在其基础之上的宏大叙事持怀疑态度。这种否定"人类知识和文化都必须有某种可靠的理论基础"的主张也被称为"后现代主义的反基础主义"③。与此相对,后现代主义所主张的是"模糊性、变异、碎裂、直觉和情感"④,一些被称为"前现代"的东西重新受到重视。除此之外,后现代主义所拒斥的还包括

---

① 麦茨·埃尔弗森:《后现代主义与社会研究》,甘会斌译,上海人民出版社2011年版,第36页。
② 让-弗朗索瓦·利奥塔尔:《后现代状态》,车槿山译,生活·读书·新知三联书店1997年版,导言,第1—2页。
③ 刘介民:《西方后现代人文主流——征候群研究》,北京大学出版社2010年版,第77页。
④ 麦茨·埃尔弗森:《后现代主义与社会研究》,甘会斌译,上海人民出版社2011年版,第27页。

现代社会确立的诸如各学科之间以及理论与虚构之间的界限,跨学科、跨类别、跨文体的实验被给予关注。同时,现代思想风尚中对"中心"的过分关注也被质疑,进而被代之以对"边缘"的关注,其对一致性、综合性与简单性的执着固守被代之以对多样性、差异性和复杂性的关注。① 此外,在知识生产的过程中,知识分子及其所生产的知识的客观与中立地位受到了质疑,知识与权力之间的关系被强调。同时,语言的"再现"功能也受到怀疑。不再被当作透明的"现实之镜",语言主动的"构成性力量"及其模糊、隐喻和依赖语境的性质得到了强调,话语被推到了核心地位。

后现代主义所声称的这些"怀疑"与"拒斥"促成一些人对两种不同取向的后现代主义做出了区分,即"怀疑论"和"肯定论"的后现代主义。片面理解后现代主义"怀疑论"取向,人们很容易为其戴上"否定主义、悲观主义和虚无主义"的帽子,而忽视后现代理论的"丰富性和多样性",以及它的"建设性向度"。② 于是人们开始识别出一种具有乐观态度的、肯定论的后现代主义。虽然同样质疑绝对真理观念,但肯定论的后现代主义对社会研究有"较为积极的看法",乐于采取嬉戏、反讽、幽默的修辞,重视地方性知识,在方法论上倾向折中主义、多元主义,崇尚一种自由的态度,力图"打破学科界限,挑战常规学识,表达至今还是静默的观点和视角"③。关于不同取向的后现代主义,埃尔弗森如此概括:"后现代主义可以沿着许多路线行进。一端是'悲观主义的'或'反实证的',导向解构或抵抗性解读。另一端较为欢快和'自由',鼓励文

---

① 乔治·瑞泽尔:《后现代社会理论》,谢立中等译,华夏出版社2003年版,第13—14页。
② 大卫·雷·格里芬编:《后现代精神》,王成兵译,中央编译出版社2011年版,序言,第6页。
③ 麦茨·埃尔弗森:《后现代主义与社会研究》,甘会斌译,上海人民出版社2011年版,第30页。

体实验和文学表达工具的运用。"①

3. 人类学的转向与后现代多声部民族志

于是,人类学便在这样的一个时代、在这样的一种思潮的包裹之下经历了某种程度的后现代转向,而对人类学民族志文本生产的着重关注则是这场人类学的"后现代转向"的突出特征。在人类学内部所发生的这场转向是和整个社会科学内部文本与语言在后现代背景下获得中心地位的大环境相一致的。埃尔弗森认为,在后现代思潮的大环境下,各学科对语言的关注分别涉及语言本身、使用中的语言以及文本的生产。其中关于语言本身,传统的"透明媒介"的观点已经受到来自模糊性、隐喻和语境的挑战;使用中的语言研究着眼的是它在现实世界中的运转方式;而对文本生产的关注则促成了田野工作与其最终文本产品二者地位的转换。②

那么,对于人类学来说,"民族志"这三个字究竟意味着什么?马库斯在《作为文化批评的人类学》一书中有过如下的解释:"人类学的研究重点在20世纪早期发生了重要的变化。导致这一转变的是一种独一无二的研究方法,它使社会文化人类学成为社会科学的一门新学科。——此独特方法即民族志。"所以,在这一层意思上,民族志是现代人类学的核心研究方法,它的独门秘籍。这样的民族志方法指的是:"首先,人类学者周密地观察、记录、参与异文化的日常生活,他们从事的这些活动被称为'田野工作',他们的方法也被称为'田野工作方法'。完成田野工作之后,人类学者以详尽的笔调描述、说明所观察到的现象和文化,他们的描述成

---

① 麦茨·埃尔弗森:《后现代主义与社会研究》,甘会斌译,上海人民出版社2011年版,第64页。
② 同上书,第65页。

为学者和其他读者据以了解人类学者的田野工作过程、异文化的情况以及民族志工作者的个人反省和理论观点的途径。"①由此可见,"民族志"在某种意义上指的是一种研究方法,而在另一种意义上,它指的就是这个研究所最终产出的文本化的作品。

在后现代转向过程中所发生的也可以看作是对上述这两种意义上的民族志关注重心的改变。埃尔弗森认为,在传统的研究过程中,研究报告可能只是相对来说更重要的田野研究结果的详细描述,而在后现代转向的过程中,文本工作"被看作是最重要的……体裁、修辞、风格被推到显著位置"②。民族志与"写"的关联得到空前的强调。这也正如詹姆斯·克利福德所说:"民族志,自始至终,都和写作相纠缠。这种写作至少包括了将经验翻译为文本形式。"③在这样一个关注视角的转变中,现代人类学的书写活动对宏大理论的诉求被反思,而对小叙事的书写,即"来源于日常生活的细腻观察和叙事,其他无名对象的声音中的证据——亦即民族志的基础材料,代替了对社会与文化的宏大理论或出于空想的叙事而成为主流"④。

在《写文化》中,民族志生产活动所蕴含的权力关系也得到了反思,置身于全球跨文化权力场之中的民族志学者在民族志建构活动中相对于被研究者和被表述者所曾经拥有的特权被检讨。克利福德在《写文化》的导言中表达了通过民族志的书写实验推进这一反思的诉求:"学术体裁和文学体裁相互渗透,描述文化的写作真正是试验性和伦理性的。它们把焦点放在文本生产和修辞

---

① 乔治·E. 马尔库斯、米开尔·M. J. 费彻尔:《作为文化批评的人类学》,王铭铭、蓝达居译,生活·读书·新知三联书店1998年版,第38—39页。
② 麦茨·埃尔弗森:《后现代主义与社会研究》,甘会斌译,上海人民出版社2011年版,第66页。
③ James Clifford, *The Predicament of Culture*, Harvard University Press, 1988, p.25.
④ 詹姆斯·克利福德、乔治·E. 马库斯编:《写文化——民族志的诗学与政治学》,高丙中、吴晓黎、李霞等译,商务印书馆2006年版,第6页。

上,以便突出文化叙述的建构和人为的性质……把注意力引向民族志的历史困境,亦即,民族志总是陷入发明文化而非再现文化的境地。"①在这个反思的过程中,一种在现代人类学传统中占主导地位的、基于"看"的、对象化的观察、收集与描述模式受到分析与怀疑。而"写文化"的先锋们提出的替代性方案将救赎的重任交给了"声音"。克利福德称:"一旦文化不再预先以视觉方式描绘——被描绘为客体、剧院、文本——就有可能想象一种各种声音和各种立场的意见相互影响的文化诗学。在一个更多的是话语的而非视觉的范式中,民族志的主导隐喻从观察的眼睛转移到有表现力的言辞(以及姿势)。作者的'声音'遍布于分析之中,而客观、疏离的修辞被放弃了。"②

这里所要呼唤的声音显然并不仅指作者的声音,因为作为"一门主张再现文化的科学","单声部"的权威恰是后现代人类学质疑的对象。而"在任何复杂地再现的话语空间,对话过程都层出不穷,众声喧哗"。③于是,在《写文化》中,"多声部"与"合作文本"的主张被提出。斯蒂芬·泰勒(Stephen Tyler)在《写文化》的《后现代民族志:从关于神秘事物的记录到神秘的记录》一文中称:"我们最好将民族志的语境理解为协力创造故事的语境,在它的一种理想的形式中,将会产生出一个多声部的文本,那些参与者中没有谁在构成故事或促成综合——一个关于话语的话语——的形式中具有决定性的措辞……不像传统的故事讲述者或与之对应的民

---

① 詹姆斯·克利福德:《导言:部分的真理》,詹姆斯·克利福德、乔治·E. 马库斯编:《写文化——民族志的诗学与政治学》,高丙中、吴晓黎、李霞等译,商务印书馆2006年版,第30页。
② 同上书,第40—41页。
③ 同上书,第44页。

俗学者,民族志作者不会聚焦于单声部的表现和叙述……"①在泰勒看来,这样的多声部复调作品通过"视角相对性"的手段运用形成了一种具有诗性的合作发展文本。这样一种具有诗性的后现代多声部民族志文本具有如下特征:"它由一些话语碎片所构成,这些碎片意图在读者和作者心中唤起一种关于常识现实的可能世界的创生的幻想,从而激发起一种具有疗效的审美整合。"②

关于多声部的后现代民族志的"碎片性",泰勒将其与传统的现代人类学中围绕着诸如亲属关系、经济与宗教等条目范畴所建构出来的"整体性"做了对照。他提出,碎片化的后现代民族志恰恰提供了一种新的"创生的"整体观的可能,而这种整体的意义"既不是在文本上决定的也不是作者独有的权利,而是文本—作者—读者间的功能互动"③。在这样一种矛盾的、带有碎片性的新整体观的后现代民族志生产过程中,文本化只被看作是最初的解释步骤,而更为重要的是,它提供了一个"可供读者参与解释的协商文本"。这样的协商文本所能做到的是"对日常经验的唤起;它会是一个用日常言语来表明什么是不可言说的可感的现实;而这不是通过抽象,而是通过具体来实现。它会是一个不只用眼睛来读,还要用耳朵来听'书页的不同声音'的文本"④。

在《写文化》的姊妹篇《作为文化批评的人类学》一书中,马库斯也对转向中的人类学在民族志生产上所做的实验给予了期待。回避了"后现代"的标签,马库斯将转向中的人类学民族志实践与

---

① 史蒂芬·泰勒:《后现代民族志:从关于神秘事物的记录到神秘的记录》,詹姆斯·克利福德、乔治·E.马库斯编:《写文化——民族志的诗学与政治学》,高丙中、吴晓黎、李霞等译,商务印书馆2006年版,第167页。

② 同上书,第166页。

③ 同上书,第172—174页,原文中"holism"一词译为"整体主义",此处为保持连贯性统一为"整体观"。

④ 詹姆斯·克利福德:《导言:部分的真理》,詹姆斯·克利福德、乔治·E.马库斯编:《写文化——民族志的诗学与政治学》,高丙中、吴晓黎、李霞等译,商务印书馆2006年版,第177页。

产品称为"实验民族志"。他认为,这一实验精神应该首先体现在文本模式的创造性之上,因为"同情实验民族志的读者们,并不期待从民族志的新形象中发现新范式,他们期待的是从不同研究情境中发现新的观念、新的修辞韵味、新的认识论洞察力以及新的分析眼光"。在他看来,这一实验气氛的本质,即在于允许读者和作者不断地创造出新的洞见。而一些实验民族志成功的原因,恰恰在于其文本模式上引起人们的兴趣。① 此外,马库斯还认为实验民族志的另一个要解决的问题是寻找合适的方法"用以描述民族志对象如何与更广阔的历史政治经济过程相联系"②。进行这个尝试,就需要修正传统民族志描述模式中静态的、同质的、无历史的风格,而将文化情境看作是处于一种不断流动变化的状态之中。他继而解释,这种文化的流动性就表现在"文化处于既外在于又内在于地方场合的广阔影响过程之中,保持着一种永恒的、具有历史敏感性的抵制和兼容状态"③。

对《写文化》和《作为文化批评的人类学》所标示的这场转向,来自于人类学界内部的反应是复杂的。在两书问世十年之后,《写文化之后——当代人类学认识论与实践》(After Writing Culture, Epistemology and Praxis in Contemporary Anthropology)如此评述了这两本书在十年之内的境遇:"有些人热情地拥抱了它们,但对于另一些人来说,它们造就了一种反动的、后现代的萎靡不振……"甚至有人不无嘲讽地将马库斯与克利福德等人描绘为阴险的野心家,称他们的所作所为"恰恰赋予了后现代民族志那种他们曾经试

---

① 乔治·E.马尔库斯、米开尔·M.J.费彻尔:《作为文化批评的人类学》,王铭铭、蓝达居译,生活·读书·新知三联书店1998年版,第67页。
② 同上书,第70页。
③ 同上书,第115页。

图动摇的权威"①。后现代民族志的境遇,与作为哲学和思想风尚的广义的后现代主义的遭遇是相呼应的,质疑、恐慌与窃窃私语在它们出现之后就与其如影随形。当然,这其中应该不乏富有洞见的反思与建设性的意见,但是正如有学者认为《写文化之后》并未对其所意识到的学科困境提出完善的解决途径那样②,对一切带有"后现代"标签的东西所具有的"破坏性"的指责未必都能导向有效的"建设性",而同时它们本身的建设性潜能也很难说没有被不恰当地低估。

4. 后现代视角下的"文化遗产民族志"

虽然在西方被称作"后现代"的那个时代肇始已过半个世纪,虽然曾经被人当作时尚新词来谈论的"后现代主义"已经不再有新奇的光环,虽然《写文化》问世已过去二十多年,关于人类学后现代民族志的主张以及关于其背后的后现代主义思潮的理解是否仍然具有不容小觑的现实意义呢?这里的回答是积极的:只要后现代主义曾经的质疑仍有现实意义,只要后现代主义民族志所识别与力图应对的人类学困境依旧构成现实困境的一部分,那么它们就仍然是反思与建设性实验可供选择的灵感来源。而对于现今状况下的中国,这种现实相关性则更为突出。总体上落后于西方的社会发展现实反倒使中国能在迟到的现代化过程中从这些思潮中得到启示。及时地调整基于极端现代性想象的路线偏差,代之以一种朝向建设性后现代主义的思想方向正是当下的中国仍需要面对的课题。正如格里芬所说:"西方世界的建设性的后现代思想

---

① Allison James, Jenny Hockey, Andrew Dawson, *After Writing Culture, Epistemology and Praxis in Contemporary Anthropology*, Routledge, 1997, p.1.

② 参见黄剑波:《写文化之争——人类学中的后现代话语及研究转向》,《思想战线》2004 年第 4 期,第 42 页。

是要保存现代概念中的精华,同时克服其消极影响。我的出发点是:中国可以通过了解西方世界所做的错事,避免现代化带来的破坏性影响。这样做的话,中国实际上是'后现代化了'。"①正因为如此,一个运用了后现代视角的、开放的、跨学科的、反思的,但同时也是建设性的民族志实验,无论从学科发展现状上看,还是从中国社会发展的现实需要上看都仍然是有其重要意义的。

如果传统的民族志所表述的对象是某个鲜为人知的"异文化"或"社会",而人类学研究者与之打交道的对象是作为他者的"当地人"的话,那么一部"文化遗产的民族志"所力图表述的对象则是所谓的"文化遗产",一个复杂的话语与实践集合,而研究者与之打交道的"当地人"便是"文化遗产中的人",即各种被包裹于其中身份复杂的人。我们知道,在人类学的后现代转向之中,表述过程中的权力关系得到反思,单声部的、无历史的、与世隔绝的民族志模式激发了创造性的文本实验。那么在后现代视角下的多声部民族志中,曾经掌握于政府和学者等精英群体手中的表述权力同样受到检视,在很大程度上,曾处于失声状态的文化遗产的日常实践者将被给予更多的表述权力。这一表述以散漫的、碎片化的、日常口头表达的直接引述为根基,通过研究者的转录及文本化安排与居于名录、报告、论述中的话语形成一种基于多声部与合作的整体观。同时,后现代视角下的多声部民族志的讲述主体与文体风格上的多样化会对阅读过程有所寄望。正如克利福德所说:"文本以一种连贯的方式制造意义的能力,与其说依赖作者的强烈意愿,不如说更依赖读者的创造性活动。"②因此,合作在这篇民族志中的体现并非合作编撰与署名,而在于"关于文化遗产的"和"在

---

① 大卫·雷·格里芬:《后现代科学》,马季方译,中央编译出版社 2004 年版,中文版序,第 16 页。
② James Clifford, *The Predicament of Culture*, Harvard University Press, 1988, p.51.

文化遗产之内的"共同发声、阅读与想象。

除了具有多声部的合作文本的书写,一部后现代视角之下的文化遗产民族志还会通过将"文化遗产"放入广阔的时间与空间的背景之中来构筑一种"文化遗产的整体观"。马库斯在《写文化》中针对"文化世界是如何嵌入于更大的、更非个体化的体系中的"这一问题的解答提出了一种思路,即在民族志研究与书写的策略性选点工作中兼顾单点与多点,从而将民族志文本构建成一种融合了宏观与微观视角的熔炉。① 受到这一思路的启发,这部文化遗产的多声部民族志在选点上首先在空间的维度上尝试形成一种共时的并置。盘子会与盘子会之间、盘子会与龙王庙之间,以及社区、地方、国家与区域之间,共性与差异中的并置形成一种空间张力。而聚焦于"人"的"文化遗产空间"在其中成为一个工具性的视角。在共时的并置之外,民族志中的各点也被放入历时的变迁背景之中。变迁中的盘子会和龙王庙及变迁中的柳林镇与镇民生活为这部后现代视角下文化遗产多声部民族志的整体观提供了纵深的历史向度。此外尤为重要的是,"文化遗产"自身的"话语史"也成了这部民族志的组成部分。

---

① 参见乔治·E. 马库斯:《现代世界体系中民族志的当代问题》,《写文化——民族志的诗学与政治学》,高丙中、吴晓黎、李霞等译,商务印书馆2006年版,第210—214页。

第三节 ｜ 从盘子会到龙王庙：并置在后现代视角下的"文化遗产空间"中

1. 贾宝平：周旋于盘子和龙王庙间的柳林人

盘子制作艺人贾宝平是初到柳林时县文化局介绍给我认识的，五十刚出头的年纪，在柳林的"盘子"制作艺人中是壮年一拨的领军人物。出身于柳林镇上最大行政村贺昌村南坪贾姓大家族的贾宝平从小就继承了父亲在绘画上的天赋，年少的时候干过模具工，后来学了木工，现在主要的两个营生是搞古建和割盘子（制作盘子）。用老文化局长张生全的话说，贾宝平属于在盘子祭拜活动放开后"有了活法"（柳林口语，指经济来源不错，日子过得舒心）的人。2009年新年到来前，贾宝平正领着手下的一帮木匠赶割一副盘子，活儿是农历八月里接下的，估计到2010年的元宵之前才能完工。贾宝平割盘子的地方是石家沟的龙王庙，木材堆放在庙前的戏台院里，一班木匠就在院子的地下室里忙着。贾宝平把割盘子的车间放在龙王庙自有原因——他还负责庙上的修复扩建工程，常年领着同一帮木工和几个泥瓦匠以及塑像和彩绘师傅给庙上干活。修庙的营生因为集资周期的缘故断断续续，贾宝平也正好利用中间的空闲安排手下的工匠们赶盘子的活儿。此外，据说因为庙上的工钱时常不能按期付给包工的贾宝平，让他在庙里同时干着割盘子的营生也算是庙上回报他的一种方式。

正是由于贾宝平的这种特殊的工作状态，初到柳林镇的我就对盘子和庙之间纠缠不清的关系有所留意。除此之外，从木工和彩绘的技术层面上说，割盘子和修庙的活计差别也不大。盘子本来就常被人称作"移动的庙宇"，在制作材料、结构、式样和工艺上都和以木结构为主的庙宇古建一脉相承。从最简单的神棚发展而来，盘子制作得越精致就越有庙的味道，只不过是在体量上浓缩了许多，另外再加上一个方便拆装的功能罢了。脑子聪明的贾宝平也就在营造这一静一动的两种"庙"的营生上成了一把好手。在眼下割的这副有着和北京天坛一样圆顶的新盘子之前，贾宝平已经在柳林三镇有不少盘子作品了，其中最著名的就是镇上人气最旺的南坪十八米街盘子会上的盘子。十八米街的这座盘子是2003年割就的，贾宝平作为自家社区盘子的制作者，每年还要指导它在元宵前后的搭拆，不然这个有三层斗拱的大型盘子很容易在搭拆的过程中遇到麻烦或是损坏。不仅如此，贾宝平自己还在2004年当了一回十八米街上盘子会的"主人家"。

  柳林各处的盘子都是由不同的社区操持的。居住在同一区域内的住户（少则十几二十户，多则像十八米街的二三百户）会在每年元宵期间组成各自的盘子会。盘子会由轮值或选出的几户人家的男主人担任"纠首"。一般规模的盘子会纠首数量在十个上下，其中还有一个为首主事的"主人家"（也有少数盘子会不设"主人家"）。这些纠首和主人家负责当年盘子会的组织工作，从收份子钱、搭拆盘子到采购香表供品、拉彩旗彩灯到雇红火表演、组织秧歌等等，分工张罗盘子会期间的一切事物。在几十户上百户的社区里轮上当回纠首要等上几年甚至更长的时间，当主人家就更不容易了。在不做纠首主人家的年份里，除去因为盘子制作者的身份要指导盘子的搭拆之外，贾宝平就是社区盘子会的一个普通坐地户的户主。和大多数没有轮值纠首主人家的柳林人一样，他参与盘子会的方式就是交份子钱，正日子里带上家人一起上香许愿，逛逛红火,至多就是和老婆在家里议论一下今年自己社区里盘子会上收支运作的长短。

照这样看来,贾宝平和柳林盘子会相关的身份有三种:盘子制作艺人、纠首主人家、参与盘子会的普通家户成员。而在我初到柳林的时候就被介绍与他认识,正是缘于县里文化部门对他第一种身份的看重。作为正值壮年的盘子制作艺人,贾宝平是省级的非物质文化遗产代表性传承人,2011年又和彩绘画师白升厚被双双上报为国家级传承人的候选人。实际上,在柳林盘子会2007年申报国家级非物质文化遗产的时候,申报书里"代表性传承人"一项就是由两个木工与两个彩绘画师构成的。① 但是仔细想想,我们就会发现这样的界定还是有点问题。盘子会没了盘子不行,盘子的制作少了木工和画工也的确无法实现,但是实现柳林盘子会的传承单靠艺人们的制作技艺来维持却是令人无法想象的。当人们不再对"天官"抱有敬畏,不再参与盘子会的活动,或者不再知晓那些关于盘子祭拜的琐碎知识的时候,光有盘子制作艺人立起一座座雕梁画栋的空盘子对于"传承"作为非物质文化遗产的柳林盘子会来说也只是徒劳。那时的盘子只会如同无人问津的废弃空庙一般,身份存疑,命运堪忧。

正因为如此,当柳林盘子会在申报书里被定义成"庙会文化空间"和"节日文化空间"②的时候,一个潜台词就已经出现:柳林盘子会的"传承"或许远不只是盘子制作工匠们的事了。在"庙会文化空间"和"节日文化空间"中构筑、制作"庙宇"或"盘子"等物质空间构成物的的确是工匠艺人,但其"文化空间"的建构与维持却离不开庙会与节日祭拜及庆祝活动的组织者与参与者。在这个意

---

① 柳林县文化馆:《国家级非物质文化遗产名录项目申报书(柳林盘子会)》,2007年,第6页。
② 同上,第7页。

义上,柳林盘子会的传承人,除了贾宝平第一种身份所代表的盘子制作艺人,更应该是他后两种身份所代表的盘子会活动的组织者与参与者。当贾宝平的身份由一个远近闻名的"盘子制作艺人"回归到一个普通的"柳林人"的时候,他作为"柳林盘子会传承人"的身份不仅没有削弱,反而显得更加贴切了。

2. 关于"空间的视角"与"文化空间"

贾宝平的多重身份让我们对文化空间中的"人"的角色投以更多关注的目光,而在对上述的"文化空间"概念进行理解与发展之前,我们不妨对这个充满着"人"的"空间"的研究取向在人文社科领域的发展稍作回溯。自 20 世纪后期开始,关于"空间"的议题在国际社会科学领域里受关注的程度与日俱增,从福柯到列斐伏尔(Henri Lefebvre),从梅洛-庞蒂(Maurice Merleau-Ponty)到德塞尔托(Michel de Certeau),思想家们对空间的主题有着各自的理解与论述。他们各自采取的切入点虽然不同,但异彩纷呈的空间理论中还是存在着一些共通之处。与此前长期将空间当作"死的、固定的、非辩证、不动的东西来对待"[1]不同,这些思想家们大多将空间看作一个动态的富有生命的范畴。他们或如福柯将其与知识和权力观建立联系,或如列斐伏尔运用生产力、生产资料、生产与再生产的社会关系等一系列范畴来分析"社会空间"和其中潜藏的空间生产机制。虽然理论侧重点各有不同,但这些学者对空间中的人及其活动的关注却是大体一致的。这也是关于文化遗产的人类学研究可以借重这些空间洞见的主要原因。

从人类学角度理解空间,并将其作为学科中具有生产力的视

---

[1] Michel Foucault, "Power/knowledge", in John A. Agnew and James S. Duncan, eds., *The Power of Place: Bringing Together Geographical and Sociological Imaginations*, Unwin Hyman, 1989, p. 1.

角,需要首先理解"空间"(space)与"地点/场所"(place)之间的差异。列斐伏尔在论述其空间观的时候曾对二者做过比较。他认为,较之于地点的相对静止与稳定,空间则具有动感性,且与方向、速率、变动的时间等相联系。① 梅洛-庞蒂也曾试图在一种同质的、同向性的、类似"地点"的几何学的空间和一种"人类学的空间"之间做出区分。在现象学视角下,庞蒂的空间是关乎存在的,而反之存在也是关乎空间的。他认为空间的经验是一种与世界的关系,它表达了"和我们作为置身于环境中的存在者相同的本质结构"。②

关于二者的关系,德塞尔托为我们提供了更加精致的诠释。他把地点理解成在共存关系之下分布的各元素所参照的一种秩序。这些元素相互为邻,各自居于特定位置之上。由此,德塞尔托把每一个地点都看作是一个瞬间的位置配置(instantaneous configuration of positions)。与此相对,德塞尔托称"空间只有当人们考虑方向的矢量、速度以及时间变量的时候才存在"。空间由移动中的元素的相互交错构成,处于一种正在被实现的不确定的状态之中,并有被连续的语境带来的变化所改变的可能。③ 因此,相对于地点,德塞尔托的空间不再具有那种"正规的"单义性或稳定性,而成为一个被实践了的"地点"。在个体以及由个体构成的群体与其所处的各种空间的复杂互动之中,空间得以成为动态的、多维度的、被生活的空间。从地点到空间的转换使我们看到了一个注入生命的过程,同时也看到了一个由地理学向人类学视角转化的可能。德塞尔托曾说,"城市规划进行几何性定义的街道由行人转变

---

① 吴宁:《日常生活批判——列斐伏尔哲学思想研究》,人民出版社2007年版,第381页。

② De Certeau, *The Practice of Everyday Life*, University of California Press, 1988, p. 117.

③ Ibid.

成了空间"①,所指的应该就是这样一个被人的日常生活所激活的空间生成过程。正是在这样一种空间视角的理论积累下,我们找到了对"文化空间"中物质基础与人的活动之间相互关系进行理解的出发点。

国际文化遗产话语中的"文化空间"概念是在21世纪初作为非物质文化遗产的一个类别范畴被提出来的。世纪之交,联合国教科文组织始自1972年《保护世界文化和自然遗产公约》的实践在经历了最初近三十年对物质文化遗产的单一关注之后逐渐实现了向非物质文化遗产的范围扩展。作为《保护非物质文化遗产公约》的先行项目,教科文组织于2001年开始推出的"人类口头和非物质遗产代表作"评选项目率先使用了"文化空间"的概念。当时教科文组织将认定的"人类口头和非物质遗产代表作"划分为两种类型,其一是"规律出现的文化表达类型"(a regularly occurring form of cultural expression),而另一种类型则为"文化空间"(cultural space)。对于后者,教科文组织的文件中如此定义:"'文化空间'的人类学概念应被理解为一个集中了民间和传统文化活动的地点(或'物理空间'),但也是以某一周期性(周期、季节、日程表等)或是以某一活动为特点的一段时间,这个时间意义上以及物理意义上空间的存在取决于按传统方式进行的文化活动本身的存在。"②这一定义以一种"整合性"视角同时关注了"文化空间"的几个要素:物理意义上的地点、时间以及人的文化活动。

概念提出后,2001年至2005年共有10个来自世界各地的"文化空间"入选"代表作名录"。在"文化空间"的概念下,将多

---

① De Certeau, *The Practice of Everyday Life*, University of California Press, 1988, p. 117.
② UNESCO, *Regulations Relating to the Proclamation by UNESCO of Masterpieces of the Oral and Intangible Heritage of Humanity*, 155EX/15 Add & Corr. Annex IV, UNESCO, 1998, p. 1.

个形式不同但彼此关联的非物质文化遗产项目进行"整合性"考量,为非物质文化遗产保护提供了分类学意义上的尝试经验。当"文化空间"概念随着中国的"缔约"进入中国并融入国内的文化遗产话语之中时,它便也在国内非物质文化遗产研究、申报与认定中被当作一个类别范畴来使用。在"柳林盘子会"的申报过程中,盘子会被描述成"庙会文化空间"和"民俗节日文化空间"的"有机融合"①。物质化的盘子所标示的物理地点、盘子的搭拆、盘子会的组建,以及包括收份子、上份子、祭拜、上锁、许愿、还愿、转九曲、看戏、扭秧歌在内的活动都被统合到了"文化空间"之中。这里的"文化空间"概念作为非物质文化遗产的一个类别被继续研究和应用,进而发展出如庙会文化空间和民俗节日文化空间这样的子类别。

3. 建设性后现代主义启示下的"文化遗产空间"

然而,当我们跳出"非遗类别"的层次,并重新把教科文组织所采用的"文化空间"概念放入前述的空间研究取向的大背景之中就会发现,"文化空间"概念对文化遗产的人类学研究与民族志书写的贡献可以不止于分类学的层面。当这个囿于"非物质文化遗产类别"的"文化空间"概念与建设性后现代主义的一些视角相结合的时候,它便更应该为统合了物质与非物质、物与人、人与人的整体观的文化遗产民族志书写以及文化遗产理论研究提供新的思路。

建设性后现代主义的代表人物之一大卫·雷·格里芬(David Ray Griffin)所提出的建设性后现代主义的特征突出了其与现代性

---

① 柳林县文化馆:《国家级非物质文化遗产名录项目申报书(柳林盘子会)》,2007年,第7页。

思潮之间的关键差异。他认为,在个人与他人、个人与他物的关系方面,后现代主义所强调的"内在的、本质的、构成性"的关系与现代性所坚持的"外在的、偶然的、派生的"关系相反。而在人与自然的关系上,建设性的后现代主义所信奉的"有机论"(organicism)反驳了抱持二元论的现代性中二者之间的异化关系。在《后现代精神》(Spirituality and Society: Postmodern Visions)一书中,格里芬提出有机论应是后现代精神的关键特征之一,并进而构想了一种基于这一有机论的"后现代人的世界"。在他构想的世界中,人们因为能够感受到与其他物种之间的"亲缘血脉"(kinship)而获得一种"在家感"(feel at home)。由此,现代人所抱有的那种对自然与世界"统治和占有的欲望"在后现代被一种"交往的享受和顺其自然的愿望"所代替。① 正是在这样一个基础上,格里芬称建设性后现代思想是"彻底的生态学的"。这样一种生态学思想信奉着一种整体观,即认识到"所有的事物都是相互联系的,我们应当同我们的总体环境保持某种和谐"。②

格里芬在《后现代精神》中提到的后现代主义的另一个特征即是一种新的"与时间的关系"(relation to time)。他倡导人们关心过去和未来,并且认为对现代人的救赎关键在于通过与过去以及未来发生联系来恢复生活的意义,并同时使日趋孤立的人们回到团体之中。他认为现代性的激进个人主义在摆脱过去的同时也让人们失去了对未来的关注,其结果是导致了一种简直可以说是"跟自己过不去"的、对当下的沉迷。他还指出,建设性后现代精神对过去的回归并非意在回到前现代的传统主义之中,而是要恢复人们对过去的关切和敬意,并与此同时呵护对新事物与未来的积极

---

① David Ray Griffin, *Spirituality and Society: Postmodern Visions*, State University of New York Press, 1988, p. 14.
② 大卫·雷·格里芬编:《后现代精神》,王成兵译,中央编译出版社2011年版,序言,第8页。

向往。格里芬将这种思想取向称为"具有改造能力的保守主义"（transformative conservatism）。①

虽然格里芬所如此倡导的建设性后现代主义中的机械主义与生态学的视角只是对后现代世界中人与自然、人与物以及人与人之间关系的一种普遍化的构想，但是这样的一些视角可以启发我们思考一种"文化空间"的超越，即由作为非物质文化遗产类型的"文化空间"到作为认识视角的"文化遗产空间"的超越。人对物质的文化遗产的占有与控制转变为一种"在家感"；物质的、非物质的文化遗产以及其中的人都是相互联系着的，有着共同的"亲族血脉"的元素，它们共同构成一个生态总体。这些异质的元素彼此互为环境，保持一种和谐的共生关系。同时，在这个后现代视角下的"文化遗产空间"之中，对过去的尊敬与关切化生成一种朝向未来的积极推动力，这使得这个空间也具有了时间的向度，呈现出一种后现代视角下文化遗产民族志书写与文化遗产研究的整体观。

4. "文化遗产空间"中盘子会与龙王庙的并置

通过这一后现代视角下的"文化遗产空间"的整体观来看柳林大大小小的盘子会，便会发现一个由盘子会切入的人类学的文化遗产民族志研究应该有一个更为宽广的视野观照：包裹在当地人日常生活中的"盘子"与"会"，"文化遗产"中的物与人，其中物质与非物质层面之间的对比与交融将为文化遗产民族志的书写提供具有诠释力的对照性结构。在这一结构的建立过程中，与"国家级非物质文化遗产代表作"柳林盘子会相对的，还应该包括那些并不具有官方认定的"代表作"色彩的、更具有不可移动的物质性的、

---

① David Ray Griffin, *Spirituality and Society: Postmodern Visions*, State University of New York Press, 1988, pp. 15-16.

存在于柳林日常生活中的普通的"文化遗产"研究对象。它们与柳林盘子会并置所产生的张力或许能成为对广义的"文化遗产"进行民族志书写与研究尝试的关键。贾宝平"盘子庙宇两手抓"的工作状态使我在关注盘子会的同时也自然地把眼光落在了他一年四季忙活的场所龙王庙上……

  农历二月初过后,几乎所有的盘子都消失了,柳林镇上在节日里供奉盘子的各处地方又变回平常的模样,天官爷暂时从柳林的社会生活中退场。从这时起到来年的正月,其他的各路神佛如观音、老爷、华佗等又开始在镇上的大小庙宇里轮番登场。地处柳林镇旧街中心地带的龙王庙在镇民的口中是镇上的名庙之一,但在官方对柳林主要寺庙的介绍中却显得色彩黯淡,有时甚至难觅踪影。多数解释归于这样一个理由:龙王庙只是个"县级文物保护单位"。与官方认定的更高级别的"文物保护单位"香严寺、双塔寺或玉虚宫等寺庙相比,龙王庙的生存沿用的是一种更为接近盘子会的"民间"模式,"名庙"实为"民庙"。

  像龙王庙这样缺少足够耀眼的"文物保护"光环的"民庙"在柳林有不少,它们鲜有官方组织精英为其修书铭志,在政治动荡中饱经磨难,在修缮和复建上也较难获得来自官方的资金支持。从历史命运和现实处境上看,这些"民庙"和柳林的盘子会之间存在着诸多相似之处却也不无反差。盘子本身就是"移动的庙宇",而以地域为单位的盘子会在组织运作上更接近这些小型"民庙"的生存方式。每年正月十五是柳林各处盘子会的"正日子",盘子会除了收纳份子钱为当年的"红火"筹集开销经费之外,还要筹划老旧盘子的修整。而柳林龙王庙每年在二月十九都会举行观音庙会,唱"人口戏",并通过收份子、上布施的方式在娱神娱人的同时为庙宇物质基础的修复进行民间筹资。

  在政治运动中,社区经营的盘子和缺少足够官方庇护的"民庙"也有着类似的遭遇。但是和只在正月里昙花一现的盘子不同，龙王庙一年四季都立在旧街要地，在城市化的拆迁浪潮中又与"身手灵活"的盘子面临着不同的境遇。同时，当盘子会经过官方承认与推广名正言顺地以地方文化遗产代表的身份得到"国家级非物质文化遗产"的头衔，成为地方文化遗产话语的关键词的时候，龙王庙等"民庙"依然处在"前文化遗产话语时代"确立的文物保护体制中的最下端。除了县里文物旅游局的人和像龙王庙保护组组长贺四牛这样订阅了《中国文物报》、保护观念与时俱进的人，一般柳林人连龙王庙是"县保"单位都未必清楚，更谈不上在平日里把它和"文化遗产"想到"一搭"了。因此在地方文化遗产话语中，以龙王庙为代表的"民庙"和近年来名声显赫、成为一方文化遗产代表的柳林盘子会之间身份的差异是巨大的。正是这样一些存在于两者的现实生存和历史境遇之间、四时日常与节日之间、官方与民间文化遗产话语表述与实践之间的相似以及反差构成了一种张力，为一部具有丰富的呈现力的文化遗产民族志的写作提供了可能。

　　与结构上的反差并置所带来的张力相对的是多声部民族志呈现出的对平实日常生活的回归。将当下的盘子会、龙王庙的历史与未来以及生活于其间的人放置在一个后现代视角下的"文化遗产空间"之中进行民族志再现的过程中，与各种文化遗产互为背景环境的人的日常生活成了重要的内容。在建设性的"文化遗产空间"的视角下书写文化遗产的民族志也好，从事文化遗产理论研究也罢，其最终目的都离不开探求人与周遭人和物面向积极未来的相互关系的构建。在这部文化遗产的多声部民族志中被尝试并置的，与其说是盘子会与龙王庙，不如说是物、人、历史、当下和未来。因此，所谓并置从某种意义上说也并非并置，而是一种基于整体观的集合呈现。

第四节 | "话语"与文化遗产

1. "话语":来自福柯的启示

借鉴《写文化》中对实验民族志的期望,在后现代视角下书写"文化遗产的民族志"要解决的问题之一就是"如何充分地表述较大的、非个人的政治体系中'地方文化世界'的角色"。① 将文化遗产放置到国家的乃至世界的"文化遗产"语境之中,同时对一个广义的"文化遗产"概念与实践进行历史的回溯将帮助我们在多声部民族志中构筑起具有整体观视角的"文化遗产空间"。在这个回溯历史的尝试中,法国后现代思想家福柯的"考古学"与"话语"概念可以给我们提供一些方法论层面上的启发,这也是后现代哲学思潮对这部后现代视角下的、多声部的"文化遗产的民族志"所做出的另一个维度上的贡献。

福柯 1969 年问世的著作《知识考古学》(*L'archéologie du Savoir*)是其自早期著作《疯癫与文明——古典时代的疯狂史》《临床医学的诞生》以及《词与物——人文科学考古学》之后的一部在方法论意义上的总结之作。② 这部著作名称中的"考古学"一词的含义一直是读者与研究者想象与讨论的源泉。在书中,福柯将其

---

① 乔治·E. 马尔库斯、米开尔·M. J. 费彻尔:《作为文化批评的人类学》,王铭铭、蓝达居译,生活·读书·新知三联书店 1998 年版,第 113 页。
② 张典:《福柯知识考古学的历史观》,《中州大学学报》2011 年第 28 卷第 3 期,第 83 页;黄晖:《福柯的知识考古学理论剖析》,《法国研究》2006 年第 2 期,第 30 页。

所谓的"考古学"界定为一种"工具",称这种工具"能使人们比以前更准确地连接社会形成的分析和认识论的描述;或者它有助于把主体位置的分析与科学史的理论联系起来;或者它还能使人们把交叉的地点置于生成的一般理论和陈述生成的分析之间"①。当年在《知识考古学》出版之际,福柯也曾对自己所使用的"考古学"一词有过阐释:"我想找一个不完全是历史的又不完全是认识论的分析形式,那就是一种科学结构的内在分析。我把这另外的东西就叫作考古学。我希望这个词所要说的就是对档案的描述,通过档案我希望得到实际发出声音的话语的总体。这个总体不仅仅被视为在历史的清洗中被悬置的只此一次发生的事件总体,还是延续运转,通过历史改变,提供其他话语显现的可能性的总体。"②福柯的这一解释,尤其是对"档案"的强调,在他的"考古学"与传统意义上的"考古学"之间标注了区别。

"考古"一词的法语 archéologie(英文为 archeology)中" arch-"这一词根的"原始、原初"的传统含义被"archive"中的"档案"之义所覆盖。通过对档案的研究,福柯把传统考古学对绝对根源的追索转移到对相对的建构与变化的注视之上,把对地层深处神秘存在的发掘转移到对话语表面展现的关系与规律的识别。他说:"我感兴趣的不是隐秘,不是比人的意识更沉默、更深刻的东西。相反,我要规定的是话语表面的各种关系。我希求的是在物的表面过多而不可见的东西成为可见的,我不愿在话语下面追寻什么是人的思想,而是试图在话语的明显存在中,把话语把握为一些服从规律的实践,即服从形成、存在、共存和功能体系的规律,我要描述

---

① 福柯:《知识考古学》,谢强、马月译,生活·读书·新知三联书店1998年版,第267—268页。
② 北京天则经济研究所:《阅读福柯——记北京天则经济研究所〈知识考古学〉读书会》,1998年12月。

的是在其稳定的,几乎在物质性中的实践。"①

对于"知识考古学"这一方法论的把握,关键点最终落在了"话语"之上。何谓话语?声称"在话语以外,事物没有任何意义"的福柯认为"话语的概念不涉及事物是否存在的问题,只涉及意义从何而来"。② 在建构主义者的表征理论中,存在着的物质的事物以及行动只有在话语内才能得到意义,并成为知识的对象。"话语"被福柯定义为"隶属于同一的形成系统的陈述整体"③,其更详细一些的解释为:"一组陈述……这组陈述为谈论或表征有关某一历史时刻的特有话题提供一种语言或方法……话语涉及的是通过语言对知识的生产……话语的概念在此种用法中不单纯是一个'语言学的'概念,它涉及语言和实践。"④正是在这样一种实践机制下,话语通过语言实现了知识的生产,从这种意义上说,知识即是一种话语的实践活动。福柯指出人文科学知识的产生受制于"话语构成",因而他所谓的考古学研究实际上就是话语分析,这也是他此处提出的方法论的核心。

福柯的《知识考古学》在提出"话语"的同时还提出了作为"话语的单位"的"陈述"的概念,并指出话语是由一系列陈述构成的整体。"话语这个术语可以被确定为:隶属于同一的形式系统的陈述整体;正是这样,我才能够说临床治疗话语、经济话语、博物史话语和精神病学话语。"⑤福柯继而指出这种话语的实践范围大大超出了学科的范围,称话语实践"不只是表现在某一具有科学性的地

---

① 北京天则经济研究所:《阅读福柯——记北京天则经济研究所〈知识考古学〉读书会》,1998年12月。
② 福柯:《知识考古学》,塔维斯托克出版社1972年版。转引自斯图尔特·霍尔编:《表征:文化表象与意指实践》,徐亮、陆兴华译,商务印书馆2003年版,第45页。
③ 福柯:《知识考古学》,谢强、马月译,生活·读书·新知三联书店1998年版,第137页。
④ 同上书,第44页。
⑤ 同上书,第137页。

位和科学目的的学科中,我们在司法文件中,在文学语言中,在哲学思考中,在政治性的决策中,在日常话题中,在意见中,同样可发现这一实践在起作用"。福柯用其所熟知的关于精神病的话语实践的例子解释了这一范围上的差异:"由精神病学科测定其存在话语形成同精神病学科不是同外延的,绝对不是,因为这种话语形成大大地超出精神病学科,并将它团团围住。然而,更有甚者,当我们上溯到 17 世纪和 18 世纪,寻找可能先于精神病学创立的东西时,便可发现根本不存在什么预先的学科……却存在着一个被使用的话语实践,它具有自己的规律性和持久性。"①正是在这样一种话语的实践系统中,作为单位的陈述被当作事件和事物得到研究。因而,知识考古学所考察的对象即为生产了知识的陈述及由其构成的话语实践体系。今天的文化遗产概念的生成和相关领域内的实践在一定意义上可以被理解成由各种陈述构成的话语实践体系。而话语所具有的历史化以及异质性的特点正是这部文化遗产民族志将其作为方法论工具的主要原因。

2. 文化遗产话语的历史化

历史化是福柯的"知识考古学"中所提出的围绕"话语"核心的研究方法论的一个突出特征。斯图尔特·霍尔(Stuart Hall)指出,福柯的话语理论的要点在于他将"话语、表象、知识和'真理'彻底历史化的方法……他指出,只有在一种特殊的历史语境内,事物才成为某种特定的事物,才'真实'"。②就如同福柯不认为精神疾病会在任何时代都意味着同样的事实一样,话语实践在他看来

---

① 福柯:《知识考古学》,谢强、马月译,生活·读书·新知三联书店 1998 年版,第 231—232 页。
② 斯图尔特·霍尔编:《表征:文化表象与意指实践》,徐亮、陆兴华译,商务印书馆 2003 年版,第 47 页。

同样也是一个应被历史化的范畴。① 回到福柯关于话语的最初定义,我们看到,话语被解释成"一组陈述……这组陈述为谈论或表征有关某一历史时刻的特有话题提供一种语言或方法……"②

文化遗产的话语也是一个在特定历史语境下产生与变化的言说与实践体系。它的产生与"遗产"这一原本具有法律意义的概念与"文化"相连,继而获得新的意义的过程密切相关。探究这一过程的起始时间,一些学者认为文化遗产是一个彻头彻尾的现代概念,如英国学者大卫·洛温塔尔(David Lowenthal)即认为仅仅是在我们这个时代,遗产才成为了一种具有自我意识的观念;而另一些学者则认为就是在过去的几十年之中,遗产的意义才超出了法律上的继承的概念范围。③ 中国学者李军对近四十年间法语字典中"遗产"(patrimoine④)这一条目的定义的变化所做的研究佐证了这一看法。1970年、1980年和1999年出版的三本法语词典中,"遗产"一词的定义从单纯的"我们从父母那里继承的财产"扩展到"国家的文化财产",再扩展至"某个人类团体从祖先继承的重要的公共财产"。⑤ "遗产"一词在20世纪末经历的词义转变甚至被法国历史学家皮埃尔·诺拉(Pierre Nora)称为一种概念上的"爆炸"⑥。而这一定义上的扩展变化也同样发生在法国以外的

---

① 福柯:《知识考古学》,谢强、马月译,生活·读书·新知三联书店1998年版,第39—41页。

② 同上书,第137页。

③ David C. Harvey, "Heritage Pasts and Heritage Presents: Temporality, Meaning and the Scope of Heritage Studies", in Laurajane Smith, ed., *Cultural Heritage: Critical Concepts in Media & Cultural Studies*, Vol. I, Routledge, 2006, pp.26-27.

④ 法语"遗产"之意,在联合国教科文组织的相关文件中和英语的"heritage"对等。

⑤ 李军:《什么是文化遗产?——对一个当代观念的知识考古》,《文艺研究》2005年第4期,第125页。

⑥ 转引自杨志刚:《试谈"遗产"概念及相关概念的变化》,复旦大学文物与博物馆学系编:《文化遗产研究集刊》第2辑,上海古籍出版社2001年版,第1—2页。

英、美、日、韩等国,①"patrimoine""heritage"和"文化财"等词的词义在不同文化群体中的运用扩展最终被整合到联合国教科文组织的国际政府间文化遗产话语之中。从一定意义上说,"遗产"一词的含义与使用范围的变化折射出了文化遗产话语的形成与发展过程。

由此看来,文化遗产话语的形成也并非是在20世纪后期仅靠联合国教科文组织的一部"公约"一蹴而就的。如前文所述,一种较小规模的遗产话语此前就已经出现了。英国学者劳拉简·史密斯(Laurajane Smith)认为,虽然跨学科的遗产概念广受注意是在20世纪的90年代,但其根源可以追溯到19世纪,"那时一套特殊的话语与实践方式在公共政策领域与立法领域里被确立了权威"。而这套被史密斯称作"权威的遗产话语"后来又在20世纪战后的西欧、美国和澳洲等西方发达地区的经济发展中被重新提出。② 这一早期遗产话语的出现和再次出现的场景正是福柯所称的"特殊的历史语境",即欧洲工业化与城市化的划时代发展以及战后的再次发展。在这样的语境下,一种倚重于考古学和建筑学的遗产话语日渐成形并发展,逐渐成为史密斯所说的"权威的遗产话语"的早期形式。然而此时的遗产话语还远不是1972年之后发展起来的那个以确切的"文化遗产"为名的、具有一套国际性定义与操作体系的、发展范围远超出欧美的全球性话语体系。

当下,话语的历史化特征再一次在非西方世界的发展以及"全球化"的"特定历史语境"中得到了印证和展现。文化遗产话语的历史化也证明了,作为一种话语实践的"文化遗产"恰恰和一种纯粹的、科学而客观的历史有着天壤之别。与关注过去的历史相比,

---

① 参见顾军、苑利:《文化遗产报告——世界文化遗产保护运动的理论与实践》,社会科学文献出版社2005年版,第4页。

② Laurajane Smith, "General Introduction", in Laurajane Smith, ed., *Cultural Heritage: Critical Concepts in Media & Cultural Studies*, Vol. I, Routledge, 2006, pp.5-6.

文化遗产的话语面向的是当下,"文化遗产并非查问过去而是一种对其进行的庆祝,它并非想要知道过去发生过什么,而是对为当下目的而剪裁历史的工作给予信任"①。具有历史化特征的文化遗产话语在此意义上成了一种面向当下的建构实践;与此同时,也正是各种历史语境中的"当下"决定了文化遗产话语的历史化特征。

3. 异质性中多声部的文化遗产话语

从1972年《保护世界文化和自然遗产公约》问世以来,"文化遗产"概念就在从联合国教科文组织到作为公约成员国的民族国家,再到国家范围内各地方的不同层面上被不断推广与实践着。一些既有的相关范畴,如文物、古建、民俗、民间技艺等被纳入"文化遗产"这一大框架中进行讨论。在这个过程中,一个可被称为"文化遗产话语"的集合日渐形成。福柯的话语观有助于我们理解"文化遗产"如何成为一种国际政府间文化政策话语的要素,继而融入民族国家内部的政府行政话语与公民的日常生活话语之中,同时又是如何在这个过程中集合成为一种具有内在异质性的"文化遗产话语"的。

史密斯认为在文化遗产领域中话语被赋予了强大的力量,它在这里不仅仅作为语言学概念,而且作为一种具有重要社会功能的概念被理解,"事实上,我们如何书写、谈论以及思考遗产都变得十分重要"。② 史密斯的论述不仅强调了"话语"视角对于文化遗产研究的重要性,而且其"权威遗产话语"概念提出的本身也揭示了文化遗产话语的一个本质特征,即异质性。有权威遗产话语,

---

① Marina Svensson, *In the Ancestors' Shadow: Cultural Heritage Contestations in Chinese Villages*, Center for East & Southeast Asian Studies, Lund University, 2006, p. 2.
② Laurajane Smith & Emma Waterton, "The Envy of the World? Intangible Heritage in England", in Laurajane Smith & Natsuko Akagawa, eds., *Intangible Heritage*, Routledge, 2009, p. 290.

就有相对应的被边缘化的遗产话语;有官方的遗产话语,就有民间的遗产话语;有行政的话语,就有技术的话语。存在于这些关系之中的一种"中心与边缘的张力"被学者识别并提出。政府、专家与普通公民之间有着错综复杂的张力关系的组合构成了异质化的文化遗产话语形成的场域。①

在理解这一话语形成场域的时候,福柯的知识/权力论为研究者们提供了一些启发:"从西方社会最早的奇珍异宝陈列室开始,这些收藏就装点着权力者的地位和影响,它们还与另一种意义上的权力相关联——一种象征性的权力去操控知识,授予地位,分类与安排,从而通过强加的诠释模式,专业性与鉴赏家的权力去为物件赋予意义。如福柯所说:'没有权力关系是与知识领域的构成无关的,也没有任何知识是不预设与构成……权力关系的。'"②于是,知识与权力的结盟决定了主流的文化遗产话语的走向,文化遗产如何被选定、分类与编目成为由专家与政府甚至是作为地方经济支柱的企业所构成的利益群体包办的工作。而在考察、申报与宣传的过程之中,其生活与文化遗产密切相关的人群却时常被排除在外或是边缘化了。学者们发现,这些被认为是文化遗产真正拥有者和实践者的地方社群对遗产价值的认识与主流遗产话语所宣称的并不完全相同。例如在物质文化遗产领域,对于那些重要的场所,"人们倾向于将场所理解成他们在城市的变动的生活中的一部分,以及他们自己生命中重要事件的提醒物,而非理解成他们

---

① Sharon Sullivan, "Cultural Value and Cultural Imperialism", in Laurajane Smith, ed., *Cultural Heritage: Critical Concepts in Media & Cultural Studies*, Routledge, 2006, pp. 166-168.

② Stuart Hall, "Whose Heritage, Un-setting 'The Heritage', Re-imagining the Post-nation", in Laurajane Smith, ed., *Cultural Heritage: Critical Concepts in Media & Cultural Studies*, Vol. II, Routledge, 2006, p. 88.

的建筑,或是他们的公共历史"①。

对于特定的"遗产",各方采取了不同的言说方式,异质性的文化遗产话语由此成为可能。在这样的多声部的异质话语场域之中,"真理"退向暗淡的幕后。对于此种情况,福柯曾说:"不仅知识始终是权力的一种形式,而且权力被暗含于知识是否以及在哪些情形里被应用的问题中。"在他看来,"这一权力/知识的应用和效果问题,比起其'真理'的问题更为重要"②。哪些物质与非物质的历史遗存物是可被定名为具有现实意义的、具有"原真性"的"文化遗产"呢?对它们又可以依据何种术语体系做出阐释而由此进入到这一超越"真理"的权力/知识关系之中?文化遗产不再是一个自证的存在物,而是需要通过话语来实现其意义。在这个过程中,一系列问题,如"保护的是什么?""因为什么原因而保护?""是谁的遗产?"以及"该由谁来保护?"都成为在异质的文化遗产话语中需要被追究的问题。

话语的异质性在中国的文化遗产保护实践中有突出的展现。瑞典学者玛丽娜·斯文森(Marina Svensson)在对中国乡村围绕着宗庙保护发生的纷争进行研究之后,对国家、专家和当地人三方的异质遗产话语并行的现象进行了描述。与专家们重视文化遗产的原真性、建筑年代和质量的视角不同,国家更重视爱国与革命遗产的层面,而当地人则更加看重个体归属感,因此也对特定的建筑赋予了更多的文化与宗教的意义。在斯文森看来,20世纪80年代文化与宗教复兴以后,展现官方爱国与革命遗产的话语与另类遗产话语遭遇与并行,使得文化遗产的发现、认定、保护甚至改变的

---

① Sharon Sullivan, "Cultural Value and Cultural Imperialism", in Laurajane Smith, ed., *Cultural Heritage: Critical Concepts in Media & Cultural Studies*, Vol. Ⅱ, Routledge, 2006, pp.166-168.
② 斯图尔特·霍尔编:《表征:文化表象与意指实践》,徐亮、陆兴华译,商务印书馆2003年版,第49页。

每一个步骤都充满了纷争。①

然而在此类研究所呈现的纷争背后,我们同时应该看到的是不同群体间的相互妥协,以及异质的遗产话语体系间的相互影响、取用与结合。在这个过程中我们看到了遗产保护专家与政策制定者开始重视人类学所擅长的田野方法及在此基础上进行的对当地人群的近距离参与观察。人类学家格尔茨(Clifford Geertz)所提出的"地方性知识"观点被用以强调地方社群和普通大众的小规模世界,而这些世界也逐渐被专家们认为"是在思考遗产场所的社会意义的时候所要研究的"。② 文化遗产在考古与建筑学话语之外的普通人群的生活世界中的意义日益受到专业学者的重视。

与此同时,对官方的、专业的文化遗产话语的借鉴也为地方社群基于自身需求的文化遗产实践提供了合法性与技术层面的支持。柳林盘子会在20世纪80年代以前的一段时间里被当作封建迷信活动而受到压制,但在入选"国家级非物质文化遗产名录"以后,不仅使地方社群为其传统实践找到了合法性支持,而且为他们表述自己的这一实践提供了新的话语元素。曾经一有政治运动就需要偷偷摸摸转入地下的传统实践,现在成了国家不仅允许而且奉为"遗产"的宝物。盘子会在当地人的概念中由"街坊邻里的"变成了"国家的",而从各地纷至沓来的民俗或人类学者们又使得原本在他们生活中"稀松平常的"东西成了"有学术研究价值的"。国家与专家谈论盘子会的方式也影响着当地人谈论他们自己的盘子会的方式。与此同时,社区邻里借由盘子会祈福仪式所实现的群体认同话语也被地方政府所借用,以一种地方文化遗产话语的形式为更广泛的地方认同服务。

---

① Marina Svensson, *In the Ancestors' Shadow: Cultural Heritage Contestations in Chinese Villages*, Center for East & Southeast Asian Studies, Lund University, 2006, p.3.
② Denis Byrne, "Heritage as Social Action", in G. J. Fairclough, ed., *The Heritage Reader*, Routledge, 2008, pp.151-158.

然而在这多种异质性话语的集合中,国际的、国家的、政府的、专家的"精英"话语通常能通过正式的文本形式被保存和流传。相对而言,作为各种文化遗产主体的个人及群体的非正式话语却十分容易在日常生活中被遗忘与流失。因此,一部以话语为切入点的多声部的"文化遗产民族志"除了对各种文本中可觅其踪的宏大"官方"话语进行梳理,以求发现流变中的连贯性之外,尤其重要的还是通过人类学田野工作捕捉确切的微观日常生活环境中稍纵即逝的、碎片化的、文本之外的话语。于是在对话语异质性的观照中,后现代语境中民族志的"多声部"得以成为必要和可能。

第二章

从世界到中国到柳林：文化遗产话语的考古

第一节 | "世界非文物组织"：柳林人的文化遗产话语

柳林盘子会的"主人家"与"纠首"按规矩每年都会轮值。成永平是旧街上二轻局盘子 2010 年的"主人家"，我 2009 年底初次见他是在刘二娃的小餐馆里。当时刘二娃叫我过去陪酒并顺带介绍我们认识。作为即将在元宵节上任的新主人家，成永平在我这个外人面前有些要尽地主之谊的意思，想尽量多跟我说些关于盘子的事。他说盘子在新中国成立后受了一段时间的压制，到"文化大革命"后才复兴起来，"八几年以后才弄开盘子文化，说民间艺术是个'非'……唉，才又闹开了。"成永平或许当时是喝多了，一时间想不起"非"后面"物质文化遗产"几个字。除此之外，成永平说的这个时间也比较模糊可疑：联合国教科文组织在世纪之交才开始推广使用的"非物质文化遗产"概念不可能在 80 年代就进入到柳林，成为盘子会活动复兴的背景。事实上，只是到 2005 年中国正式加入《保护非物质文化遗产公约》、国务院颁布《关于加强我国非物质文化遗产保护工作的意见》并随之展开一系列从国家到地方的申报工作之后，这个概念才顺着"文化系统"的层层脉络关节到达"下面"的地方。像成永平这样对"非物质文化遗产"全称和概念出现时间记忆模糊并常和其他历史阶段弄混的柳林人还有不少，至于与这个概念相关的更遥远的联合国教科文组织，就更没什么人闹得清了。

比起其他人，小吃店老板兼掌勺刘二娃算得上是个头脑灵活、视野开阔的柳林人了，通过跟我的交往也略微知道了这"非物质文化遗产"不仅是个全国性的概念，在国外还有舞台。他也会跟周围的人稍稍地"普及"一下相关知识："咱柳林这个盘子是入了'世界非文物组织'了……"在文化系统里工作的人对这些概念的引入过程要敏感得多，县政府新闻办的主任白新全是从文化局过去的，对"非物质文化遗产"这个词传到柳林的时间还有印象。他说："2004年'非物质文化遗产'提出，那时我已经离开了文化局，但是还帮着他们干。当时没有这个机构，第一批申报的时候还是由省文化局社文处（负责）。过了一年省里成立了非物质文化遗产中心，就是管非遗的申报、普查，但这个中心现在在省艺术馆，不在文化局了。（20）05年第一批的时候我让申报盘子，县里没有申报，可能是经费和积极性的问题。06年申报，07年通过了。"除了受压制的那段时间，盘子本来就是柳林镇上每年元宵期间红火的主角，经县上申报前后连年"文化节"的宣传，现在的柳林镇民纵使全名叫不上来，也自然而然地把"非物质文化遗产"这个常在耳边、似陌生又熟悉的词和柳林盘子联系到了一起。盘子因为国家级"非遗"的头衔在柳林内外越发"红"了，而同时"非物质文化遗产"这个词也因为盘子的入选而被柳林人模糊地熟知了。至于更宽泛的"文化遗产"概念以及"物质"与"非物质"之间的差别关联也并非普通柳林人所关心和能够理解的,定义与范畴上的区别还是"圈内"的精英们费神了解的事。

县文化局演出市场办公室的王成贵兼任了柳林青龙文化站的站长,2009年正在负责"柳林水船秧歌"申报省级非物质文化遗产的事,对"物质"和"非物质"之间的区别和关联比较了解,他说:"近两三年听说了非物质文化遗产……物质文化是古建筑、古村落,非物质文化是一种听到的、看到的、说的、唱的、民间的活动。"2009年正月,王成贵的文化站在青龙的古宅刘家大院搞了一场年俗展,算是把"物质"和"非物质"文化遗产集合到了一起。相比较而言,由于不像有柳林盘子会这样"新科"的"国家级"非物质文化遗产,"物质文化遗产"在柳林被普通百姓谈论得就要少得多。其实从级别上来说,和柳林盘子会等量齐观的物质文化遗产在柳林也并非没有,同为"国家级"的文物保护单位香严寺就在清河边的北山坡上立着,作为2001年国家公布的第五批518项"国保"单位之一,在柳林也算是地方一宝了。但是"文物"这顶算不上时尚的帽子戴在老庙的头上,所引发的关注显然不及盘子会。相比之下,"非遗"甚或"文化遗产"在当下的柳林都还是冒着热气的时兴词儿。柳林盘子会这次"功成名就"有文件、有金匾、有电视台的报道,还有文化节上的专家作证。而这香严寺,门前的匾上还真没有写着"文化遗产"几个字,更漫说柳林县城里那些比香严寺级别更低、规模更小的庙了。

除了像贺四牛这样订阅了北京出的《中国文物报》、成天操心古建修复的民间人士和文化大楼里的专业干部之外,意识到时兴的"文化遗产"概念和既有"文物"之间关系的柳林人毕竟不多。贺四牛领头管理的县级文物保护单位龙王庙虽然比不上县城里的"国家级文物保护单位"香严寺或"省级文物保护单位"双塔寺的级别与待遇,但在某种程度上汇入"文化遗产保护"的大潮中还是合情合理的。2009年秋的龙王庙九天圣母殿开光庆典上，贺四牛对着龙王庙戏台下的民众表态："我想用一句话来表达我激动的心情，表达我坚定的决心：尽心竭力保护文化遗产，赤胆忠心修缮文物古迹。我将继续努力，让龙王庙重放异彩，保护一方百姓安居乐业，国泰民安，为构建和谐柳林贡献自己微薄之力，为柳林旅游事业做出贡献……""文化遗产"此时对于柳林这个靠煤矿起家，在近十年间暴富起来的晋西小县来说，已经是实现由"煤炭大县"向"文化强县"转型的一个重要资源。

  2009年正月十四，柳林二中的体育场上正在举行秧歌会演，大红气球牵引着巨型条幅"传承文化遗产，提高城市品位""壮大文化产业，推动经济发展"。21世纪的头十年中，很多柳林人通过盘子入选"名录"和随之而来的宣传知道了"文化遗产"这个词，但他们中绝大多数的人或许并不知道这个概念是如何在遥远的"世界上"被创造出来，之后漂洋过海地来到中国，再又翻山越岭地来到柳林，突然间吸纳了他们日常生活中的那么多东西：盘子、秧歌、弹唱、香严寺、龙王庙、引嬷子、埋人，甚至还有节庆里剪的剪纸和捏的卷卷……

第二节 | 国际"文化遗产话语":
一个后现代的产物

1. 应对现代性——发端、战争年代到战后"世界遗产公约"的问世

尽管广义的"文化遗产"概念可与各文化群体不同历史时期侧重不一、名称相异的文化实践活动联系到一起,如建筑保护、考古、古迹修缮、古玩收集、采诗观风、歌谣搜集以及民俗研究等等,但西方文化遗产研究学者普遍将"文化遗产"相关话语的大规模出现与欧洲现代性背景下的反思联系到了一起。从这一点上看,它的出现是与后现代思潮的一些旨趣不谋而合的。英国学者劳拉简·史密斯指出:"尽管不是一个现代关注,每个社会都有关注其过去的方式,但'遗产历史'的文献将这一关怀的出现指向20世纪后半期,或19世纪晚期的应对现代性的潮流。"[①]这里指出的20世纪后半期是联合国教科文组织发起的"世界遗产"国际实践的时代背景,而19世纪后半期则是前述的"欧洲现代性"的历史语境。古建筑与遗址的"纪念性"(monumentality)在19世纪后半期欧洲的考古与建筑学者中间得到了强调,以法国的维奥莱-勒-迪克(Eugene-Emmanuel Viollet-le-duc)与英国的约翰·罗斯金(John

---

① Laurajane Smith, "General Introduction", in Laurajane Smith, ed., *Cultural Heritage: Critical Concepts in Media & Cultural Studies*, Vol. I, Routledge, 2006, pp.5-6.

Ruskin)为首的欧洲学者们将这一根植于物质遗存的纪念性和公民对其进行守护的责任感结合在了一起。

以英国为例,这种守护精神的确立与流传直接见证了1877年英国古建筑保护协会(Society for the Protection of Ancient Buildings)的成立,它的发起人正是与罗斯金同样崇尚"建筑的历史性"的艺术家、作家兼建筑保护实践者威廉·莫里斯(William Morris)。这一关注物质遗存历史感的潮流形成不仅得益于上述来自文艺及建筑领域学者们的推动,同时还得到了精英阶层基于其政治经历与价值观的热心参与。1895年成立的古迹保护组织"国民托管组织"(National Trust)中的贵族成员就积极参与了大量具有纪念性的贵族乡宅的保护。这一时期的"权威遗产话语"[1]具有欧洲大陆的启蒙与浪漫主义思想的混合特征,史密斯归纳了这种话语的四个基础层面,即遗产内在的审美价值、对物质性的优先、公民(尤其是专业人士)的"守护责任",以及在公有遗产基础上产生的"认同"观念。[2] 约翰·罗斯金在其作品《建筑七灯》(The Seven Lamps of Architecture)中提出"原样保护"理念(conserve as found),反对肆意的增补与修改,主张将建筑维持在其被发现时的样貌。这一理念成为后来很长一段时间"权威遗产话语"(authorized heritage discourse)[3]中对"原真性"(authenticity)进行强调的思想源泉。

西方文化中对物质性的强调,以及对其技术与物质领域成就的倚重直接影响了这一时期及后续年代中"文化遗产话语"的审

---

[1] Laurajane Smith & Emma Waterton, "The Envy of the World? Intangible Heritage in England", in Laurajane Smith & Natsuko Akagawa, eds., *Intangible Heritage*, Routledge, 2009, p.291.

[2] Laurajane Smith, "General Introduction", in Laurajane Smith, ed., *Cultural Heritage: Critical Concepts in Media & Cultural Studies*, Vol. I, Routledge, 2006, pp.5-6.

[3] Laurajane Smith & Emma Waterton, "The Envy of the World? Intangible Heritage in England", in Laurajane Smith & Natsuko Akagawa, eds., *Intangible Heritage*, Routledge, 2009.

美取向。"遗产纯粹的物质性与古迹性质又使得遗产价值的'内在'(inherent)性质得到了强化与合法化。对物质遗产的保护成了对某些价值观与文化意义的保护——这些意义正是由这些物质的东西所代表——西方遗产因此与政治及文化的保守主义相关联。"①在首先经历现代性冲击的西方国家中,前"世界遗产"时代的文化遗产话语就在这样的背景下形成。虽然彼时的话语规模还仅存在于特定的文化群体内部,"遗产"或"文化遗产"的概念尚未被明确地提出或界定,但一种寄托于"物质性"的"遗产情怀"已经为日后的大规模话语发展确定了基调。

除了欧美各国在此前后兴起的保护大潮之外,值得一提的还有亚洲国家日本的"文化财"保护。在"现代化"与"西化"合流的明治时代,日本国内由和洋之争带来的国粹主义思潮引发了自19世纪末至20世纪初的一系列保护法规的推出,这也使日本成为亚洲乃至国际文化遗产保护领域的典范性国家,②这同时也为将"应对现代性"理解成为文化遗产话语的生发动力提供了一个欧美以外的案例佐证。

动荡纷乱的19世纪后半期及20世纪前半期正是欧洲人对现代性的进步结果开始产生怀疑的时候,与此同时发生的还有对战争中珍贵文化遗存命运的担忧。处于战事中的各文化群体开始以一种国际的视野看待彼此土地上受到战火威胁的文化遗产。"文化遗产话语"由此进入一个新的"国际法律条约时代",各文化群体内部的话语体系逐渐形成一种基于对话与合作的"跨文化"与"政府间"的话语体系框架。1874年的布鲁塞尔会议中一个最终未被批准通过的宣言提案中就包括了对历史古迹与艺术品的保护

---

① Laurajane Smith, "General Introduction", in Laurajane Smith, ed., *Cultural Heritage: Critical Concepts in Media & Cultural Studies*, Vol. I, Routledge, 2006, pp.5-6.
② 关于日本的文化财保护可参见顾军、苑利:《文化遗产报告——世界文化遗产保护运动的理论与实践》,社会科学文献出版社2005年版,第90—92页。

条款,它为1899年与1907年的《海牙公约》(Hague Conventions①)中相关条款的确立打下了基础。在《海牙公约》附件列明的法规条款中,明确指出交战军队应采取尽可能的手段避免对"宗教、慈善、教育、艺术及科学机构"以及对"历史古迹与艺术品及科学作品"的"劫掠、摧毁或故意破坏"。② 该条约成为第一次世界大战与第二次世界大战期间各方所援引的关涉人文财产的主要法律文献。

作为后来的联合国的先行样板,1919年成立的国联(League of Nations)于1922年在日内瓦组建了"知识界合作委员会"(Intellectual Cooperation Committee)。该委员会后于1926年迁移至巴黎,更名为"国际知识界合作研究所"(International Institute of Intellectual Cooperation),并于同年建立了下属部门"国际博物馆办公室"(International Museums Office)。这个办公室通过各国博物馆机构间的合作推广对艺术品、历史古迹与考古遗址的保护。其成就之一即1931年召开的雅典会议。会上所发出的《雅典宪章》(the Athens Charter)被认为是史上第一份关于历史古迹保护普遍原则的国际性文件③。此外,"办公室"也在积极准备起草一份针对战时局势的文化财产保护公约,但这项工作遗憾地因二战的开始而中断。

在第二次世界大战留下的战争创伤阴影中成立的联合国于1945年组建了"联合国教科文组织"(UNESCO),来继续完成"国际知识界合作研究所"的工作。教科文组织此后推动了一系列国

---

① 1899年与1907年《海牙公约》均为一系列相关公约的总称。
② Patty Gerstenblith, "From Bamiyan to Baghdad: Warfare and the Preservation of Cultural Heritage at the Beginning of the 21st Century", *Georgetown Journal of International Law*, 2006, p.6.
③ UNESCO World Heritage Centre, *World Heritage: Challenges for the Millennium*, UNESCO, 2007, p.22.

际公约与宣言的制定,这其中就包括了1954年通过的第一部专门针对战时文化设施与财产保护的国际公约——《在武装冲突情况下保护文化财产公约》(Convention for the Protection of Cultural Property in the Event of Armed Conflict)①。条约中指出"破坏属于任何一个人群的文化财产(cultural property)就意味着破坏全人类的文化遗产(cultural heritage),因为每一个人群都对这个世界的文化做出了其贡献"②。这一表述无疑为后来围绕着《保护世界文化和自然遗产公约》所形成的文化遗产保护的国际框架提供了一个先行的概念基础。同样值得注意的是,这也是"文化遗产"一词首次在联合国的"公约"中出现。不过,围绕着这个术语形成一个以专门的国际公约为框架的国际文化政策体系,继而促成一个规模空前的国际"文化遗产话语"整体的诞生,还是将近二十年之后的事情了。

从单一的人群内部到整个国际社会成员间的相互尊重、欣赏与协作,从观照现世权属的"财产"到思考可以代际流传的"遗产",对于人文财产的理解在空间与时间的维度上都发生了微妙的变化。不过虽然如此,彼时为人们所大量关注的仍然是些实实在在的"物",一些大大小小"可移动"或者"不可移动"的"宝物"——它们有着明确的外形与尺寸,占用着确定的空间,如"宗教或世俗的建筑、艺术或历史古迹;考古遗址;在整体上具有历史与艺术价值的建筑群;艺术品;手稿、书籍和其他具有艺术、历史或考古价值的物品;以及科学研究收藏和书籍与档案或上述财产的复制品的收藏,连同保存与包含了这些财产的博物馆、档案馆及古迹聚集区"③。就此,人群间的纷争战乱,在摧毁文明珍宝的同时也

---

① 由于签订地在海牙,也被称作"1954年《海牙公约》"。
② UNESCO, *Convention for the Protection of Cultural Property in the Event of Armed Conflict with Regulations for the Execution of the Convention*, UNESCO, 1954.
③ Ibid., Article 1.

激发了不同人群对各自与相互间脆弱的物质遗产进行重新审视与看护。

第二次世界大战之后,作为一个时代的后现代主义初露端倪。这个时候文化遗产话语发展的一条主线是:在欧美等西方发达国家,曾被用以应对战前现代性背景的文化遗产话语在新的经济重塑过程中被重新提及与应用。面对城市新建过程中大量历史环境景观的破坏,新一波的对文化遗产的关注在战后升温。与这一基于各国国内文化政策的遗产话语体系平行发展的是另一条主线,它从战时国际公约的雏形中脱胎换骨,日益形成了一套以联合国教科文组织为中心的政府间文化遗产话语。这套话语体系以1972年《保护世界文化和自然遗产公约》(Convention Concerning the Protection of the World Cultural and Natural Heritage)的出台为形成标志。"发展"是战后国家共同面临的课题,而"发展"与"文化"两大主题的互动在联合国的政府间框架下日益为世界范围的文化遗产话语的生成提供铺垫。在这个过程中,埃及阿布辛贝神庙面临阿斯旺大坝工程所造成的淹没威胁时所体现的矛盾冲突触发了联合国于1960年发起"努比亚行动计划",该事件被认为促成了《保护世界文化和自然遗产公约》的出台。

在之后的约十年间,联合国教科文组织牵头召开了一系列关于文化遗产保护与修复的国际性会议,其中首要的是1964年在意大利威尼斯举办的第二届国际历史古迹建筑师与技术人员大会。这次会议产生了两个重要成果:会议通过的著名的《威尼斯宪章》(Venice Charter)[①]不仅被认为是对1931年《雅典宪章》在新时代中的一种补充与修订,而且也成为后来《保护世界文化和自然遗产

---

① 全名为《国际古迹与遗址保护与修复宪章》(International Charter for the Conservation and Restoration of Monuments and Sites)。UNESCO World Heritage Centre, *World Heritage: Challenges for the Millennium*, UNESCO, 2007, p.28.

公约》中关于文化遗产保护实施工作最重要的理论文件基础。"原真性""完整性"(integrity)等在其后几十年中统领国际权威遗产话语的核心概念最初便出自这一文件。会议的第二个成果就是"国际古迹遗址理事会"(ICOMOS)于次年在波兰成立。它日后成为联合国教科文组织《保护世界文化和自然遗产公约》项目操作程序中的三大关键咨询机构①之一。这个由来自各国的超过6000位建筑、考古、艺术史、遗址管理与保护规划等领域专业人员组成的非政府机构由于掌握了对物质化文化遗产的评估与推荐权,成为物质化遗产独领风骚的年代里国际文化遗产话语体系中一个极具话语权的机构。

关键的一步在1972年迈出。在对于《保护世界文化和自然遗产公约》的成形具有决定意义的斯德哥尔摩联合国大会上,与会成员国代表就一个同时包含了文化与自然层面的"世界遗产"公约保护体系进行了讨论,并且达成了共识。作为其成果,《保护世界文化和自然遗产公约》于1972年11月16日在教科文组织全会中被通过,并于1975年在签署成员国达到20个之后正式生效。就这样,"世界遗产"的概念被联合国教科文组织创造了出来,它既包括了那些具有"杰出普遍价值"(outstanding universal value)的文化遗产,如古迹、建筑群和遗址,又涵盖了包括地质和生物结构(群)组成的自然地貌、濒危物种生态区,以及天然名胜等在内的自然遗产。随着《保护世界文化和自然遗产公约》的生效,在"公约"加"名录"的操作体系上诞生了一个影响范围空前广泛的国际"文化遗产话语体系"。由教科文组织颁布的关于"文化遗产"的陈述被不同地域的文化群体研究、实践与反思,并且和当地先于

---

① 另两大咨询机构分别为世界自然保护联盟(IUCN)与国际文物保护与修复研究中心(ICCROM),其中IUCN负责自然遗产的评估与推荐,而ICCROM通过培训、信息交流、研究、合作与倡导的方式负责对(物质化)文化遗产保护项目的咨询。

"世界遗产"概念的,但与文化遗产相关的各种陈述相互调适,形成了一个在时间与空间维度上都具有异质性的话语整体。"文化遗产"成为世界各地的人们不断言说的主题,并且成了知识的对象。

2. 后现代的挑战——对抗权威、反思"物质性"与"非遗公约"的诞生

到《保护世界文化和自然遗产公约》问世为止,源于欧美传统价值的以"物质性"为核心的权威遗产话语在大行其道一个世纪之后仍然维持着可观的影响力,同时也通过联合国教科文组织"世界文化遗产"的话语框架渗透到非西方的文化群体中。"国家与地方政府、政府间组织如联合国教科文组织、国家慈善组织如国民托管组织以及其他非政府组织如国际古迹遗址理事会都从考古、建筑和历史等学科拉来专业人员帮助其管理与保护遗产。考古与建筑价值在这个过程中得到优先强化。"[①]但是在权威的表象之下,质疑与反思的暗流同时从非西方及西方阵营内部涌来。首先,此时由联合国教科文组织通过《保护世界文化和自然遗产公约》所构筑的权威遗产话语体系由于对物质遗产过分单一的关注,以及对文化遗产非物质层面的忽视而受到越来越多的质疑,"文化遗产"在界定上的扩充成为讨论的主题。其次,由考古、建筑或历史专家主导的遗产管理项目由于常常忽视当地社群的参与权利而受到质疑,权威遗产话语中的专家管理模式备受挑战。史密斯所列举的权威遗产话语的四个关键层面中的多数特征在具有文化多样性的国际实践中日益暴露出问题,如物质遗产的内在价值、对物质

---

① Laurajane Smith, "General Introduction", in Laurajane Smith, ed., *Cultural Heritage: Critical Concepts in Media & Cultural Studies*, Vol. I, Routledge, 2006, pp.5-6.

性的优先以及对专业人士守护的倚重。在这个过程中,来自非西方的,以及"当地的"视角逐渐被关注并获得了动能。一种对西方白人男性权威价值取向的质疑呼应了此时正在思想界涌动的后现代主义潮流。①

英国学者大卫·洛温塔尔曾评述过这种东西方在遗产观念上的差异:"那些建筑不求长存的人群觉得西方人的保护热情十分古怪。UNESCO 经典的 1966 年《威尼斯宪章》据说让很多其他文化与传统不自在,因为它们更强调精神价值,强调思想的真实性,而不是物质的标志。"②在对包括中国在内的非西方文化的遗产观进行研究之后,澳大利亚学者莎朗·沙利文(Sharon Sullivan)在其文章中称:"西方观点更多关注场所的物质层面,将遗产视为演绎的符号,强调历史的可阅读性。这一侧重点导致了一种'冻结框架'(frozen frame)的方法论,如《威尼斯宪章》里呈现的那种理想状态。但这并不适合于非西方的'场所感'(sense of place),后者是与活的传统密切纠缠的。中国的建筑如曲阜、故宫或承德,对不断维修甚至重建的允许都表现了对原古迹的精神的关注和尊重。"③

在联合国内部的政策制定者们也关注到了这一东西方遗产话语上的差异及其为现有的《保护世界文化和自然遗产公约》带来的尴尬。在联合国文化与发展委员会所编制的报告《我们创造性的文化多样性》中,就曾经这样反思"世界文化遗产"项目的初期实践:"对(文化)遗产的关注曾一度集中于物质化遗产的历史建筑与遗址。对于遗产的理解仍然是单一视角的,由审美与历史的

---

① 参见黄剑波:《写文化之争——人类学中的后现代话语及研究转向》,《思想战线》2004 年第 4 期,第 39 页。
② David Lowenthal, *The Heritage Crusade and the Spoils of History*, Cambridge University Press, 1998, p.20.
③ Sharon Sullivan, "Cultural Value and Cultural Imperialism", in Laurajane Smith, ed., *Cultural Heritage: Critical Concepts in Media & Cultural Studies*, Routledge, 2006, p.162.

评价标准主导。它更倾向于精英与男性视角：重壮美而轻平凡、重文字而轻口头、重仪式而轻日常、重神圣而轻世俗。正是在这种情况下一种更广的人类学方法开始被广泛使用。"①报告还指出，一些被简化了的关于文化认同的讯息仅仅聚焦于高度象征化的物品，而在这个过程中，一些合乎史实的文化表达的大众形式被忽视了。② 一种反权威的、平民主义的、朝向多元化的后现代主义气息在这样的主张中散发开来，并在国际文化遗产保护领域得到回应。

这样一个评价虽然在较为具体的层面针对的是到当时为止"文化遗产"概念在定义范围上对非物质化遗产类型的忽略，但其重要的贡献乃是提出了"视角"上的反思：单一的、来自强势文化群体的观察与评价视角遭到了检视。而且也正是在这一反思中，善于通过田野方法对异文化日常生活进行客—主位转换观察与整体观研究的人类学被寄予了期望。建筑保护专业以外包括人类学在内的多学科的参与开始不断推动"世界文化遗产"概念的维度扩展与实践完善。在原有的涵盖物质文化遗产与自然遗产的1972年《保护世界文化和自然遗产公约》之外，一套专门针对非物质文化遗产类型的保护机制从20世纪80年代起逐渐建立起来，并经过一个漫长的调适与发展过程在2003年结晶为《保护非物质文化遗产公约》(Convention for the Safeguarding of the Intangible Cultural Heritage)，这体现了"非物质文化遗产"概念对既有的联合国官方文化遗产话语的渗透、扩充与重塑。

这一过程发端自南美洲发展中国家玻利维亚1973年在联大的提案，该提案要求在《国际版权公约》中加入保护"民间创作"(folklore)的相关条款。对于提案的起因，广为流传的故事版本

---

① Pérez de Cuéllar et al., *Our Creative Diversity: Report of the World Commission on Culture and Development*, World Commission on Culture and Development, 1995, p.176.

② UNESCO World Heritage Center, *Working towards the 2003 Convention on Intangible Cultural Heritage*, UNESCO, 2009, p.1.

是,玻利维亚因为本国传统民歌《山鹰之歌》(El Cóndor Pasa)被美国流行歌手保罗·西蒙改编大获成功之后而主张自身应有的版权权益。① 而另外的说法则称这是一首被秘鲁作曲家在1913年改编过的古老的安第斯山脉民谣,原曲讲述了18世纪的秘鲁自由战士在抗击西班牙殖民者的起义中遇害并化作神鹰的故事。据称秘鲁作曲家的后人也于1970年在美国提起了版权诉讼。② 不过,无论故事的哪个版本更贴近事实,被改编过的民谣最初究竟源于何处,以及玻利维亚当年的提案在多大程度上与这首歌相关,这首如今已被秘鲁宣布为国家文化遗产的民歌在当年所引发的争论本身在今天看来都具有划时代的意义。在玻利维亚事件之后,联合国教科文组织开始尝试借助国际版权协会的"知识产权"保护体系来保护这一种开始受到广泛关注的文化遗产形式,即"民间创作"或所谓的"口头遗产"。但很明显的是,这样一种途径只能从"技术与法律"的层面观照文化产品的"所有权"的争议。而关于这些传统文化的遗留财富的议题还有一个"社会及文化政策的层面"③,直接指向了"文化认同的权利"的议题。

联合国教科文组织的前副总干事、社会学家罗朵儿佛·斯塔文哈根(Rodolfo Stavenhagen)在阐述这一权利的时候采用了"将文化理解成生活方式的总和"这一颇具人类学取向的视角,称其可以帮助我们将"文化权利"看成是每个文化群体所特有的、用以维持与发展他们自身文化的权利,即一种"文化认同的权利"。这一在

---

① Lauri Honko, "Copyright and Folklore", paper read at the National Seminar on Copyright Law and Matters, Mangalore University, Mangalore, Karnataka, India, on February 9, 2001.
② 关于歌曲 El Cóndor Pasa 参见 Wikipedia 词条 El Cóndor Pasa (song),以及百度百科词条 El Condor Pasa。
③ Richard Kurin, "Safeguarding Intangible Cultural Heritage in the 2003 UNESCO Convention: A Critical Appraisal", *Museum International*, Vol. 56, No. 1-2, May 2004, p. 67.

联合国 1948 年《世界人权宣言》以及 1966 年《国际经济、社会与文化权利公约》里所规定的"参与文化生活的权利"之中找到根基的权利,正是通过文化群体成员对传统文化的学习以及由此得到的归属认同感而实现的。① 在以和平为主基调但同时全球化又日益盛行的状况下,不同文化群体对自身"文化权利"的捍卫同样成为一个关乎文化与文化间互动的重要主题。就如同数十年前的战争状态将不同文化带入正面遭遇时,国际合作被用来确保物质类型的文明遗存免受战乱破坏一样,通过学习传统文化来实现的"文化认同的权利"同样需要文化间的共识来确保。危机与应对方式都存在于国际文化政策的框架之中,而这显然是着重于技术与法律层面问题的《国际版权公约》无力应付的。由此,战略性地考虑要将对"民间创作"的保护构想从世界知识产权组织的"版权"保护体系中分离出来的联合国教科文组织开始有了自起炉灶的意向,计划采取一种新路径,即"全球途径"(Global Approach)②或"文化途径"(Cultural Approach),以区别于侧重维护经济权益的"知识产权途径"。

此时,国际上对于非物质形态的文化遗产的关注持续升温,南部(非西方发达)国家越来越多地向世界遗产委员会表达对既有的《保护世界文化和自然遗产公约》的不满,认为"世界遗产名录几乎不能体现一种地区平衡,其选择标准并不适合南部国家的文化特点"③。1982 年,"保护民间创作专家委员会"以及"非物质遗

---

① UNESCO World Heritage Center, *Working towards a Convention on Intangible Cultural Heritage*, UNESCO, 2009, p. 14.

② Noriko Aikawa, "An Historical Overview of the Preparation of the UNESCO International Convention for the Safeguarding of the Intangible Cultural Heritage", *Museum International*, Vol. 56, No. 1-2, May 2004, p. 138.

③ Noriko Aikawa-Faure, "From the Proclamation of Masterpieces to the Convention for the Sateguarding of Intangible Cultural Heritage", in Laurajane Smith & Natsuko Akagawa, eds., *Intangible Heritage*, Routledge, 2009, p. 15.

产分部"(non-physical heritage)在联合国教科文组织内部成立。同年,"非物质遗产"(intangible heritage)这一名词首次作为官方术语在墨西哥城举行的世界文化政策大会中使用。会议发表的《墨西哥城文化政策宣言》对文化遗产做出了新的定义,称文化遗产包括物质与非物质的作品,人类的创造性通过它们得以表达,这些作品包括语言、仪式、信仰、历史场所与古迹、文学、艺术作品、档案与图书馆。[1] 由于认识到非物质遗产在维护文化多样性方面的巨大作用,会议要求联合国教科文组织不仅要开发保护物质类型文化遗产的项目,而且要发展针对非物质遗产的项目与活动。一种新的文化遗产分类开始进入联合国官方文化遗产话语体系。在这样的形势下,联合国教科文组织开始了第一波规范性文件方面的尝试,于1989年推出了首个意在保护非物质遗产的官方文本《保护传统文化与民间创作建议》(Recommendation on the Safeguarding of Traditional Culture and Folklore),随即也展开了各种推广活动。

此外,为了解决既有的《保护世界文化和自然遗产公约》项目中的地区失衡问题,世界遗产委员会也开始修改选择标准,以求将一些非物质元素包括进来,1992年还专门增加了含有非物质层面的"文化景观"(cultural landscape)门类,但失衡局面仍然没有改善。同年的里约地球大会重申了土著群体地方性知识的重要性,并强调了其在经济爆炸与多国工业剥削中所遭受的威胁。1998年4月在斯德哥尔摩举行的文化发展政策政府间会议重申:"文化遗产"的概念需要被重新审视,以确保物质与非物质层面都被包括进来。[2] 1999年,针对《保护传统文化与民间创作建议》的全球评

---

[1] UNESCO World Heritage Center, *Working towards a Convention on Intangible Cultural Heritage*, UNESCO, 2009, p. 6.
[2] Noriko Aikawa-Faure, "From the Proclamation of Masterpieces to the Convention for the Sateguarding of Intangible Cultural Heritage", in Laurajane Smith & Natsuko Akagawa, eds., *Intangible Heritage*, Routledge, 2009, p. 15.

价会议在华盛顿召开。会议评议了《保护传统文化与民间创作建议》实施十年中所呈现出的局限性,如法律约束力及可操作性的缺乏以及以国家为主导的自上而下的框架,并讨论了一些关键术语如"民间创作"①(folklore)及"非物质文化遗产"(intangible cultural heritage)的使用取舍。这其中,对于"folklore"一词在情感上的矛盾纠结不仅缘于被保护群体对该术语在此前"民俗主义"研究中被赋予的负面意涵的反感,也反映了非物质文化遗产保护领域对未来实践中"民俗化"(folklorization)现象卷土重来的危险所产生的警惕。

其实早在1992年,联合国教科文组织开始的名为"非物质文化遗产"项目就制定了相关的原则,强调要避免对仍在演变中的文化遗产进行"结晶化"(crystalize)以及将其从原生背景中抽离的"民俗化"。② 19世纪中期开始被广泛使用的"folklore"一词原是一个既指学科门类又指学科研究对象的专业名词。在进入20世纪之后即出现了意涵上值得研究者们反思的变化。其中,"民俗主义"一词的出现尤为重要。对"民俗主义"(Folklorismus/Folklorism)最初的关注与阐述来自于德国民俗学界。德国民俗学家汉斯·莫塞尔(Hans Moser)在其1962年的论文《我们时代的民俗主义》(Folklorismus in Our Time)中对"民俗主义"的三种形式进行了定义,即:脱离其原生环境的民俗文化表演;另一社会阶层对民俗风格的不严肃的模仿;以及为了非传统的目的而"发明与生造"民俗。③ 在"民俗主义"的机制下,传统文化脱离原生环境,在被"民

---

① "民间创作"为联合国教科文组织文件英文版中"folklore"一词的官方中文版对应词。该词更常用的中文对应词为"民俗"。

② Noriko Aikawa, "An Historical Overview of the Preparation of the UNESCO International Convention for the Safeguarding of the Intangible Cultural Heritage", *Museum International*, Vol. 56, No. 1-2, May 2004, p. 140.

③ Venetia J. Newall, "The Adaptation of Folklore and Tradition", *Folklore*, Vol. 98, No. 2, 1987, p. 131.

俗化"的过程中发生异化，"民俗"一词也由此在某些语境下沾上负面意涵。此时，这种对让原本富有生命力的"民间创作"或"民俗"与原生环境中的真实日常生活相脱离并对其进行僵化再造的机制的担忧，体现了文化遗产保护研究领域中的一种方向上的自觉矫正：即向真实的"人"的日常生活的回归。

在对"folklore"一词的使用进行了探讨之后，华盛顿会议继而强调："必须重视传统的继承者而不是学者"，同时保护的范围也必须扩大，"不仅包括故事、歌曲等艺术产品，而且也包括促成它们的知识和价值观，产生这些作品的创造过程……"①会议还提出为一部新的规范性文书进行可行性研究的必要性。华盛顿会议之后，联大授权教科文组织委托专家展开了对这部新的规范性文书的可行性研究。2001年完成发布的研究报告的最终结论显示：将非物质部分作为补充法规追加进原本只涵盖了物质类型文化遗产的1972年《保护世界文化和自然遗产公约》的难度很大，因为这样将会导致原有核心内容的重写。例如，1972年《保护世界文化和自然遗产公约》中的"杰出的普遍价值"就不适用于很多非物质遗产。因此，鉴于现有的关于文化遗产与知识产权的国际法规都不足以保护非物质文化遗产，有必要重新起草一部建立在1948年《世界人权宣言》基础之上的新的规范性国际法规。② 该研究报告还提出了制定新法规的几条基本原则，其中突出强调的是"社群能动者的创造性和行动"在保护中至关重要的作用。报告还提出，新法规必须通过开发其自身管理与传承的方法来帮助社群维持与实

---

① UNESCO, *Preparation of a New International Standard-setting Instrument for the Safeguarding of the Intangible Cultural Heritage*, 31C/43, UNESCO, 2001.
② Janet Blake, *Developing a New Standard-setting Instrument for the Safeguarding of Intangible Cultural Heritage*, UNESCO, 2001.

践其非物质文化遗产的权利与能力。① 这种对人,即非物质文化遗产持有者关键角色的认识与"去民俗化"论争中将传统重新放回真实的当地人的日常生活的诉求相互呼应。这一思维方向不仅在非物质文化遗产保护领域内部得到确立,而且也逐渐影响到了物质文化遗产保护伦理的发展,促发了其领域内对遗产持有者这一"人"的因素以及由其日常生活所构成的背景环境的关注。

与这项可行性研究工作并行的是一个名为"宣布人类口头和非物质遗产代表作"(the Proclamation of Masterpieces of the Oral and Intangible Heritage of Humanity)的项目。项目缘起于西班牙作家胡安·戈伊蒂索洛(Juan Goytisolo)1996年向教科文组织总干事提出的拯救摩洛哥吉马·埃尔弗纳广场的请求。当时民间艺人从中世纪开始就聚集表演的文化空间正面临被市政府在现代城市化发展中进行清理的威胁。以此为主题的摩洛哥马拉喀什"国际保护民间文化空间会议"促成了"代表作"项目的诞生。这个《保护非物质文化遗产公约》之前的小规模试验项目在施行了三届(2001年、2003年、2005年)以后被纳入2006年4月正式生效的《保护非物质文化遗产公约》体系之中,成为与"公约"伴生的"人类非物质文化遗产代表作名录"的前身。从宣布"人类口头和非物质遗产代表作"到《保护非物质文化遗产公约》的研究筹备过程,见证了非物质文化遗产保护领域在概念方向上的不断修正。尤其突出的修正包括关于"非物质遗产"提法的补充确立,以及对于"杰出的普遍价值"提法的放弃。

"宣布人类口头和非物质遗产代表作"项目准备的初期并没有采用"非物质遗产"的提法。1998年马拉喀什会议上这一"人类口头遗产"的新概念创生出来之后,教科文组织就在准备"宣布人类

---

① UNESCO World Heritage Center, *Working towards a Convention on Intangible Cultural Heritage*, UNESCO, 2009, p. 12.

口头和非物质遗产代表作"名录的建议文件中使用了它①。但是建议文件发出后所进行的讨论得到的结果是,"执行局强调口头遗产不能从非物质遗产中分离出来,因此要求在'口头'与'遗产'之间加上'非物质'一词"②。由于这两者从逻辑上看实际上存在包含与被包含的关系,当时的这样一个并置似乎不够明晰严谨,但这样的坚持却在客观上给了"非物质"这一提法一个宝贵的机会,让包容性更强的、更能与1972年《保护世界文化和自然遗产公约》中既有的(物质)"文化遗产"等量齐观并互补的"非物质文化遗产"概念能够随着2003年《保护非物质文化遗产公约》的问世而最终独当一面,被广泛使用。这是国际官方文化遗产话语中的一个重要转折。

后现代主义的视角主义与相对主义对宏观一致性的拒斥及其对多样性、不确定性的赞成也在影响着权威遗产话语的发展走向。在从"宣布人类口头和非物质遗产代表作"到《保护非物质文化遗产公约》的发展过程中,另一个重要的变化是"杰出的普遍价值"这一核心标准的退场。在最初为"宣布人类口头和非物质遗产代表作"项目制定的规则建议稿中,规定入选的"代表作"都必须满足具有"杰出的普遍价值"这一标准。③ 这一标准直接借用自1972年《保护世界文化和自然遗产公约》中对物质文化遗产入选制定的核心标准。但是在经过讨论审议后再次发布的规则补充与修改稿及最终的指南中,"普遍"一词都被去掉,而只提出了"杰出价

---

① 关于"人类口头遗产"的提法可参见联合国教科文组织执行局文件154Ex/13。UNESCO, *Proposal by the Director-General concerning the Criteria for the Selection of Spaces or Forms of Popular and Traditional Cultural Expression that Deserve to be Proclaimed by UNESCO to be Masterpieces of the Oral Heritage of Humanity*, UNESCO, 1998.

② 见联合国教科文组织执行局文件155 Ex/15。UNESCO, *Report by the Director-General on the Precise Criteria for the Selection of Cultural Spaces or Forms of Cultural Expression that Deserve to be Proclaimed by UNESCO to be Masterpieces of the Oral Heritage of Humanity*, UNESCO, 1998.

③ 见联合国教科文组织执行局文件154Ex/13。

值"的要求。① 这种变化从一个侧面呼应了1994年强调"文化多样性与遗产多样性"的《奈良原真性文件》中对于普适的单一价值标准的质疑与反思。② 这一反思的继续深化后来则促成了《保护非物质文化遗产公约》对剩余的"杰出价值"这一评价标准的彻底抛弃,并代之以"代表性"(representativity)的标准。③ 用"代表性"替代"杰出的普遍价值"避免了在不同文化及其文化遗产间进行等级排序,进一步呼应了"文化多样性与遗产多样性"的原则。

《保护非物质文化遗产公约》于2003年10月获得联合国教科文组织全会通过,并于2006年4月在缔约国数目达到30个之后正式生效。这时离教科文组织的首个关于非物质文化遗产保护的专门性文件即1989年《保护传统文化与民间创作建议》的发布已过去17年时间。这部新的、对缔约国具有法律约束力的文书已经比当年的《保护传统文化与民间创作建议》有了巨大的进步。这种进步还不仅仅体现在文书的法律约束性质上。松浦晃一郎在对这部《保护非物质文化遗产公约》的产生历程进行回顾的时候曾经总结过它相较于《保护传统文化与民间创作建议》所实现的八大进步:一是,将非遗看作过程与实践而非产品;二是,将非遗看作认同、创造力、多样性和社会凝聚力的源泉;三是,尊重非遗的特殊性,如其不断变化及具有创造性的特点,及其与自然的互动;四是,提升了对这种遗产及其实践者的尊重;五是,确保了艺人、实践者和文化群体的首要角色;六是,重视代际传承、教育以及培训;七是,认识到了非遗与物质化遗产以及自然遗产之间的相互依存关

---

① 见联合国教科文组织执行局文件155 Ex/15。UNESCO, *Proclamation of Masterpieces of the Oral and Intangible Heritage of Humanity*, *Guide for the Presentation of Candidature Files*, 2001, p.11.
② UNESCO, *The Nara Document on Authenticity*, UNESCO, 1994.
③ UNESCO, *Masterpieces of the Oral and Intangible Heritage of Humanity: Proclamations 2001, 2003 and 2005*, UNESCO, p.6.

系;八是,尊重了普遍认同的人权。① 从这一对比评价中可以看到,在将非物质文化遗产当作一个"活"的实践性过程时,作为其所有者与传承者的"人"的角色与作用得到了更深刻的认识。《保护非物质文化遗产公约》的诞生标志着国际文化遗产话语在官方层面上得到了质的扩充,对"文化遗产"这一概念更确切、更广泛的认识自此有了新的可能。

3. 迈向后现代主义的多元"整合"

伴随着"非物质"层面对既有权威遗产话语的扩充在《保护非物质文化遗产公约》的问世中达到高潮,一种新的关于物与非物之"整合"的观念逐渐在国际文化遗产话语体系中得到表述。其实,这样的话语趋势在《保护非物质文化遗产公约》问世之前已初露头角。1998年"发展的文化政策政府间会议"建议"各国更新遗产的传统定义,现在应被理解为所有被传承或重新创造的自然和文化元素,物质的和非物质的"②。一种"整体观"的文化遗产观察视角开始被人们讨论。这样一种"整体观"视角的意义并不仅限于在对"遗产"类型的认识上由过去的"自然+(物质)文化"组合扩充到更为完整的"自然+物质文化+非物质文化"组合,其意义更在于在这些表面上看似不同质的遗产类型之间找到有机的共生关系,并通过对这一机制的研究得到一种"整体观"的视角,从而在方法论上实现对遗产识别认定与保护的引导。文化遗产中的物质与非物质层面以及自然遗产之间不同形式的组合通过这一"整体观"的视角得到尝试。尝试的侧重点各有不同,但其目的都是实现

---

① Noriko Aikawa, "An Historical Overview of the Preparation of the UNESCO International Convention for the Safeguarding of the Intangible Cultural Heritage", *Museum International*, Vol. 56, No. 1-2, May 2004, p. 146.

② Ibid., p. 141.

由分裂向整合的发展。例如在文化遗产与自然遗产之间,在"文化与自然双重遗产"的基础上,《实施〈世界遗产公约〉操作指南》于1992年增加了"文化景观"一项。一些在特殊自然地貌上建造的景观,如梯田、花园或圣地在其中被称为"人类和自然共同的杰作",以多样的方式体现了"人类与其自然环境的互动"。[1]而在非物质文化遗产体系方面,2001年推出的"宣布人类口头和非物质遗产代表作"中首次出现了"文化空间"的概念,它与"定期出现的文化表达类型"(a regularly occurring form of cultural expression)共同成为"人类口头和非物质遗产代表作"的两种基本类型。

而另一方面,相较于此前遭到长期忽视的非物质文化遗产,物质文化遗产的保护到这时已经积累了可观的实践经验。在基于经验的反思中,关于物质主体及其非物质背景之间断裂的问题得到了广泛的讨论。这一讨论与"整体观"思潮发生碰撞之后产生的积极成果突出体现在对物质文化遗产"原真性"标准的修正之上。这一原有的权威遗产话语中建立在西方"杰作观"之上的"原真性"标准遭到了反思性的批评。早在1994年,教科文组织总部召开的专家会议就称:"艺术与建筑、考古、人类学与民族学的历史不再只关注被孤立的单一的纪念物,而是关注复杂及多维度的文化组合。它们以空间的形式展现了社会结构、生活方式、信仰、知识体系以及世界范围内各种不同新老文化的再现。因此,任何一个证据都不应该被孤立地考量,而是应该被放置到其背景中,充分理解它与其物质及非物质环境的多层面的相互关系。"[2]同年在日本奈良古城召开的"奈良原真性会议"划时代地检讨了《保护世界

---

[1] UNESCO, *Operational Guidelines for the Implementation of the World Heritage Convention*, Version 2005, UNESCO, p. 6.

[2] UNESCO World Heritage Centre, *Expert Meeting on the "Global Strategy" and Thematic Studies for a Representative World Heritage List*, UNESCO, 1994, p. 3.

文化和自然遗产公约》中的"原真性标准"。建立在1964年《威尼斯宪章》相关内容基础之上的"原真性"标准是1972年《保护世界遗产文化和自然公约》中关于物质文化遗产评估与保护最核心的标准。

按照《实施〈世界遗产公约〉操作指南》中的阐述,物质文化遗产的原真性体现在四个方面:即设计上、材料上、工艺上以及环境上的原真性。① 这一"原真性"长期被视为一种内在的价值,在这一概念指导下被认定的物质文化遗产多被视为恒定、静止的物品,在其美学与历史的价值被重视的同时,其与所属动态的社会—文化环境之间的联系被切断了。在1994年"奈良原真性会议"之前,世界范围的文化遗产保护实践中,这一沿用了三十年的关于原真性的定义已经受到了广泛的质疑。尤其在一些非西方的实例中,原有的原真性标准并不总能适用。其中常被提及的例子包括按照传统每20年就要重修一次的日本伊势圣坛,以及贝宁巫术之乡威达的那些不断将现代建筑元素纳入其动态传统之中的巫术庙宇。《奈良原真性文件》在强调充分尊重"文化多样性和遗产多样性"的基础上,提出(物质)遗产项目的价值与原真性必须在其所属的文化背景之下来加以考虑和评判,而不能采取固定的评判标准。而且,"由于依赖于文化遗产的特性、文化背景以及时间的演进,对于原真性的评判会和很多信息来源的价值相关,这些信息来源包括式样与设计、材料与物质、用途与功能、传统与技术、地点与背景、精神与感情以及其他内在或外在的因素"②。

《奈良原真性文件》提出的建议得到了广泛的认同,以上所列信息来源的条目最终成了2005年新版《实施〈世界遗产公约〉操

---

① UNESCO, *Operational Guidelines for the Implementation of the World Heritage Convention*, Version 2002, UNESCO, p.6.
② UNESCO, *The Nara Document on Authenticity*, UNESCO, 1994.

作指南》中对原真性进行判断的标准,后者还在"传统与技术"一条中加上了"管理机制",且另外还增加了"语言及其他非物质遗产形式"的条目。①《奈良原真性文件》将物质文化遗产的原真性评判从一个单一的、静态的并且是客位的观察状态中解放出来,放入一个由多种物质与非物质元素相调和的、动态的、主位的模式之中。"奈良原真性会议"召开十年之后,也即《保护非物质文化遗产公约》问世第二年的 2004 年,在奈良召开的又一次会议更进一步地将物质文化遗产与非物质文化遗产这两个范畴放在了一个等量齐观的位置上。这次会议的主题为"物质与非物质文化遗产的保护:朝向整合的方法"。该会议针对物质与非物质遗产两大遗产保护领域存在的巨大隔阂,将来自世界各地这两个领域的专家学者汇集到一起,通过互动探讨,尝试建立一种融合两个领域的"整合方法"。会议讨论的议题包括了对 1972 年与 2003 年两个公约中物质与非物质遗产定义的检视、物质与非物质遗产的异同点、跨学科方法、两个领域中专家使用术语与定义的协调,以及当地社群的参与及经济可持续性等。在围绕着"原真性"问题进行的讨论中,来自物质与非物质遗产保护领域的专家都强调了历史连续性(historical continuity)的重要作用,并认为原真性的概念并不适用于非物质文化遗产的认定与保护。这一点被纳入到会后发布的《大和宣言》(Yamato Declaration)之中。该宣言同时也认识到社群的物质与非物质遗产通常是相互依存的。因此,由于考虑到这一依存性以及二者间性质与保护方式上的差别,开发一种"整合方法"被认为是有必要的。而且这种整合方法要求与社群密切合作,保持一致。②

---

① UNESCO, *Operational Guidelines for the Implementation of the World Heritage Convention*, Version 2005, UNESCO, p. 6.
② UNESCO, *Yamato Declaration on Integrated Approaches for Safeguarding Tangible and Intangible Cultural Heritage*: *Towards an Integrated Approach*, 2004.

此间,与《大和宣言》步调一致,一股朝向"整合"的潮流在国际文化遗产保护领域中日渐显现:从国际博物馆协会(ICOM)2002年在上海举行的第七届亚太地区全体会议上制定的《上海宪章》,到 ICOMOS 于 2005 年第 15 届大会发布的《西安宣言》,到其 2008 年第 16 届大会发布的《关于保护地方精神的魁北克宣言》,再到教科文组织 2011 年 5 月的专家会议通过的《关于城市历史景观的建议书》,[1]国际性文化遗产相关机构组织的各类文件也都显示:一种面向文化遗产之物质与非物质层面间"整合"的观念已经成为国际文化遗产权威话语在数十年发展演变中呈现的新趋势。虽然在操作层面上的"整合"还有许多理论与实践的问题需要厘清,但在话语层面上,一个同时包含物质与非物质遗产类型的官方文化遗产话语在国际层面日渐形成。而这股日渐浩大的国际文化遗产话语洪流也在前进的过程中席卷了中国,与中国国内"前文化遗产"话语时代的各股支流汇合,浩荡向前……

---

[1] *The Nara Document on Authenticity*, UNESCO, 1994; *Yamato Declaration on Integrated Approaches for Safeguarding Tangible and Intangible Cultural Heritage: Towards an Integrated Approach*, 2004; UNESCO, *Proposals concerning the Desirability of a Standard-setting Instrument on Historic Urban Landscapes*, annex pp. 3-4; ICOMOS, *Quebec Declaration on the Preservation of the Spirit of Place*, ICOMOS, 2008.

第三节 ｜ 从"文物""民俗"到"文化遗产"：中国的文化遗产话语形成

1. "自外而内"与"从上至下"的走向

"在欧洲,对文物建筑和历史纪念物的保护,究其广泛的意义而言,至少可追溯到古罗马时代,到了文艺复兴时期又有了进一步的发展,但是,保护和修复工作真正开始引起重视应该说是始于18世纪末,至于这项工作的科学化,它的一些基本概念、理论和原则的形成,则是从19世纪中叶起,近一百多年来发展和演变的结果。"[①]中国台湾学者王瑞珠的这段论述折射了国际文化遗产保护领域的一个分支,即欧洲文物建筑和历史纪念物保护由一般性实践到系统性话语初步形成的过程。这一分支进入20世纪之后的轨迹如前文所述随着联合国教科文组织的官方国际"文化遗产话语"的形成而融入其中,一度成为关于物质文化遗产话语的权威主导部分。而在欧洲之外,各文化群体的相关实践与话语的形成也有其各自独特的历史创生过程,以及在现代全球语境下的融合演变。

中国的"文化遗产"话语的大规模形成发生在20世纪末21世纪初,其发展经历了一种"自外而内""从上至下"的过程。由联合

---

① 王瑞珠:《国外历史环境的保护和规划》,淑馨出版社1993年版。转引自单霁翔:《从"文物保护"走向"文化遗产保护"》,天津大学出版社2008年版,第6页。

国教科文组织主导的"世界遗产"话语体系通过政府间"国际公约"的形式被介绍到作为缔约国的中国国内,而后通过行政、学术以及大众媒体渠道实现从中央到地方的话语渗透。但是当我们对20世纪80年代之前的文献档案进行"考古"的时候,就会发现"文化遗产"这一概念的确切使用并非始于"公约"年代。文献显示,早在20世纪30年代,胡适在谈到五四新文化运动的时候就曾提及"文化遗产",他在美国芝加哥大学发表演讲时曾说:"非常奇异的是,这场新的运动却是由那些懂得他们的文化遗产而且试图用新的现代历史批评和探索方法来研究这个遗产的人来领导的。"①这一段话与毛泽东的名言"从孔夫子到孙中山,我们应当给以总结,继承这一份珍贵的遗产"中所提到的"遗产"均被认为指涉了思想性的精神遗产。② 新中国的国家领导人在20世纪60年代初期也曾频繁地使用"文化遗产"一词。毛泽东在1960年接待外国代表团时曾说:"对中国的文化遗产,应当充分地利用,批判地利用……"周恩来《在文艺工作座谈会和故事片创作会议上的讲话》中谈到"遗产与创造的问题"时说:"历史的发展总是今胜于古,但是古代总有一些好的东西值得继承……"而陈毅《在戏曲编导工作座谈会上的讲话》中则指出:"我国有丰富的文化遗产,是无价之宝,千万不要糟蹋……"③通过上下文的分析,我们不难发现此处的"文化遗产"所指的内容和前面文物保护工作者在20世纪80年代以后通过《保护世界文化和自然遗产公约》所认识到的"文化

---

① 胡适:《中国的文艺复兴》(The Chinese Renaissance),1933年。转引自杨志刚:《试谈"遗产"概念及相关观念的变化》,复旦大学文物与博物馆学系编:《文化遗产研究集刊》第2辑,上海古籍出版社2001年版,第12页。
② 杨志刚:《试谈"遗产"概念及相关观念的变化》,复旦大学文物与博物馆学系编:《文化遗产研究集刊》第2辑,上海古籍出版社2001年版,第12页。
③ 中共中央文献研究室编:《毛泽东文艺论集》,中央文献出版社2002年版;中共中央书记处研究室文化组编:《党和国家领导人论文艺》,文化艺术出版社1982年版。转引自王文章编:《非物质文化遗产概论》,文化艺术出版社2006年版,第191页。

遗产"存在差别,相比之下,它们更多地指涉了后来被补充进国际文化遗产话语体系的"非物质文化遗产"。我们还可以看到,"遗产"一词从 20 世纪前半期开始就已经在中文中有了语义上的扩展。直到 70 年代以后,这一语义扩展在数版的《现代汉语词典》中得到体现并基本固定下来。① 这一情况一直延续到 2005 年第 5 版的《现代汉语词典》。② 该词典对"遗产"一词做了如下释义:"(1)死者留下的财产,包括财物、债权等。(2)借指历史上遗留下来的精神财富或物质财富。"正如我们所见,这一"借指"可从上述始自 20 世纪前半期的运用中窥见一斑。尽管"遗产"一词在中文语义上的扩展与前述法语中的情况相较看起来甚至有更长的历史,但是"遗产"与"文化"最终组合使用,并大规模进入公共领域还是要经历一段不短的时间,而在这个过程中,国际"文化遗产"话语的引入无疑扮演了至关重要的角色。

虽然中国在 1985 年成为《保护世界文化和自然遗产公约》的缔约国,长城等六项遗产地也在 1987 年入选世界遗产名录,但中国的"文化遗产"话语在经历"自外而内"的过程之后真正走出在国家与专业精英层面徘徊的境地,进而"从上至下"地在地方与大众层面被大规模地谈论则是在 21 世纪初。2004 年在苏州召开的世界遗产大会以及 2005 年在西安召开的 ICOMOS 大会与科学研讨会都见证了文化遗产话语在中国国内向公共领域的扩展。

而与此同时,长期负责对不可移动及可移动文物进行管理工作的文物局系统对"文化遗产"一词使用的变化也体现了这一文化遗产话语的形成过程。在 2002 年颁布的《中华人民共和国文物

---

① 关于"遗产"一词在《现代汉语词典》1973 年试行本至 1996 年第 3 版之间的定义可参见杨志刚:《试谈"遗产"概念及相关观念的变化》,复旦大学文物与博物馆学系编:《文化遗产研究集刊》第 2 辑,上海古籍出版社 2001 年版,第 16 页。
② 中国社会科学院语言研究所词典编辑室:《现代汉语词典》第 5 版,商务印书馆 2012 年版。

保护法》中,唯一一次提及"文化遗产"是在"总则"中指出"为了加强对文物的保护,继承中华民族优秀的历史文化遗产……制定本法"①。对于此处的"文化遗产",《文物保护法》并未再做进一步的阐释甚至提及。而查看这部《文物保护法》的官方英文版就会发现,其所提及的"文化遗产"一词的英文对应词实为"cultural legacy"②,并非当时已通过联合国公约在国际文化遗产话语中被确立的"cultural heritage"。这一细微差别表明《文物保护法》中的"文化遗产"与之后被大力推广的、在国际权威文化遗产话语进入中国之后逐渐成形的"文化遗产"概念尚未全然一致。

与这次"文化遗产"(cultural legacy)的短暂亮相不同,2002年新修订的《中华人民共和国文物保护法》中当之无愧的主题词还是"文物"(cultural relics)。可以说,在中国的"前文化遗产"话语时代,与"物质文化遗产"及"非物质文化遗产"大致对应的两个当代概念即为"文物"与"民俗"。两者各有其话语历史,但都在最近的世纪之交汇合到中国的文化遗产话语之中。曾经在2002年至2012年担任中国国家文物局局长的单霁翔在《从"文物保护"走向"文化遗产保护"》一书中写道:"我国对文化遗产这一概念的实际运用,是在20世纪80年代,特别是1985年我国政府加入《保护世界文化和自然遗产公约》以后,通过世界文化遗产的申报等各项工作,使文化遗产的概念逐渐引起社会广泛关注和普遍接受,并得到迅速普及,成为与我国既有文物保护体系既相互联系,又有明显区别的又一保护体系。"③

---

① 中华人民共和国国家文物局官方网站。
② 同上。
③ 单霁翔:《从"文物保护"走向"文化遗产保护"》,天津大学出版社2008年版,第57页。

2. 从文物保护到文化遗产

在中国,文物保护话语本身在"前文化遗产"话语时代就是一个经历了漫长历史流变而形成的话语集合。中文中的"文物"一词古已有之,较普遍的说法是这一词汇最早出现于春秋时期的《左传》①,但其最初的意思还是"礼乐典章制度"。经历时代变化之后,到了唐代诗人杜牧《题宣州开元寺水阁》的诗句中,"六朝文物草连天,天淡云闲今古同"中的"文物"已经具有"前代遗物"的含义了。而在收藏古旧器物的实践方面,从商周时期就有记载皇室收藏活动或将前朝的珍贵器物视作统治合法性的依据,或以此满足皇室成员的个人爱好。而在民间,文人雅士对青铜器和石刻的收藏研究在北宋发展成为中国考古学的前身"金石学"。到了明清,"古董""古玩"等概念才在民间出现。

现代意义上的"文物"概念则是伴随着20世纪初从国外引入的现代考古学而确立起来的。源自西方的现代考古学"尝试用科学发掘和断代的办法获取古代遗存,并将那些古代遗存变成科学地复原人类历史和文化的工具,这些古代遗存也就有了'文物'这一具有全新内涵和意义的词汇"②。在清末民初的一段时间里,"古物"和"古迹"等词作为后来更具统合意义的"文物"一词的先行,开始出现在新兴的官方保护话语之中,各自侧重表述后来"文物"概念中的可移动与不可移动类别。光绪三十二年(1906年)和三十四年(1908年)由清政府颁布的《保存古物推广办法》与《城镇乡地方自治章程》中关于"古物"与"古迹"的保护条款被一些学

---

① 《左传·桓公二年》记载:"夫德,俭而有度,登降有数,文物以纪之,声明以发之;以临照百官,百官于是乎戒惧,而不敢易纪律。"
② 单霁翔:《从"文物保护"走向"文化遗产保护"》,天津大学出版社2008年版,第30页。

者认为是中国最早的关于文物保护的"法律文件"①。之后的民国政府于1928年设立"中央古物保管委员会",并由内务部颁发《名胜古迹古物保存条例》,继而又在1930年颁布了《古物保存法》。《古物保存法》中的"古物"被界定为"与考古学历史学古生物学及其他与文化有关之一切古物而言",古建筑也在次年颁布的《古物保存法细则》里被纳入保护范畴之中。该法被认为是我国历史上首部由国家颁布的"文物保护法规"。② 此时,"古物"一词已经基本包含了后来"文物"所涵盖的不可移动的古遗址、古建筑以及可移动的艺术品、工艺品及实物。

20世纪30年代至50年代,"文物"一词声势显露,其表现包括1935年北平市政府出版的《旧都文物略》以及同年设立的"旧都文物整理委员会"。值得一提的是,《旧都文物略》中的"文物"除了物质遗存之外,还在"技艺略"与"杂事略"中涵盖了非物质内容,③这可以被看作是中国近代"文物"话语形成过程中一次有趣的路线探索。三四十年代"中国营造学社"进行的古代建筑调查、测绘与编目工作结晶为梁思成主持编录的《全国重要建筑文物简目》,为建筑保护在新中国文物话语中的地位打下了基础。

新中国成立后,"文物"一词被沿用,文物保护"开始作为国家文化事业的重要组成部分,由政府统筹进行管理"④。新中国的文物保护话语通过几波全国性文物普查和"文物保护单位"的认定,以及相关条例、法规的颁布实施得到发展。1956年的第一次全国文物普查编印了项目共达七千多处的各省、自治区、直辖市文物保

---

① 张松:《中国文化遗产保护关键词解》,《中国文物报》2005年12月16日,第8版。转引自单霁翔:《从"文物保护"走向"文化遗产保护"》,天津大学出版社2008年版,第32页。
② 单霁翔:《从"文物保护"走向"文化遗产保护"》,天津大学出版社2008年版,第33页。
③ 同上。
④ 同上书,第35页。

护单位名录。1967年,国务院颁布《文物保护管理暂行条例》,确立了"全国""省(自治区、直辖市)"以及"县(市)"三级"文物保护单位"的体系,同时公布了首批180处全国重点文物保护单位。在"文化大革命"十年中,文物古迹在意识形态的风暴下作为旧文化的残留物质标志遭受浩劫。以"保护"为主线的文物话语在"文化大革命"后重回主流。1981年开始的第二次全国文物普查登记的不可移动文物达四十多万处,新增三个级别的文物保护单位数量也分别达到两千处、八千多处以及六万多处。20世纪80年代以后,许多省(自治区、直辖市)、市、县相继成立了文物行政管理机构,即文物局或文物管理委员会,而在一些重要的文物古迹分布区与保护单位则成立了文物管理所,形成了一套"自上而下"的文物管理体系。①

随着1982年《中华人民共和国文物保护法》的出台,"文物"概念的界定以及相关保护措施以法律的形式确立下来,这也标志着中国文物保护官方话语的日渐成形。"当代中国根据文物的特征,结合中国保存文物的具体情况,把'文物'一词作为人类社会历史发展进程中遗留下来的,由人类创造或者与人类活动有关的一切有价值的物质遗存的总称。"②之后二十年的文物保护实践经历了中国社会改革开放的转型剧变以及国际"文化遗产"话语的引入。高速的城市化、现代化进程所带来的对文物古迹的新一波威胁使文物保护话语在公共领域找到了立足点。在这一时期引入中国的国际文化遗产话语适时地加入到新历史时期的文物保护话语构建之中。不过直到前述2002年新修订的《中华人民共和国文物保护法》颁布,"文化遗产"在官方文物保护话语中的声音都还是有限的。

---

① 张宏彦:《中国考古学十八讲》,陕西人民出版社2008年版,第15页。
② 《中国大百科全书(文物·博物馆)》,中国大百科全书出版社1993年版。转引自单霁翔:《从"文物保护"走向"文化遗产保护"》,天津大学出版社2008年版,第35页。

在接下来的几年中,情况出现了显著的变化,国际文化遗产话语在中国的引入、磨合与生根最终见证了2005年12月22日国务院《关于加强文化遗产保护的通知》的出台。《关于加强文化遗产保护的通知》明确地将文化遗产分为物质文化遗产与非物质文化遗产两大类别。其中的物质文化遗产被界定成"具有历史、艺术和科学价值的文物,包括古遗址、古墓葬、古建筑、石窟寺、石刻、壁画、近代现代重要史迹及代表性建筑等不可移动文物,历史上各时代的重要实物、艺术品、文献、手稿、图书资料等可移动文物;以及在建筑式样、分布均匀或与环境景色结合方面具有突出普遍价值的历史文化名城(街区、村镇)"①。可移动和不可移动的两大类"文物"和更大规模的"历史文化名城"一起被官方定义为构成"文化遗产"中物质化类别的主要成分。文物保护话语与新的文化遗产话语的声势对比发生转变。在接下来的2006年,中国迎来了国家法定的第一个"文化遗产日",文化遗产的官方话语进一步确立并且以一种全国规模实现自上而下的传播。

2007年,这一话语转变的继续深化体现在第三次全国文物普查中。在国务院《关于开展第三次全国文物普查的通知》②中,"文化遗产"成了一个重要的关键词。《关于开展第三次全国文物普查的通知》的开篇就将"提高我国文化遗产保护管理水平"列为普查开展的目的之一。《关于开展第三次全国文物普查的通知》的"实施方案"中对"普查的意义"做了进一步说明,指出普查是要"为构建科学有效的文化遗产保护体系、落实国务院提出的2010年初步建立比较完备的我国文化遗产保护制度提供依据"。而这次普查的"宣传工作方案"更说明了政府对文化遗产话语所进行

---

① 中华人民共和国国务院:《关于加强文化遗产保护的通知》,2005年12月。
② 中华人民共和国国务院:《关于开展第三次全国文物普查的通知》,2007年4月。

的有意识的形塑。该"方案"把此次文物普查称为"加强文化遗产保护的重要基础性工作",把国务院《关于加强文化遗产保护的通知》列为重点宣传内容之一,并指出"要注重宣传文化遗产保护工作发展的趋势,对文化线路、工业遗产、乡土建筑等文化遗产新品类加强宣传"。与 2002 年新修订的《中华人民共和国文物保护法》中含义模糊、略微擦边的提及相比,2005 年《关于加强文化遗产保护的通知》中的关键词"文化遗产"以及 2007 年《关于开展第三次全国文物普查的通知》中数度强调的"文化遗产"已经基本上与国际文化遗产话语中的核心概念接轨。

在新兴的文化遗产话语日渐丰富原有的文物保护话语的同时,另一些变化也在既有的文物保护系统中悄然发生。在"前文化遗产"话语时代,"cultural relics"(文物)是"中国国家文物局"的英文名称即"State Bureau of Cultural Relics"[①]中的重要组成部分。然而时过境迁,随着文化遗产话语在 21 世纪初的中国日渐获得空前的声势,当我们今天通过网络访问中国国家文物局的官方网站的时候就会发现,这一机构主页上显示的官方英文名称已经赫然变成了"State Administration of Cultural Heritage"。如果没有中文语境,它完全可以被误认成一个新出现的"国家文化遗产管理局"的名称。除此之外,国家文物局网页的每一个页面上端的 flash 动画中都会出现显眼的"中国文化遗产"标志。这个由国家文物局 2006 年正式推出的由"四鸟绕日"图案构成的圆形标志效仿了联合国"世界遗产"标志的基本构成。这一多语言名称环绕核心图案的圆形标志和国家文物局的新英文名称一样,在呈现既有的文物保护话语体系对新的国际文化遗产话语的拥抱态度的同时,也折射出新兴的中国文化遗产话语在初期与其国际原型相似的经

---

① 或译作"State Cultural Relics Bureau"。

历,即对物质文化遗产的强调。毕竟,英文名称可直译为"国家文化遗产管理局"的国家文物局只处理文化遗产中的物质遗产部分,而由国家文物局发布的"中国文化遗产"标志的使用范围也不包括非物质文化遗产。"世界遗产""文化遗产""文物系统"这样一些新旧概念在中国文化遗产话语这个集合下呈现出特定时空中的复杂关系。

3. 从民俗到文化遗产

就在物质文化遗产的相关话语日益获得动能并与中国既有的文物保护话语进行结合的同时,国际层面的非物质文化遗产话语也伴随着《保护非物质文化遗产公约》之前的预备项目"宣布人类口头和非物质遗产代表作"以空前的速度进入中国。曾在中国艺术研究院担任副院长并兼任中国非物质文化遗产保护中心主任的现任文化部副部长王文章在《非物质文化遗产概论》一书中回顾道:"直到进入新世纪之前,在中文语境中,'非物质遗产'的概念仍是个使用频率极低、完全没有引起人们注意的词语。这一概念开始比较频繁地进入人们的视野是在 2001 年,我国积极参与向联合国申报第一批人类口头和非物质遗产代表作项目。这一年围绕这一申报活动,有关媒体跟踪报道,使'非物质文化遗产'这样一个略嫌模糊费解、学术色彩较浓的术语,渐渐引起了人们的关注。"①正如物质文化遗产的相关话语在中国找到了既有的文物保护话语基础以供嫁接、内化,关于非物质文化遗产的国际话语所找到的大体对应的领域为民俗或民间文艺。在新中国的"前文化遗产话语时代",与通过专门的管理机构(各级文物局)、立法(各项法规与《文物保护法》)与名录(全国重点文物保护单位公布机制)

---

① 王文章编:《非物质文化遗产概论》,文化艺术出版社 2006 年版,第 3 页。

相结合而形成的文物保护体制不同,在非物质文化遗产的相应领域中,在国家行政层面并没有一个清晰可见的体制。或者说,民俗话语并没有如文物保护话语一样通过官方主导的政策话语进入公共领域,而是更集中于学术上的民俗学研究领域。

中国的民俗学是一个现代产物,但就如同现代考古学与文物、古物的关系一样,对民俗事象的关注,即"民俗自觉"有十分悠久的历史。中国学者高丙中在其所著《中国民俗概论》中将中国历史上的民俗自觉划分为三个发展层次,即第一层次,"关注民俗、搜集并记录民俗,其结果是积累关于民俗事象的资料";第二层次,"为了实际目的(例如经邦治国、移风易俗)而评论、取舍民俗,其结果是形成对民俗的评价和议论,形成尚未系统化的理论观点";第三层次,"民俗理论的系统化,也就是民俗学的学科建设"。如其所述,"前两个层次在汉代以后的朝代得到发展,但直到近代才到第三个层次"。① 在新中国成立之前,官方与文人对民间寓言、故事、神话和歌谣的搜集从西周的采诗观风开始就存在。这一延绵的"民俗自觉"实践过程经历各朝代的发展直到20世纪初以前都只是完成了上述前两个层次的发展,民俗话语的发展并未形成系统化的体系。

就在国外考古学与建筑学相关理论进入中国,促进20世纪初关于"文物"即"古物"的学术话语系统化的同时,中国国内的现代民俗话语也在西方民俗学的影响下在五四新文化运动中发端。"一批具有进步思想的知识分子受到西方民俗学的启蒙和影响,开始认识到民间文学和民俗文化的价值与意义,将其视为与束缚中国社会发展的贵族文化相对立的一种清新活泼的平民文化而加以提倡。"②从1918年刘半农在北大首倡向全国征集民间歌谣的运

---

① 高丙中:《中国民俗概论》,北京大学出版社2009年版,第3页。
② 王文章编:《非物质文化遗产概论》,文化艺术出版社2006年版,第175页。

动开始,各类民俗收集研究组织在各地被建立起来,如北大风俗调查会(成立于1923年)、北大方言调查会(1924年)、厦门大学风俗调查会(1926年)、国立中山大学语言历史学研究所民俗学会(1927年)以及杭州民俗学会(1930年)。在之后的战争年代,民俗学在各地继续发展。在解放区,"民俗或民间文艺话语"与"革命话语"相结合,显露了民俗的意识形态面相,解放区的人们"自觉地利用歌谣、谚语、传说、秧歌、戏曲、曲艺等民间文艺形式为革命斗争服务,同时以革命思想对民间文艺进行改变,创造革命的新文艺"①。1939年,"民歌研究会"在延安鲁迅艺术学院成立,次年改名为"中国民间音乐研究会"。

新中国成立初期,中国民间文艺研究会的成立与北京师范大学民间文学专业开始培养研究生被认为是民俗学在新中国文化教育体系中的确立,"但是,这个阶段的民俗学研究仅局限于民间文学方面,而且被看作是中国文学研究的一个分支"②。接下来的民俗学发展遭遇了意识形态尤其是"文化大革命"的冲击。作为民俗学研究对象的民俗实践在将"四旧"(旧思想、旧文化、旧风俗、旧习惯)视为革命对象的"文化大革命"时期遭到压制,作为学科的民俗学也陷入停顿状态。民俗话语带着负面的意识形态意涵淡出公共领域。"文化大革命"结束后,随着"中国民俗学会"在1983年成立,中国民俗学得以全面恢复。

起伏跌宕的中国现代民俗学发展和政治时局的走向素有瓜葛。正是这样一种意识形态面相使其在范围更大的现代民俗话语形塑过程中发挥了特定作用。高丙中在《日常生活的现代与后现代遭遇:中国民俗学发展的机遇与路向》一文中论述:"现代的民俗知识的社会后果是在时局中产生的,是思想和政治的精英为了

---

① 王文章编:《非物质文化遗产概论》,文化艺术出版社2006年版,第187页。
② 刘铁梁:《中国民俗学思想发展的道路》,《民俗研究》2008年第4期。

寻求解决中国的现代困境而采取的策略的一个环节。"①在这样一种应对大背景的策略之下,从日常生活中抽取出来的民俗与"农民""落后性"这样一些概念联系在了一起,"现代的知识话语和政治使'民俗是处于社会下层和边缘的农民的生活方式'成为共识"。②"在迫切追求现代化的社会运动中,共同体的大众在现代意识形态的引导下通过对共同体未来的憧憬而体验自己是共同体的成员,而尽量与属于旧时代的民俗划清界限,把自己定位于各种各样的新人、新风尚。不能完成这个心路历程的人是落后分子,是时代的弃儿。"③民俗似乎为近代以来处于现代化洪流之中的中国大众提供了一种认同手段,其作用的方式便是在日常生活中远离民俗。"前文化遗产话语时代"的现代中国如果有所谓的民俗话语的话,它从某种程度上说也只是更强大的现代性话语的一个对照陪衬。

然而,时过境迁,中国民俗话语的转折在 20 世纪末发生。"民俗终于从文化负担转变为文化资源。这种改变的一个重大标志是中国对联合国教科文组织发起的人类非物质文化遗产保护运动的积极参与……民俗被作为非物质文化遗产看待了,成为国家所珍视的公共文化。"④这一巨大转变的到来和国际文化遗产话语中对现代性以及全球化趋势中的文化多样性的反思有着密不可分的关系。当多样性和当地性在现代化和全球化的国际文化语境下日渐在民俗中找到抓手的时候,脱胎于民俗话语的国际非物质文化遗产话语体系作为文化遗产话语新近扩充的一个组成部分也随着《保护非物质文化遗产公约》的出台而逐渐建立起来。在进入中

---

① 高丙中:《日常生活的现代与后现代遭遇:中国民俗学发展的机遇与路向》,《民间文化论坛》2006 年第 3 期。
② 同上。
③ 高丙中:《中国民俗概论》,北京大学出版社 2009 年版,第 1—3 页。
④ 同上。

国的初期,这一话语与中国国内既有的关于"民俗"或"民间文化"的话语进行了调适磨合,并通过政府的体制建设与学者的知识生产自上而下地促成了中国国内的非物质文化遗产话语体系的形成,最终使其成为新时期中国文化遗产话语的一部分。

中国学者康保成在《非物质文化遗产保护发展报告(2011)》一书中将2001年至2011年中国的非物质文化遗产发展工作分成三个阶段,即"起步阶段"(2001年至2004年)、"保护工作全面展开阶段"(2004年至2009年)以及"步入规范化的阶段"(2009年以后)。① 从这三个阶段的渐进发展中我们可以看到一个话语体系的成形过程。这一过程由2001年昆曲入选《保护非物质文化遗产公约》的预备项目"人类口头和非物质遗产代表作"拉开序幕,"以'非遗'保护为号召的活动在国内初为人识"。② 此时,"非物质文化遗产"概念开始引起人们的注意。但在官方层面,"民间文化""民俗"和"传统文化"等概念仍然各自为政,未被统合。2003年中国文化部、财政部联合国家民委和中国文联启动了"中国民族民间文化保护工程"。同年11月,全国人大教科文卫委员会形成了《中华人民共和国民族民间传统文化保护法草案》。但是随着2004年8月第十届全国人大常委会第十一次会议批准我国加入联合国《保护非物质文化遗产公约》,非物质文化遗产话语正式成为一种具有概括性的官方话语,前述草案也随之改名为《中华人民共和国非物质文化遗产保护法》。这样的概括性也表现在另一些用"非物质文化遗产"对"民俗"等既有概念进行替代的话语表述中,例如2006年出版的《非物质文化遗产概论》中就有这样的表述:"中国现代有组织、有计划地调查采录民间文学,抢救与保护

---

① 康保成:《非物质文化遗产保护发展报告(2011)》,社会科学文献出版社2011年版,第3—9页。
② 同上书,第3页。

非物质文化遗产的历史,是从五四新文化运动开始的。"①

随着官方非遗话语地位的确立,国务院办公厅在2005年3月发布了《关于加强我国非物质文化遗产保护工作的意见》,在其附件1《国家级非物质文化遗产代表作申报评定暂行办法》中参照联合国的《保护非物质文化遗产公约》对"非物质文化遗产"进行了官方的界定,并制定了附件2《非物质文化遗产保护工作部际联席会议制度》。"在政府主导、政策护航之下,官方、媒体、民间保护工作者与学者共同参与,形成合力,掀起了非物质文化遗产保护的热潮。"②同年12月,国务院又颁发了《关于加强文化遗产保护工作的通知》。这一国家最高行政机关首次就我国文化遗产保护工作发布的权威指导意见将物质和非物质文化遗产统合进了一个官方的文化遗产话语体系。2006年起,每年6月的第二个星期六被定为中国的"文化遗产日",标志了一个整体性的官方遗产话语趋势的出现。此后于2006年与2008年公布了国家级非物质文化遗产代表作共1028项,而省市县级的层级代表作申报制度也逐步建立。在2007年与2008年,两批享受国家政府财政补贴的国家级非物质文化遗产代表性传承人被公布。各地普查工作持续开展,"民间力量以多种形式介入非物质文化遗产保护,建立民间名录,制作纪录片,成立基金会,建立博物馆"③。在第二个发展阶段中,非物质文化遗产话语形成自上而下的全国体系。2011年5月,第三批国家级非遗代表作名录公布。同年,《中华人民共和国非物质文化遗产法》在经历几年的酝酿后出台,标志着中国非物质文化遗产话语在第三阶段中的法制化发展趋势。

当我们翻开2012年第6版的《现代汉语词典》,"遗产"一词

---

① 王文章编:《非物质文化遗产概论》,文化艺术出版社2006年版,第3页。
② 康保成:《非物质文化遗产保护发展报告(2011)》,社会科学文献出版社2011年版,第6页。
③ 同上书,第7页。

释义中第二条"历史上遗留下来的精神财富或物质财富"前面的"借指"已经悄然改成了"泛指"。① 虽然与前五版的表述只有一字之差,但是这一改变暗示着这一语义在现代汉语中已经不再是依赖于第一基础语义的"借用",而正在拥有自成一体的广义语义。就这样自外而内、自上而下地,国际文化遗产话语进入了中国,和原有的官方与学术的"文物""民俗"等话语相融合,再沿着固有的文化行政体制与媒体的输送管道到达地方,与当地的各种相关话语碰撞交汇,也同时影响着中国人对"遗产"一词的理解与使用。晋西高原的一片狭长河谷地带也成为这张文化遗产话语大网上的一个节点。在借助学者之声对宏大视野的"文化遗产话语"进行梳理之后,我们即将在人类学方法的引导之下投入柳林镇的日常生活,微观世界中色彩纷呈的民族志历史与当下即将在我们面前展开。在多声部的交响之中,嘈杂鲜活的地方日常之声逐渐取代权威话语之声,慢慢地清晰了起来……

---

① 中国社会科学院语言研究所词典编辑室:《现代汉语词典》第6版,商务印书馆2012年版。

第三章

嘈杂交响之地：柳林镇与柳林人

第一节 | 柳林镇

1. 清河水浇灌出的柳林——三镇的格局与历史

清河自东向西流向黄河,在柳林镇上由北向南拐了个弯,清河的这条南北向的河段西边是三镇中的柳林,东边是青龙,而青龙的南边则是锄沟。由清河分开的柳林三镇,发展原是和这条河纠缠在一起的。刘圣奎老先生是民间组织"柳林文化研究会"的骨干写手,据他说,柳林镇的兴盛主要开始于清朝乾隆年间,和这条清河有着很大关系。

> 柳林在乾隆三十三年,有一个青龙驿,青龙巡检司的衙门移到柳林来,这里就繁华了。现在的吕梁是原来的永宁州。城市发展繁荣从锄沟到青龙再到柳林变化的原因主要是三川河河道的变化,河道南移,在柳林空出一块地盘来了,交通方便了,从乾隆三十三年以来,柳林才繁华起来。锄沟和青龙在清河的南岸,柳林在北岸。县境包括南北二山,县城则不包

括。三川河是由三条河汇合成的,主要源头是发源于方山县的北川河,又叫离石水,和发源于离石区的东川河,这两条河在离石汇合后继续往南流,流了十里路之后又和发源于中阳县的南川河汇合在一起,进了柳林县境才叫三川河。人们叫它清河,因为它水源清澈见底。大旱的时候,三川河上游就断流了,但是柳林的清河不断流,因为柳林东面的寨东薛家湾有一个河床上涌出的温泉。冬天越冷越冒气,所以人们又叫它抖气河。原来是有三个流量,每秒钟3.7立方米,现在是建了大电厂,只有一个流量了。大电厂要建二期工程的时候又要用这个水了,政协就不同意。这是柳林城生产生活的唯一水源……

清河水一天少过一天,面对着冬季枯水期里如水沟般断续流淌的清河,现在像我这样初到柳林的人已经很难想象一些老柳林人记忆中的清河水涨、拉纤行船的场景了。老文化局长张生全认为,正是当年那条水磨林立的清河孕育出了一个商贸繁盛的柳林。他说:

> 柳林过去就是个商贸城,柳林的商贸繁荣按我的考察就靠这个水了,柳林的这个水叫四十里抖气河。从上青龙、寨东,从地底流出来的水,有一定的水温,最高的时候是二十几度水温,基本上这四十里就不结冰。一年四季,水磨能够不停地推。最多的时候,咱柳林全城是四十八个水磨,整个四十里抖气河上是一百来座水磨,一个劲地加工。过去在没电的时候,好面的加工全靠这磨,水磨的产量比人工磨的产量大得多了。面也是两种,一种就是净麸面,就是全麦面,推六遍,一种就是拉籽面,一般是水磨推四遍。一座水磨,一天二十四小时加工拉籽面是推十担,净麸面是推八担。当时山西平川九个县包括太原,吃白面,它一方面是靠着监狱的犯人推,另一方面就是靠水磨推。老百姓家户(是)小农经济,个人(自己)家

推的就个人家吃。城市里的供应就不可能家家户户推,柳林就是靠东路,朝太原、平川九县供应白面。过的时候把白面用骆驼送过去,回来的时候把麦子拉回来。平川不是产麦子吗?所以柳林是以水磨为主的商业。白面一方面是供应太原,另一方面西北面是陕西、宁夏。再一方面是人们点的香,柳林出产的柏材香,龙门会的烧纸,薛家湾的油。加工业带动了。还有驼行、斗行、糖行、面庄、酒行。建国初期统计了,八十六家中就有十九家是做这种生意的。如今是以煤为主业,那会儿还禁止采煤。所以柳林的晋商的特色就是以这些水磨为主,全凭抖气河这个水,水磨加工、米面加工、香、油,带动得多了……一中的大门是原来城区的尽头,操场都是地了,南坪都是地。本身就是两根大壕:在一中门外有根大壕,叫南壕。一中的后墙上面,这耷(这儿)也有一根壕,羊道口这耷有一根壕,叫北壕。南壕的水浇了南坪,北壕的水送至庙湾,至穆村下去了。南壕在乾隆三十四年修的,北壕在乾隆四十年修的。所以有了水壕以后,水磨才发展得多了,所以说乾隆年间柳林的发展快。人们好像硬要朝前拉,好像柳林要有多少年历史,其实没有那么长。就是乾隆至道光。弹唱里有一首叫《割羊油》:"道光年间买卖红,粮行麦社数不清,河滩水磨无其数,驼铃不断响连声。"

现在的柳林县府柳林镇,除了原来的古柳林镇,还包括了青龙与锄沟两个部分,它们和清河对岸的柳林又合称为"柳林三镇"。青龙城市化的步伐比锄沟要快。主城区干道拆迁拓宽以后,一条青龙大街通过青龙大桥和柳林这边的贺昌大街贯通。曹会斌当过副县长和政协主席,退休后创办了"柳林文化研究会",家就住在柳林文化馆背后的南坪东街上的院子里。他认为1971年建县后柳林三镇的变化各不相同,这其中青龙因为大桥的修建及企事业单位的进驻与柳林这边关系更近。

青龙在1971年5月以后,是柳林公社的一个大队,71年建县以后修了大桥,现在的大桥是后来重建的。原来青龙到柳林是坐船,秋冬水少,木头搭个浮桥,石头垒起,盖个木板,到四月十八古会后就是汛期,就拆桥,小木船两面拴粗麻绳,人拉纤。71年后有桥了。(青龙)开始只是农村不是县城,百货公司、生产公司、邮局一些单位到青龙盖房。2002年至2003年原来的桥拆了,修了现在的大桥。主街拆民房,修大街。上青龙也拆了水泥厂,修大桥,青龙和柳林就连成一体了。锄沟离得较远,人多,县级机关没有修房,所以多数还是农村。

青龙文化站站长王成贵是土生土长的青龙人,2009年春节在青龙的刘家大院搞了一场年俗展示。刘家大院是青龙现存不多的完整古院落之一,王成贵说修大街拆迁之前,这里的古院落更多。

柳林的生成就是先有锄沟,再有青龙,后有贺昌(柳林)。青龙本身年代长,明清建筑多,有历史地位和风格。有古城墙、玉虚宫、城隍庙和五槐街。因为青龙的古民居、古院落多,后来拆迁把一些拆了一半,有的全拆完了……(刘家大院)原来住的也是刘家的后代。紧挨着这个院的还有一个刘家祠堂,祠堂在2003年改造街的时候拆了……青龙2003年大面积拆,五槐街只剩两棵了……有(文物局)也不顶事,因为是政府行为,不是开发商,城市改造。政府给了钱,让人们去其他地方修。锄沟拆不了,03年拆了青龙以后,04、05年也把锄沟规划了,但是锄沟人可能比青龙人主意硬,再加上锄沟人可能比青龙人有钱,不在乎你给我补的那一点钱。青龙当时可能是,房子已经破了,不拆还要塌呢!所以给两个(钱)我还能生活,还能重在其他地方修,这样就拆开了,你也拆,他也拆,再加上人家有限时,什么时候拆了给你奖金,不了就变成罚金,什么时候不拆就变成强行拆了,这几种情况的推动下就积极拆了。锄沟就没有动,不知道是条件太高,政府吃不动,还是老百姓阻力太大。有人说还是青龙这样宽敞的好,不管怎么说,锄沟人有钱,再修上多少栋大楼也没人到你伪(那儿),繁荣你的经济。青龙已经形成了一个城市的初建模型了。

王成贵老婆的表兄杜廷贵是锄沟人,也正是柳林旧街上开餐馆的厨子刘二娃的娘在守寡多年、拉扯孩子们成人之后再寻的老汉。老杜当过村里的支书,退下来后在矿上做过会计,现在又在锄沟开办了一所寄宿学校。老杜说他的家族在沟里住了有六七代了:

> 锄沟的人口比解放前增加了三倍。锄沟有煤矿,比柳林、青龙有钱……锄沟在唐代就有了。原来在这条小河(锄沟的小河沟)上有三座浮桥九座楼,大部分是观音楼。宝宁小区就是锄沟的第一座楼,原来是锄沟的南头起……原来锄沟本身就有街,有街道,有背道。据说后来的大洪水把九座楼都推了。传说因为这些楼的建筑好,沿洪水漂到庙湾、杨家坪的时候楼里的灯还亮着,就是漂到庙湾的时候,楼还没有毁坏。过去这些楼有的两面是陆地,有的是在河滩里面,就用铁柱,在下面钻个圆孔,在上面盖楼,遗址在我们小时候还有,现在看不到了……锄沟商业现在都是个体。县里有规划建南大街,图纸都有了,因为拆迁问题还没有实施。

2. 三条大街中的市镇变迁与地方生活

青龙的城市化巨变出现在 2003 年的大规模迁建之后,而三镇中历史最短却最繁华的柳林则是在1971年柳林县建县以后逐渐形成了现在的格局。建县后，柳林镇成了柳林县的政府所在地。大量机关与干部的迁入使镇上的地貌也随之发生改变。随着南边的老307国道扩展成了贯穿全镇的"贺昌大街"，原来繁华的明清旧街逐渐式微，曹会斌回忆说："人民商场1965年修的，是当时街上最高级的，'柳林的王府井'。1971年之前的活动主要是（在）旧街和背道上。1971年以后，307国道，就是现在的贺昌大街街路结合，后来在1995年夏秋以后，现在的新的307国道建成，贺昌大街才变成一条正宗的大街。"就这样，原来的"国道"变成了镇中最宽阔而繁忙的大街，在后来青龙大街扩宽之后与之连接，形成贯穿柳林全镇东西的动脉。

今天的贺昌大街上有商场、银行、机关，而北边原来的旧街成了一些古老的、前现代小服务业的聚集地。民居院落前面的临街门面大多经营着纸活（丧葬祭拜用品）店、土产炒货、小吃、理发店，最热闹的三岔路口"沟门前"聚集着菜贩子、卖民用煤的拖拉机、卖下水的和流浪狗……旧街上没有通公交车，也没有路灯，和几分钟路程以外的那条平行的贺昌大街相比，这里似乎属于另外一个时空。人民商场的摊贩常聚集在门口，无所事事，刘二娃感叹："原来柳林最好的商店，现在是最差的了。如今就是原来商场的一些老员工在里面不交租金瞎卖，以前里面有两个大炉子，现在冬天冻得捅袖子。"旧街虽然有些没落，但是镇上时不时会有县里要规划修复明清旧街发展旅游业的传闻。作为曾经的市镇中心，柳林镇上白事月"转街"的时候，跟祭队伍也通常会将旧街和贺昌大街组合成一个环形路线。在这个时候，旧街的格局环境似乎要比楼房夹道、车流往来的贺昌大街更显得与披麻戴孝的气氛相配。

贺昌大街以南，也就是原来的国道以南，现在是来福区和著名的十八米街社区，这一溜地方传统上被称为"南坪"。家住南坪东街的曹会斌说：

> 来福区、十八米街原来都是水浇菜地，贺昌大街靠北有一条水壕。在香严寺处将三川河水提高，走贺昌大街背面形成自流水渠，经过现在的一中，从一中院子里绕进去，一中西院有十几亩菜地，绕道庙湾，最后进入三川河。一中对面的水渠上有水磨。在水壕以南，包括十八米街、来福区和柳林电厂家属区基本上是水地，除了大路菜，有柿子、茄子、南瓜，最有名的大白菜，少量的茄子、少量的长山药、少量的莲藕。后来慢慢贺昌大街以南修房子了，银凯楼和实验小学是原来的县委，2002年到2003年拆县委，搬到了南山，修了银凯楼和实验小学。1995年（国道）改道以后，贺昌（大街）以南，307国道以北修房子，政府盖了房子，贺昌农民不干，在十八米街专门给农民修的商住两用楼房。但过程中有些农民没有钱修房子，就卖地皮。十八米街上一块地皮六七万，十二米街上是四万。老贾（贾宝平）那样的农民修了楼就发了财，卖了地皮的就完了。

十八米街是贺昌大街西南一条与之垂直的街道，据说是因为街宽十八米而得名。这里在每年元宵期间有柳林最热闹的盘子会社火。从十八米街向东一直到十二米街的一整片街区的兴建改变了柳林镇原有的格局与面貌，让南坪的水浇地的西段变成了商住楼，也让贺昌村的一部分较有家底的农民在这次变革中成了镇上最繁华街区内楼房的产权拥有者。把柳林比作"吕梁山上的小香港"的贺昌村村民田保全就是这次变化的受益者。由于抓纸蛋蛋（抓阄）抓到了正十八米街上临街的地皮，田家在十八米街上盖起了六层楼房。除了楼上的自住房，田家把下面的几层出租给了银行，收入颇丰。除了田保全，贾宝平一家也是兴建十八米街的受益者。宝平的老婆说当年宝平家也是住在旧街上的院子里，是宝平爷爷的院子，后来分给宝平的爹和叔叔了。宝平和老婆当年结婚就是在那个院子里。后来贾家又在贺昌大街南面修了房子,就是宝平的父母现在住的地方。而现在十八米街里面的这个院子则是宝平家四个弟兄修的房子。"老七当年只有一口,把父母算进来,又买了二口(按照八千块一口的价)的修楼权。才有资格抓这个地形。"与十八米街格局相仿的商住两用楼房区还有东边的来福区,也是以三四层的楼房为主。来福区里最显眼的是靠贺昌大街的两座高耸的塔楼"银凯楼",聚居了从旧街上搬去的一些有钱人。刘圣奎说:"现在柳林住楼房的占一半,自己建的二三层小楼房占百分之三四十,窑洞占百分之一二十。柳林县城城市化的过程始于2000年前后,大批楼房建起。城市化过程对柳林人民的衣食住行都有影响。居住条件一年一年地好转。"

3. 农民与市民——煤炭时代中的身份变换与流动

现今的柳林镇居民大致可以分为三种人,本地人是镇上分别持有农村与非农户口的"农民"和"市民"。除了这两类本地居民,镇上还有不少外来人口,多是租住在此地打工和陪孩子上学的农村人口,多来自周边的乡镇。"1971年5月1号以前,柳林是离石县的一个镇。"曹会斌告诉我,由于市民与农民混居,柳林有城乡两套行政体系,"一个叫柳林镇,一个叫柳林人民公社"。两类居民中以前是市民身份吃香,现在情况却发生了变化。身为市民的老文化局长张生全说:"农嫁市、市嫁农(的通婚情况)不少。像如今的政策市嫁农的也不少,因为当农民比当市民还强了。当农民就有地了,有了地就可以建房……农民现在也有低保,比市民强,市民什的(什么)福利也没了,除了低保,基本上没有特殊的福利,吃粮你还要掏钱买得来,农民还能种一点地,种一点蔬菜,市民你都要掏钱了。农民不是低保,比如人家贺昌村吧,六七千人,煤矿分钱每年都是一口子六千五,比低保强多了。六千五挨住(连续)

能吃五年了!"

柳林镇周边的煤矿不只贺昌村的这一个。实际上,从21世纪初煤炭开采与加工业在柳林蓬勃发展以来,煤已经大大地改变了这个县城的面貌和其中的生活。教师高勤说:"县城就有煤矿,最近有三座,算上锄沟、庙湾的有六七座吧。县城是个小盆地,四周全是煤矿。城里每条路上都是煤渣子。"另一位教师车利明把柳林环境恶化的原因归结为煤炭行业的发展,他说是煤矿把柳林弄得像现在这么脏,只不过自己是从小生活在这里,土生土长,已经适应了。他还说曾经有意大利的煤炭专家到柳林,说过一句话:"很惊讶,居然在这么一个地方还生存着一群人!"这句话我后来又听很多柳林人转述过。虽然环境因为煤炭而恶化,但是煤炭提供的工作机会也在不断改变柳林人的工作与生活方式,同时也吸引着周边乡镇的人来这里打工,改变着这座小镇的人文面貌。

刘圣奎向我描述了这种变化:

柳林现在的人都不种地,因为种地太划不来,都是山地,十年九旱。一年辛辛苦苦,最后遇个风霜雨露就打水漂了,遇上好年景打得一百公斤左右粮食,卖不了多少钱,感到不如打工实惠。打工一般是在煤窑上,下井。农村人到了城市住下,为了子女读书方便或者搞个小买卖,大部分都是下井,挣钱养家。城市里边的也是,下井的,搞运输的,卖碗团小吃的。因为城市里也是农村里来的人,住到城里,下井的占进城农民的半数。柳林煤矿多得很!联盛、同德、鑫飞三大集团每个下面管十几个煤矿,然后再有三五个洗煤厂,煤通过水洗以后变成精煤,运出去炼焦……改革开放以前,煤卖不出钱,80年代,煤主要是民用,小打小卖,产量上不去。吨煤成本是十八元,国家统一定价是八块钱,所以山西人就为全国人民做贡献。生产一吨赔十块钱,越生产得多越赔得多,靠国家补贴。近三两年才煤价一个劲上,以前是三角债,煤出去收不回钱来,现在是先付款再拉煤。煤矿里像钓金子一样,煤老板都发得!前十几年,宝钢拉了柳林的煤,要不下钱,过年时打发领导们出去给人家送礼要一点钱。现在不存在了。柳林因为煤富裕起来也就是十年左右的时间。一贯是,南北两座山上的老百姓穷,沿三川河这一带二十华里左右的比较富足,在清代就富足。因为有水,有商业。80年代,柳林县的财政收入四五千万元一年,今年(2008年)就三十亿了,去年十六亿多,就是(靠)煤。大大发财了。大发财的是少数人。其他人靠挖煤,一个月挣两千至三千,可以供小孩上学、生活了。我儿子开车,一个月挣四五千。一般煤运月收入三千至五千。近几年,煤矿改制以后,国有集体的都变成了个人的。原来村子里有煤矿的就发财了,刘家塌头、后山垣……后山垣煤矿卖给私人老板以后每口人分了十五万。

家住柳林石家沟的赵继平就是从周边的乡镇来柳林县城里工作生活的,目前在锄沟的汽运公司上班。作为打工者,赵继平认为柳林虽然从贫困县跃升成了山西境内有名的富裕县,但柳林人整体的经济水平还是不行。"条件好的话,不想在这住了,开上车去太原。生活好了,过年不用穿好衣服了,平时就穿好衣服了。柳林大部分人还没有达到小康。县上说柳林、孝义两县就是吕梁地区财政的一半了。但柳林只是一部分人富裕。没有卖煤矿,没有分钱的人生活还是不行。过年生意好了,说明生活还是不行。跟煤没有关系的人和别的地方一样。同学结婚要上礼,送完礼一个月的生活费就没有了。"赵继平工作的车队承包了从煤矿往洗煤厂运煤的生意,他说柳林的煤还能再挖上个五十年,"北边的挖完了再往南面靠,煤挖完了再挖煤气天然气。"

古建和盘子艺人贾宝平一家是贺昌村的村民,贺昌大队1954

年建立，1980年由贺昌大队变成贺昌村。贺昌村管辖的范围大致包括了柳林三镇中的柳林镇，因此人们有时也把柳林三镇称作"贺昌""青龙"和"锄沟"。贺昌村是柳林三大村委中最大的，村上由于有村办煤矿，还有镇上原来田地上修起来的商住区外加其上的三产，经济状况还不错。村民贾宝平一家享受着村里煤矿上一口子一年六千五百元的补贴。2010年煤矿整合改制后，贺昌村将村办煤矿卖给了大矿，这一补贴最后以一口子五万元的额度一次性发给。贾宝平家在十八米街上的四层楼房，招了外地来的租户，一楼街面上的门面也常年出租。加上凭着自己的木工手艺，揽着割盘子和修庙的营生，贾宝平一家属于柳林的小康之家。但即便如此，贾宝平对柳林的繁荣还是有自己的看法："农村种地吧，十年九旱，当地的资源吧，煤也没有吧，将来的人怎么生活。富人肯定要离开柳林，本地穷人多。农村也是，有煤的地方分钱，没有煤的地方，很贫穷。将来富的，米面吃完了就不富了。柳林没有煤了，地下连水也没有了。"虽然对未来不无悲观，但是贾家目前的生活水平还是让很多日子紧巴的柳林人羡慕的，这其中就有市民刘二娃。

第二节 | 柳林人刘二娃的生活

1. 山上山下两间房:居厢与营生

廉租住房补贴申请

县廉租住房办公室负责人:

  我叫刘继兵,男,44岁,系柳林县明珠矿机责任公司工人,现待业,全家五口人,现住柳林镇东街70号,祖祖辈辈房无一间靠租赁,现租赁窑洞一眼,21.66m²,人均4.33m²,靠自己一人打工维持全家生活和其他开支,经济十分困难,希贵处领导解决为盼。

  特此申请

申请人刘继兵
2009.10.14

  刘二娃是柳林的市民,大名刘继兵,在柳林旧街东头二轻局院子隔壁的一家居民院子里开一间小饭馆。小饭馆在院子角落上的一间不足二十平方米的平房里,没有招牌,是一个只有熟客才知道的小店。二娃一家五口租住在杨家圪廊山顶上的一间平房里,那里也是我六次柳林之行中后四次的落脚处。刘二娃因为家庭情况到初二就辍了学,十六岁父亲死后就在排灌厂顶班参加了工作,最初是在厂里的食堂工作,后来从厂里出来自己干。关于二娃这些年开店的经历,他老婆闫秋燕说:"细们还在上学前班的时候就在这耷（这儿）开了店,开的时间不长,一年的样子,伪（那）个时候清河广场还有人家没啦（没有）拆。二娃在清河伪人家的饭店当大师傅,后来不做了,个人就开了这个店。二娃的脾气不好,人说了不对就把店打择（处理）了。"关了自己的店,二娃开始在人家店里打工,食品楼上的饭店、十八米街上的火锅店和贺昌对面的"富豪"都干过。二娃是个比较随性的人,做营生也是做做停停,他自己说是:"做了好几年,又歇了好几年,花挣下来的钱,还借了外债。"2007年二娃又在文化馆背后开了一间小饭馆,经营了一年后又歇了一年才又重起炉灶,在旧街这边自家的小屋里重新开了店。

　　二娃一家从2005年开始吃低保,二娃说最初时每人每月三十五元,全家一个月领一百七十五元,后来2007年涨到四十五元,2008年又涨到了六十五元。这次二娃随大流申请了"廉租房补贴",但也知道不一定申请得到。不过头一年,刘二娃运气好,靠"抓纸蛋蛋"（抓阄）抓到了柳林镇新建的经济适用房的购买权。"当时是在柳林县政府,先抓栋,再抓楼层,再抓号,一共抓三次。"刘二娃说。抓到房子固然很好,但如何交足购房款又成了问题。"这个地方不便宜,一平方一千七百几,可是看怎么说了,这东西很难说了,跟有钱的人来说这个就不贵,比外面市场价便宜。"但十八万元的购房款,即使分两次拿,对二娃一家来说也不是容易的事。廉租住房补贴申请书里写的困难情况显得略微夸张了一些——刘家弟兄事实上还不完全是"祖祖辈辈房无一间"。二娃开店的屋子和隔壁哥哥的屋子就是弟兄二人各自的房产:"这是老辈的地方,这个地方修起恐怕有百八十年了,这地方啊,这耷是日本人歇过的地方……金翻译歇的这一溜地方……后来米（我的）爷爷跟部队南下了以后,到了新疆,这个地方是分给军属的,老了回来以后卖给我们这些孙子了……不是亲爷爷,跟米爷爷是亲弟兄,我爷爷是老大,他是老三。"当时已经成家的刘家老大和老二就各买下了这四间房中的一间。屋子虽然小,但也算是让这刘氏兄弟名正言顺地成了二轻局旁边这小院子里的"坐地户"。

旧街上的这间小屋二娃一家并没有多住,短暂地开过一回店之外都是出租给别人住家,只是在最近收了回来。二娃一家后来又在山上倒腾了三个地方,最后才搬到现在租住的杨家圪廊山顶上。小店收回来之后简单装修了一下就开张了。天暖动弹(活动)开以后,二娃每天从山顶居厢(家里)下到店里的第一件事就是涮粉皮。他说自己家的祖辈从刘家墕头村里下来柳林的时候就做过卖粉皮和豆腐的营生,"原来爷爷就在这里住,边住边做豆腐粉皮……从爷爷的弟弟手上买下这个房子,伪个时候六千块钱,烂房子翻修。"小饭馆所在的这个院子里连二娃弟兄俩一共有七家坐地户。其中最"有活法"的成永平在 307 国道上开了家洗车行,据说他在十八米街上还开了棋牌室。他家在院子里的老地基上修起了三层的房子,招了一些租住的邻家。成永平也是 2010 年院外这条街上"二轻局盘子"的主人家。二娃的哥哥继海一家四口住在隔壁的那间屋子里,嫂子来店里打过一阵子下手,二娃每个月给她开一千元的工钱。

二娃一家在杨家圪廊山顶上租住的那一眼窑,其实也并非真正的土窑洞,而是贺昌的村民在杨家圪廊山上原来的地上修起的平房。现在贺昌村民们生活好了,很多就住到了山下的街道上,山上的这些房子就租给了来镇上打工的人,甚至是像二娃这样的市民。二娃家住的杨家圪廊山顶可以看到大半个柳林镇,二娃说喜欢山顶上清净,空气好,方便育(养)鸽子,户外的茅厕也通风。二娃家的一眼窑被一排柜子分隔成了前后两个部分。高中毕业后,老二亚红和老三军军出外上学和打工,平时不在柳林,夫妇俩就睡在前厅的大炕上,没出嫁的大女儿红红睡在柜子后面的那张大床上。几家共用的茅厕在前院,厨房和鸽子棚则在后院。亚红从太原回来后就和红红在后面的大床上睡。当我住进这家的时候,秋燕就让我和二娃睡前面的大炕,自己和两个女儿挤到了后面的大床上。军军过年回来,就睡在前厅炕边的沙发床上。就这样,三个男的守前门,三个女的把后门,再加上两只狗,一只猫,二十几平方米的屋子碰上全家五口满员,再来个把亲戚朋友,住起来还真有些紧。好在柳林镇上年前在青龙化肥厂旁边修起了4栋经济适用房,虽然八万的尾款一度在2009年底愁住了二娃,"为人广"(交游广阔)的刘二娃还是七拼八凑地借足了外债,总算是把房子买到了手。然而房子虽然买下了,二娃一家到了2012年都还是没有搬去青龙。二娃说如今这边的店还开着,不愿意每天晚上忙活完了十多点钟还往青龙赶,特别是在冬天。他说打算以后在青龙开家饭馆,到那时候再搬家。

刘二娃弟兄姊妹一共四个,他排行老二。除了现在住在小店隔壁的大哥,还有住在青龙廉租房小区的一个弟弟和一个妹妹。从二娃十六岁就开始守寡的母亲拉扯几个孩子长大成家之后就改嫁去了锄沟。二娃的老婆闫秋燕来自镇外的闫家湾,和二娃一样也是市民。秋燕告诉我:"我们家从来就是市民,1962年的时候把我们撵回去,撵到农村,我们就是(去)那个闫家湾,后来八几年的时候又平反了,又成了市民。我父亲也是老干部嘛,又是退休干部又是离休干部,我父亲他是在中阳县工作的。后面我们又平反了,平反的时候,人家又要撵的证据,你到呀(哪儿)去寻地个证据?又说伪些手续在粮食部门里头经营着呢,哎呀就在粮站里头,一窑麻袋!我就跟着我姐,一麻袋一麻袋硬剥,剥下那个证据了,找下给了人家,这才转了。"秋燕是1967年生人,比二娃小一岁,俩人是通过亲戚说的媒。"解不下(不了解)!什(什么)也解不下就是听,听我们两姨说。人家说好,人家怎样就怎样。我们两姨就看下了——看,(我)傻得啊!二娃在排灌厂,做饭……我也是市民。那一阵子是市民要找市民。如果找上了农民了,细们的户口麻烦……如今是农民好,发钱!"秋燕说自己没有上过班,"养过羊,十六七岁的时候,结了婚就专心养细,照(看)娃娃,送得上学校,再就跟上二娃打工开店。"

二娃的三个孩子中只有大女儿红红上过一阵子幼儿园,因为住在上山不方便,后来几个孩子都是秋燕在家带的,然后直接上的学前班。三个孩子中大女儿红红职中毕业,学的电脑,在超市打过工。我到二娃家的那阵子她在职中下面的民办培训学校里打工。红红每天早出晚归,一个月工资六百块,二娃说:"挣的还不够她在上面捣乱着了。"二女儿亚红比红红小两岁,从榆次的技校毕业后就上太原的一个制药厂打工,二娃说她一个月六七百块的工资。2009年底厂里的生产线开开停停,工人们也是长时间歇着,二十岁的亚红就干脆回了柳林。小儿子军军小亚红一岁,柳林二中毕业以后在金家庄补习了一年,考上了太原的贸易学校,那时才刚读了一年。

二娃的三个孩子中亚红性格外向,刚从太原回来,闲在山上的家里玩玩游戏"偷偷菜",偶尔也到店里帮帮忙,空闲的时候就会跟我说说家里的事。或许是亚红出柳林上学和工作久了的缘故,她喜欢用带"普通腔"的柳林话跟我说话:"我家可好了,从来没有和邻居发生过争执。我爸年轻的时候被人追打过,被我爸给跑了。我爸年轻的时候特捣蛋,家里就管不下……我爸从来都不管我们的,我爸说了,你们要是学,我就供你们,你们要是不学,那就回家吧!"亚红说二娃只在外面说笑,在家里说话少,几个孩子都怕他。

2. 饭馆、龙王庙和盘子会——"人在社会上"

"为人广"是刘二娃引以为豪的一件事。说起自己1982年、1983年那会儿在柳林街道上当小混混的经历,二娃总是语带几分炫耀的味道。他常说的一句口头禅就是"人在社会上",意思是强调参与社会活动、广交朋友的重要性。二娃的小饭馆就是他社会关系的一个成果展示场。而从另一个角度上看,也可以说二娃是靠着他的社会关系在维持着这个小店的。又是老板又做厨子的二娃做的大都是熟人的生意,朋友们来了总要拉上二娃陪着喝两盅。对此,二娃的老婆秋燕总是心里别扭,担心二娃挣回了这辛苦钱却把身体给喝坏了。

一日我回到店里,看见二娃和秋燕又闹起了别扭,于是便问在店里帮忙的二娃嫂嫂玉兰,她说是秋燕又怪二娃陪客人喝多了。等客人走了之后,二娃带着几分醉意跟我诉起了苦:"知道吧?我每天起来,在这吃饭的……我在柳林街道活着(过得)不好谁到我这吃饭来,对不对?这没有一个人,外地人说来,他能知道这个灶在啥地方?外面连个(招)牌也没有,他到这干什(什么)来?人在社会上就是……"二娃举起大拇指,却一时间想不起该说什么。我看他语塞就帮他说了个"义"字,因为几天前他才"教导"过我说:"人在社会上,就是活的个'义',义最好!"他点点头:"对!……不行不行,人们根本不行,了解不了我,谁都了解不了我。"这话显然是说给一旁的秋燕听的。"你说我这,每天起来,(让)社会上的人吃了嘛!街上那些开饭店的每天起来明脑推得次喇次喇的(剃光头,指没生意)。有时喝酒能加点感情,有时能坏点事。是不是?你像我,我如果真的不喝酒了就完了,真的完了!你开饭店,卖什也没人吃了,真的没人吃了,我现在明天雇上个师傅来,在这炒,我坐在那看,你看吧,用不了三天就没有人了……每天起在这吃饭的,这是……看我来了!"二娃指了指自己,点了一根烟,"谁知道这里面有个饭店?外边有的是嘛,对不对?"一日,营业额上了一千五百元,打烊的时候二娃边收拾边对我说:"每天卖得多,就是熬人(累人)!人在社会上,为什店不大吃的人多?就是我这个人在社会上……我这个人就是不坑人！不骗人！"

小饭馆开了，二娃的日常生活就在这山上的家中和山下的店里两点一线间展开，每天走到山下，便是进入这饭馆中的社会，进货、炒菜、会友、喝酒……一年下来，只是在冬天过年前后和夏天天极热的两段时间关门歇业。从年后到开春之间的这段空闲，大部分柳林人在走出家户重新迈向社会之前都要经历一个社区的中间缓冲——元宵节一直到二月二。围绕着盘子进行的社区活动就是这个缓冲的内容，家户与家户结成的盘子会在社区里搭盘子、起份子、闹红火。二娃是盘子会的热心参与者，当过山上杨家圪廊盘子的主人家，在街道二轻局的盘子上也从2009年开始连着当了三年的纠首。不过二娃的这个缓冲周期要更长一些。盘子上的事忙完了，他还要到龙王庙二月十九的观音会上相伙。等二月十九的事忙完了，二娃的小饭馆才又开门迎客。二娃的娘说他从小就喜欢盘子和庙会上的这些东西，我问二娃为什么，他说原因就是"爱红火"。二娃山顶的家里供着各路神仙，逢大年、小年、元宵这样的日子也会供敬一番。二娃自己也不知道供敬这些爷爷（神明）们顶事不顶事，但是在年节里供敬他们对他来说就是一种"红火"。二娃家的财神神位前放了一盒子零散钱币，他跟来家里喝酒的亲戚这样解释："你说我是为什在财神爷爷这耷放钱？实际是怎么？我不是要财神爷爷给我弄钱，我是为了说人在社会上……唉，有个细们哦，这地点个香，点个蜡，看个花花……就是敬神神（神明）不怪，不敬诺不在！"

在家点香的二娃或许已经渐感孤独，不过围绕着"爷爷"和"老母"们的盘子会、观音会却为二娃参与人群中的"红火"提供了机会。跟上某个盘子的份子，元宵里排着队供敬一番，和邻里们说说笑笑、扭扭秧歌，或是当上纠首为盘子会或庙里的人口戏起份子，出力相伙，都是参与红火的方式。这些活动表面上始于人与神之间的关系,但是二娃既难说清神是否真的存在,也不知道供神究竟顶事不顶事,他所能实在感受到的是在大大小小的"红火"之中所实现的"人在社会上"的感觉。这或许就是玛丽娜·斯文森在对中国遗产话语研究中所提到的当地人的遗产话语中所更加看重的"个体归属感"①吧。"为人广"的刘二娃的朋友里就包括了贾宝平和贺四牛。通过他们,二娃的生活也和龙王庙产生了联系。每年庙上到家户里起人口戏份子钱的时候他都常会在纠首的队伍里,小店歇业的时候到庙会上做灶上的总管也被他看作是义不容辞的责任。

---

① Marina Svensson, *In the Ancestors' Shadow: Cultural Heritage Contestations in Chinese Villages*, Center for East & Southeast Asian Studies, Lund University, 2006, p. 2.

第四章

变迁洪流中的抑扬——被官方文本遗漏的历史之声

第一节 ｜ 龙王庙——不见经传的前世

1. 龙王庙保护组

龙王庙在柳林镇旧街背道和石家沟交会的地方,地处老镇子格局的中心地带。历经时代风霜的龙王庙如今是个县级文物保护单位,所经历的最近一次浩劫是 20 世纪 90 年代的拆庙风波。挺过那次难关的龙王庙现在正处于修缮之中,可以说一年一个新样貌。虽然挂了个"县保",成立了县里认可的"保护组",但庙的修缮和日常运作都还是走的"民间路线",只是作为贺昌村辖区里的大庙,时不时可以从村委求得一些支持。龙王庙里的观音殿照规矩每年的正月初八会办"记性茶",那天庙周围的街坊四邻会来上香喝油茶,据说孩子喝了可以长记性,而大人喝了则是图个吉利。镇上喝"记性茶"最热闹的庙会并不在龙王庙,而是西边田家沟里的小寺庙。龙王庙这边初八上的规模本来就小,这几年庙里修复工程修修停停，殿里彩绘塑像用的脚手架没有拆，所以并非每年都办"记性茶"。

2009年大年初六，龙王庙保护组的一众新老成员在十八米街上的小馆子里聚餐，商量初八记性茶的事，也趁机会合计一下庙里新年的计划。保护组组长贺四牛召集的老一辈有老组长马清、老会计段兴旺，还有常来相伙的老干部冯贵生。另外有三个是去年刚加入保护组的新成员：木工师傅贾宝平、被四牛委以管账任务的高连喜和在旧街上开蔬菜店的刘二宝。组长四牛说这几个新成员是在有了六十五岁的年龄限制以后组里的新鲜血液，这也是"保护走向正轨的表现"。新成员贾宝平平日里话不多，但脑子里想法不少，往往会在酒桌上慷慨激昂一番，"现在富裕了，古老文化逐步被国家重视了。现在一来国家政策好，二来龙王庙地形好，如今龙王庙天时、地利都全了，关键是人和，人和要做工作，宣传工作做好了，人们自然就来了，不是一年两年的事，人和能感动天地，最关键！"不过，让四牛愁的还是钱的问题，他说："自发筹资，恢复资金没有，只有要塌了的，可以拨一点资金维持，但是要复原没有钱……去年最少差五十万，上面没有给——想来路，和盘子一样，不挣钱也要搭！"连年的修复工程已经让龙王庙借了不少外债。新年里的二月十九人口戏与下半年的开光都是考验龙王庙能不能收获"人和"、获得修复投资的大事。至于初八的"记性茶"还只是一个小序幕。

贺四牛年纪和宝平相仿，也是五十刚出头，一样也是土生土长的柳林人，对于自己的出身，他如此描述："父母都是本柳林的，父亲在双语学校的院子长大，后来搬到马清家下面……母亲是家庭妇女，父亲务农。家里弟兄姊妹八个，都在柳林，有个姐姐嫁到太原……上学上到初中……初中毕业就进了贺昌林业队……以种瓜果为主。干了五六年，之后烧砖两年，做豆腐四年。到三十岁，后来个人盖房子盖了两年,之后在炭厂打工,2004年后半年停职,2005年开始接手龙王庙。"在龙王庙上相伙的许多人都是自小对庙上的东西感兴趣的,四牛也不例外。"小时候就爱串庙,出了门也喜欢串一串,看一看。是马清跑太原第三、四年参加的。闹事的时候也听说,自己忙得没有管。九几年来的时候,老马跟我说了几次,要我来接班,后来有活动就来了,来帮忙了。"

贺四牛的前任马清这年已经七十九岁了,住在四牛隔壁,也是贺昌村的村民,在水电站干过。马清小时候就在龙王庙里的学校念过书,从小就爱琢磨庙里的东西,"四牛跟上我十七八年了,和那个金柱,都是爱好这个。"老马是龙王庙保庙运动的功臣,后来当上了第一任龙王庙保护组的组长。年纪大了之后,老马物色四牛接了班,不过还是常会拄着拐杖到庙里来转转,碰上我在的时候也喜欢跟我讲讲庙上当年在他手上的那些事,偶尔也发发小牢骚。"2006年交给四牛,那时还长(多)了七万多元,后来每年亏损,如今还欠几十万多了,几家的,齐师家、姚师家、宝平的(分别是彩绘、塑像和木工师傅),还有材料钱,还有借下的钱,借了金柱的一万,我的五千。我手上那年钱是短(少)下了,怎么办呢?出了个挂历,送给机关个人,人家晓得你是要钱了,有的家是一百二百,有的家是几百,就长下钱了。2004年才商议着把观音殿修复了,挂历是2006年。"

马清希望庙上的经营是个纯洁的营生,因此不喜欢有人在庙上牟利。"之前有个老王,让他管观音庙,不受我们领导。他把钱闹(弄)起把钱自己花了,不叫人知道。我们把功德箱锁了三个锁,他就把功德箱口盖上,自己弄个纸功德箱,因为我手上经济是公开的,要花个钱众人监督。我经济公开,怕人说闲话。如今账就是四牛一个人,今年又闹个连喜,说一个人管不了,委托连喜了。前年选了宝平、连喜、二宝,顶我们这老的。实际是不给我们吃文物灶了。老了,不管了。"老马指着四牛办公室墙上的保护组成员表,一个个地数:"月英死了……马清,也快死得了……段兴旺也老了……"说起戏台院里的停车场,老马说:"高勤的婆婆(月英)在世的时候不让,说不要在庙上取利。后来四牛对我说,我的意见是集体办,闹上一个经纪人,叫他管上,记账,收入是集体的。外人对我说是,四牛借了高勤四万块钱,实际上高勤家女婿说是六万多。小王(在观音殿的配房里算命的先生)也是包一年一万,没有合同。(观音殿的香火钱)过节是庙上收,平时是小王收了。包不包也没有与人商议……不过有些事没有四牛也弄不成。"

看来马清对自己物色的继任者四牛的工作模式还是有些意见。承包下戏台院停车场,又从婆婆月英在世的时候就跟保护组关系密切的高勤对这两个人的行为处事自有一番看法:

> 这两个人啊,在处理事情的方法上两个人不一样。老马办事,和我爷爷一样,咱有多少钱花多少钱,去跟政府要钱的时候总是想跟上几个人,诉苦,写个东西。对阻力的办法就是努力地排除。有一家,现在是厨房的地方,原来是一家卖水的,烟酒副食的。对龙王庙修建有影响,要拆掉的,不愿搬走,这是财路。老马的办法就是,你应该搬走,这是龙王庙的,你不应该在这个地方,最后导致人家的大儿子和老马发生了冲突,甩了一巴掌,推倒了。老贺的办法是前后左右都修,人家不能待就走了。另一个反对的人说龙王庙有一绺子地是他家的,他说庙里有一块没有硬化的地是他家的……老贺还是包围蚕食。到了十一月初八用预制砖铺上,早就计划好了不让硬化怎么办。老贺比方说要出门要钱吧,过年的时候,炸鱼,红烧肉送,还有在选举的时候,打扫,拉焦炭,把我的桌子也搬出去,恨不得使上多大的劲叫人说他好。他先给别人点甜头,然后让别人给他更大的甜头。老马是有一分钱花一分钱,没

钱不干,老贺是"不担心,这钱一定会回来!"提前花钱,有这种意识。老贺是贺昌村的,想跟村委要钱,村委特别忙,不是忙过年,而是忙选举出的问题。答应给五万但到不了位,一是忙,而是下一任还不知道是谁,想不要在我手上给了这五万。老贺就弄了个借款申请及保证书,先写龙王庙有亏空,借五万块钱,再保证:如果这个钱不能给我借到的话那就以我个人的名义,把我明年全家十口人应分的钱扣掉,扣完为止。要是在老马手上是想不出来的,不会用这个方法。两个人都是贺昌村的……不知道怎么物色上老贺的,开始不愿意,后来粘到手上了。都是义务的,但有一部分人把他们理解为从中讨钱花。老马那一辈,的确是贴钱了,每天和我婆婆在一块合计,我也给他们算过账。到了老贺手上就没参与,也没询问过,去了太原,不知道。老马绝对不会请村里人吃饭,老贺会。前年二月十九把居委村委帮过忙的都请到这院里头,办事就好办了。老马不会,想只要我有一分钱就全花庙里头。老贺这样做,像别人就会开绿灯。过去有一年,老马给帮过忙的人送过挂历。老贺东西不一样,鱼和烧肉,有一年送吉祥物,有一年送了陕西的小扁豆。

虽然工作理念与方式不同,但四牛也明白,没有老马那一群先锋就不可能有今天的龙王庙保护组,"保护组是在老马手上自己组织的,发展到后来国家承认了。"保护组最初由90年代的保庙运动中自发结集的一帮积极分子组成。保庙成功后,又张罗着龙王庙的集资修复。后来到了1999年,县里的文物旅游管理所批准正式成立了龙王庙、小寺庙和双塔寺三个保护组。当时的发文通知上写:

> 为贯彻"保护为主、抢救第一"和"有效保护、合理利用、加强管理"的文物工作方针和原则,搞好我县重点文物保护管

理与旅游开发工作,特别县城重点文物的保护管理工作,根据《中华人民共和国文物保护法》等有关规定,经贺昌村支部、村委和县城三个居委共同研究,申请推荐,县文物旅游管理所考查审定,特成立"柳林县文物旅游管理所县城文物管理组"及下设的"龙王庙保护组""小寺庙保护组"和"双塔寺保护组"。

从此,龙王庙保护组有了个"国家承认"的光环。不过光环只是光环,实际运作起来还是纯民间的机制。保护组的人员并不由县上指派,不过县里也不是完全不管。县文物旅游局的局长王胜军就说:"我们文物局要通过考察,看这个人能用不能用,完了我们还要通过文物局发个文……保护组吧,就是负责文物安全,保护我们的文物本体不受破坏,在我们文物保护范围和控制性建筑地带内不能乱修建,这些,至于上班时间不是很严的。因为报酬本身就不高,报酬原来就一点没有,就是去年我们象征性地给点生活补贴……任期没有明确的规定。但是我们从上至下有个年龄的保证,比如省保单位,省里规定是五十五岁以下,但是这个也不一定,县保至六十五岁,但是这个年龄不是一个硬性的……县级我们(补贴)也发了两年了,一个月补助一百块钱。省保一个月三百,省里补助两个人。县里一般三至五人。省保五至七人,剩下的我们县里补贴。"这大概就是老马说的"吃文物灶"。

对于龙王庙的情况,县文化局老局长张生全自然很了解,因为原来文物这一块也归文化局管。"2005年从文化局又分出去了文物旅游局。原来我在文化局的时候没有文联、文物、书店。现在分成了四个局级单位。"龙王庙在从国家到县级的文物保护体系中处于最下端,虽然保护组的关键成员也吃上了一个月一百块钱的"文物灶",但是在复建修缮和日常维持运作上更像个"民庙"。老张局长很清楚这"县保"和"国保""省保"之间的差异:

  香严寺它是国家级,是2001年国务院公布的重点文物保护单位。钱都是国家文物局发的。这一回修缮，工程队是省古建所的，省古建所负责跟国家文物局要钱，我接你的工程，我负责要钱，你柳林县盖公章就行，我请示报告你盖章就行。纯粹的就是国家的事。除了今年修的附属工程像厕所什么的，还有上山的台阶、牌楼是自己花钱。古建筑都是国家（花钱）。塑神像也是地方花钱。还有省级保护单位。应该是省里拿点钱，但是有的拿了，有的就没有拿。省保有四个单位，比如有一个双塔寺，省里投资就是那个塔倾斜以后的纠正，单项的。还有个孟门南山寺，大雄宝殿的钱是省里边花了一百一十万。还有一个就是青龙那个玉虚宫，但是那个省里还没有拿钱。还有薛村有一个，清泉山有一个观音庙，省里陆陆续续就是十来万块钱。剩下的就是县保了，应该就是地方拿钱了。

对于县保的龙王庙的情况，张生全一直都很关心，也常常帮保护组出谋划策。

龙王庙就是县保，县保比市保还要低，修缮困难大。好处是县保上面管不着，你就是有违背修缮原则也可以。要是省保的，省文物局要监管了。底面（下面）的灵活性大些，有钱就可以修，修得现代一点也可以，没人管你。当然文物修缮也有个基本原则，就是修旧如旧，原来是什么样的就修成什么样的，古建筑尽量不落架维修，地下的不发掘。古建不要落架，不要你拆到地形（地面）上再修。尽量保持原来的样貌。他们看达不达得到省呀国家的标准就是看你保存的占百分之多少……但龙王庙还可以，就是省里还给了点钱，就是那个观音殿，观音殿不是后来出来几个明代的塑像，三大士，省里面保存的明代的塑像很少，现在在柳林就是龙王庙的观音殿有那么几个，玉虚宫的那个真武大帝像，香严寺后面的那几个少胳膊没腿的，剩下的很少。龙王庙发现明代塑像以后，省里拿了二十万,一般的县保单位拿省里的钱拿不到。那个时候已经不是文化局的了,但是老马让我写的材料。我写了个报告,县里面换了个头子,就给了省里。

2. 出人意料的"厚重"历史

区区"县保"龙王庙和什么香严寺、双塔寺比起来在县里的文物旅游口不那么受待见也属情理之中,非但在文化大楼一楼的柳林文物旅游宣传展板中不见龙王庙的踪影,遇到外地贵宾来访,县里陪同参观的景点首选也很难绕过香严寺落到龙王庙的头上。但是这样一个在官方话语体系中明显排不上座次的小民庙却有着日渐被遗忘的"厚重"过去。张生全曾经这样描述他眼中的龙王庙:

> 我感到一个地方有一个地方的根,一个地方有一个地方的心。中国的心脏在北京,北京的心在哪——天安门。山西的首府在太原,太原的心在哪——五一(广场)。那么柳林这个地方的根在哪呢——龙王庙。在建县初的十年,(是)政治经济文化中心,这大家都晓得,再前面晓不得,实际上在乾隆五十七年,碑上看出来,有了龙王庙的戏台,有了剧场,就已经成了柳林的中心。当时在乾隆三十三年,就有了巡检司衙门……从那时候有了龙王庙的剧场,开始有了四月十八的会,龙王庙修了三十六间会棚,有了龙王庙的戏,祭祀娘娘的恩德,乾隆五十七年大修的时候才修起了这玄天娘娘庙。有了会,四月十八的古会,有了戏,娘娘庙的戏,柳林才兴盛起来。所以影响了柳林二百年。

和依照各种技术标准评定的区区"县保"身份相比,老文化局长话中龙王庙的历史"厚重"得让人有些吃惊。有学者说过,在对空间进行铭刻的过程中,人们与其生产并占用的场所形成有意义的关系,为空间加上意义。① 那么从张生全的这段话来看,普通柳林人对龙王庙这样一个公共空间所铭刻的意义,显然不同于文物主管部门依照建筑遗存始建年代与现存状况进行级别评定所传达的意义,也自然有别于建立在后者基础上的官方话语中对"地方一宝"所赋予的意义。或者说,龙王庙出人意料的"厚重"历史并不存在于建筑保护技术级别之上,也不存在于官方所赋予的代表身份之上,而是存在于它在过去的地方日常生活中所扮演的角色之上。

龙王庙据新刻的碑记称始建于金代,但确切记载始建时间的老碑却在新中国成立后遗失了。马清说他"文化大革命"以前在龙王庙看见过的一块碑上刻着金代的事,但是碑后来毁了。"戏台的柱子下面还有半块碑。戏台是 1952 年接宽了一些。戏台以前就有,洪水冲了庙以后,在光绪年间和庙一起重修的。现存的清代的重修碑都是在拆粮站的时候,从粮站的地下面弄出来的。粮站坏了的碑可多了,龙王庙在解放以后闹粮站来着。香严寺的大佛也是粮站毁的……随便拿一个碑打成两块就垫柱子了。现在的柳林宾馆下面还压着二十通碑呢,有的是香严寺的,有的是龙王庙的。碑都做了地基了。那个时候没人管庙,这里住的粮食局,后来是剧团。"

老马和龙王庙的感情始于孩童时代。他回忆说 1937 年的时候就在龙王庙里的学校念过书:"当时念的是《论语》《三字经》,之前是个女子学校。过去学校都是在庙上。国共合作的时候,这里边放过土枪土炮。还有'防共保卫团'。田家沟住的是共产党 718 团,一个同志每天下午给儿童团教歌。我那时小,刚记事。另一面是商务会,后来改成商团了。1938 年日本人来了,大院里住的都是日本人,山炮队,把民居窑洞的门窗都拆了,用来烧火。在戏台上拴马,变成个土坡子……日本人拆房子,把前面和两面的铺面,

---

① Setha Low & Denise Lawrence-Zuniga, *The Anthropology of Space and Place*, Blackwell Publishing Ltd, 2004, p. 13.

三十六间僧房会棚都拆了,烧火。神像还有呢,解放以后粮站就把神像搬了。粮站住在这里,把神像都捣烂了。里面和楼上都放了粮食……破除迷信。后面现在老高家住的那一片也是操场,后来成了建筑公司。原来就是龙王庙坪则。龙王庙那时就是个常集,一年四季都是粮食市场。院子里面有棵槐树,'土改'时是用来吊地主的。""坪则"即"坪子",就是开阔平坦的空场子的意思。那时的龙王庙,四周空旷,还没有被越来越多的民居包围,所以被叫作"龙王庙坪则"。

关于龙王庙的变迁,现在龙王庙大殿前的《龙王庙重修碑记》描述了一个梗概:

> 龙王庙位于县城中心,是县级重点文物保护单位,也曾是柳林人民政治文化商贾唯一的活动场所。此庙始建于金代正隆六年(公元一一六零年),自正德年间越万历六年、天启三年,迄康熙五十年、乾隆五十七年重修塑像,嘉庆十七年有碑记,道光二十八年又重修留有石刻,至今已有八百四十余年的历史。此间最使人难忘的是日寇铁蹄柳林,把一个规模宏大、布局严谨、古朴典雅的龙王庙古建筑群毁于一旦。大戏台上喂了战马,二十六间廊房拆掉五分之四,僧舍院(商务会)、十王桥全部拆光,观音堂拆掉水檐,木料砖石都盖了碉堡炮楼。公元一九四五年真是"春雷一声震天响,东方发亮出太阳",毛主席共产党领导的八路军解放了华北第一重镇——柳林。龙王庙回到了人民自己手中。"文革"期间龙王庙又遭到严重损坏。一九八八年柳林县人民政府把龙王庙列为重点文物保护单位,但由于种种原因只在一九九二年群众集资简单地修缮了大戏台和围墙。在县文物旅游管理所的支持下,根据《中华人民共和国文物保护法》,由贺昌村党支部、村委和县城三个居委会共同申请于一九九九年八月八日正式成立起柳林县文

物旅游管理所县城文物管理组,即柳林县文物旅游管理所龙王庙保护组。自成立保护组以来受到了县委政府以及柳林镇党委政府的十分关怀和广大人民群众热烈支持。于2002年5月10日召开了八部门会议立项,把龙王庙定为龙王庙文物旅游景点,并打了请求拨款资助的报告。省里拨给两万元,地区旅游局拨给五千元。有县文化局大力支持发通知,让占住龙王庙的住户搬出去。龙王庙保护组立即组织人员制定重修一期工程的实施计划:一、修缮火神殿;二、三霄娘娘楼;三、翻修龙王殿雕塑神像等工程。

3. 遗漏于官方话语之外的浩劫——"龙王庙案"

《龙王庙重修碑记》提到了龙王庙在近代历经的两次浩劫——日本侵略者的劫掠和"文化大革命"时期的破坏,但却诡异地隐去了另一件关乎龙王庙生死存亡的大事:20世纪90年代"柳林四大案"之一的"龙王庙案"。或许是在"碑记"这样的文体之中,浩劫本应只属于"浩劫年代",所以最近的这一次浩劫就在一种准官方的"盛世"话语中悄然隐去了。但是在"碑记"之外,龙王庙历史中这充满戏剧性的一幕却是人们回忆言说的焦点。它确实可以被看作龙王庙经历的一场浩劫,而且是发生于盛世中的一场浩劫。

第一次听说龙王庙的这件案子还是初到柳林,在龙王庙边的高勤家过年的时候。保护组老组长马清有一天来高勤家看我,说起了"柳林四大案"。老马说这"四大案"中的一案是华晋焦煤公司跟沙曲村的案子,"华晋占了农民的地,要修(建)洗煤厂,跟沙曲的村委闹,老百姓不让就堵(住对方),打了起来。老百姓跑了的跑了,抓住了的判了刑了。"第二案是后山垣卖地,"村干部把煤窑卖给武警家开矿,村民不干,打起来,县里抓了二十多个人,后来一村的人都下来,在这样的压力下把这二十来个人又放出来……"

"四大案"中还有黑社会的白氏兄弟一案,再就是龙王庙的案子了。和马清一块儿来的牟永安回忆说:"1991年县里面定了,就动了工了,就龙王庙这儿。要拆这个龙王庙,盖两栋楼房。六月份(还)是七月份,反正那时候天热。"马清说:"县里定的,要拆掉。后来老百姓一弄这个咧,就怎么办咧哦?说是写个联名上告吧!又说写大字报、小字报吧,我说咱写个公开信。三个居委,一个村委,一共盖了10个公章,给了省里边。省里边下达的指示,先打电话,他们还是不接受,后来省里头下达了文件,省文物局,给它下达了文件,才把这个事情平息下来。领导下达的文件说:'柳林县人民政府,群众来访,你们把县保(文物单位),做了房地产开发……造成的后果,要让县里头负法律责任。'"

和老马一起来的牟永安在一旁比画着说起了当时的情况:"那时已经开工了,装载机已经开动了,挖了这么大个大坑,开始要打地基,结果老马组织的一帮子人……"老马忙说:"我也没有组织——那个时候我是腰椎骨折了,家里睡着,我老婆是个队里的会计,把那个队长吧引到我们家里来了,他们吵着说呢,我是,我是爱管闲事,我就写上个公开信。后来省里闹下来这个事后,群众就宣布了,宣布了之后,家家户户就起钱,把庙修了一下……之前闹的时候,干部开会,透露风声的要开除,下的这个命令,查谁带头搞的这个事。后来这不是县里头要抓这些人了,七八个人,我们就跑到太原了,到太原以后,省政府不让进,不让进我就求了省里头的个法医,跟我小时候玩大的,他说是给他省长书记拍电报,我说不会写,他说我给你写,给省长书记和代省长,给他们拍了电报,拍了电报以后人家才过问,省里头过问省文物局,省文物局又把这个事情给它县里头,要下文件,先叫老王送(文件),老王不敢送。不敢送以后,我们拍了电报,我们又去了文物局。去了二十多天,带的粮票都花完了,花完了以后没办法,又找文物局,又找领导打电话,柳林是这么个问题。后来省里说你们去几个人，省里头又下来了四个人，才把事情平息下来。"老马说他当时认为这是县里的文保单位，如果要拆必须通过省里，没有通过就拆不行，"我认为写公开信不犯法！"一旁的高勤说："要是破四旧的时候，你就遭殃了！"

老马后来在家里给我看了当年的这封《要求领导立即制止"房地产开发公司"破坏文物古迹毁庙"修成商品房"出售的不法行为的公开信》，信是手写的，结尾处密密麻麻盖着十二个居委会和生产队的红印章。

> 尊敬的柳林县政府领导同志：
>
> 你好！知道你们很忙。可是我们必须把压在心头，议论很久的这件事，关于"柳林县房地开发公司"在柳林镇龙王庙，破坏文物古迹、毁庙，"修成商品房出卖"的不合理行为，反映给县委、政府领导，请予以坚决制止，对他们违反《中华人民共和国文物保护（法）》的不合法行为，我们深感遗憾！因此，建议有关部门立即改变这个遭到广大人民群众愤愤不满，并进行议论谴责的行为吧！
>
> 因为，除"左"的错误路线，"文化大革命"将这座古庙宇内的一些设施及碑文殿阁破坏以外，这座古庙宇整个主建筑基本表面宏伟完美。这座龙王庙始建于三四百年之前。柳林镇内的龙王庙，历史悠久。柳林人民深知龙王庙是旧时历届政府和广大人民把她作为柳林财政、金融、商贸、经济、文化教育百年来的活动中心，是柳林经济、文化繁荣昌盛的象征！！因为柳林龙王庙是一组多尊多种神殿的庙宇，长期以来它的活动在正月初二、初六、四月十八（古庙会）。龙王庙坪是长期集市活动的地方，在金代，早在国民政府时期，龙王庙是财政金融中心。商务会就驻扎西偏院内。庙内住着"商团"（吃住武装都在院内），后院的东西厢房开设私塾学堂，前院的东西

厢房都是买卖铺面。山门外是闹市中心。同时也是文化娱乐活动的中心场所。

  国共合作期间，国共两党在一起开会。共产党的骨干分子在台上宣传抗日救亡的道理：那时期在龙王庙坪的闹市上真是，有歌声"工农商学兵，一齐来救亡，拿起我们的武器、刀枪……"龙王庙笑声浓浓，宣传马列党牺盟。一九三八年，日寇侵占了柳林镇，柳林沦陷后，起初日军三炮队军马驻扎在龙王庙前院的东西厢房。被日寇糟蹋，有原国民政府——柳林商务会会长，后为日本驻柳林"维持会"会长高乐天先生（现在听人说在台湾）。经高先生维持，日本人腾出了庙内的马队，并对龙王庙还进行了保护。龙王庙仍然又成了柳林人的经济、文化、娱乐的活动中心。（从这一点应该把它作一纪念）

  春雷一声震天响，东方发亮出太阳。一九四五年秋，共产党领导的八路军赶走了日本鬼子，解救了柳林镇。柳林又回到了人们自己的怀抱。新政府——柳林市人民政府在市长李信成的领导下管辖着晋绥边区柳林市的十二万人民。龙王庙仍然是柳林人们政治、经济、文化活动的中心！在这里开大会、斗汉奸、实行反奸、反霸、减租、减息、闹土改，还是在龙王庙的戏台上进行宣传工作。从历史事实上看龙王庙一直是当地人民重要的各种活动场所的中心之地。

  龙王庙确实是柳林繁荣的象征：有史以来，有龙王庙在农历四月十八定下来的古会——物资交流一直没有变。尽管随着社会变革发展的需要（扎粮站、住剧团）也还是一直把龙王庙这座文化、文物古迹保存下来！而且特别是戏台，有人说："省文化厅的同志来柳林后，看过龙王庙的戏台说'在全山西来说是独一无二，他的建筑宏大宽阔'。"又有老艺人们反映："柳林龙王庙的戏台在秦晋至内蒙古，这个戏台是独一无二，它高、宽、既收音、还发出的音清晰，唱起来又不费力气，音亮清晰，乐器攸雅，美极啦。"

我们认为："房地产开发公司"把龙王庙毁坏，修成商品房卖掉！实际上是一种毁坏文物古迹的恶劣行为。请领导、政府坚决制止他们的这种恶劣行为。"无论如何不要造成同群众对立的局面"（邓小平同志在中央工作会议闭幕会上的讲话《解放思想，实事求是，团结一致向前看》，一九七八年十二月十三日），"当领导就要集中人民群众的正确意见"，我们请求领导、政府在改革开放的当今，把柳林镇（现柳林县城区内）——龙王庙重新修补。使这座有古老历史（有观赏价值），政治、经济、民俗建筑艺术，多种纪念意义的古建筑景观与柳林共存。永远作为柳林人民消遣娱乐的游园之地。

敬礼！

柳林镇东居居民一、二、贺昌村三、四、五生产队
一九九二年　月　日

就这样，老马"管闲事"管出了龙王庙的案子，不仅挡住了拆庙，也改变了龙王庙之后的发展走向。"我们上访的事，闹得可凶。原来建设局局长要提升当副县长，我们闹得他副县长也没当成。张爱国他拆了龙王庙，拆了半疙瘩嘛，现在拆了恢复不起来嘛，火神殿也是重新修的，拆了一眼窑，拆了一根（面）墙，拆了一个大门，还有一个楼梯……在张的前任李清福手上拆的东墙，后任张爱国是要把庙全拆了搞房地产。李清福在任的时候，洪水把粮站粮食局里头都进了水，他看不行了，就把这个墙拆了，拆了之后，庙不是要毁了？后来张爱国手上（任上），唉，搞搞房地产吧！群众才不干呢……张爱国手上已经搞了钻探（勘测）了，挖了坑要拆庙。"老马还说后来上访的时候队伍里出了叛徒，给县里通风报信，"太原去了八九个人，他一个人跑回来了，他往回哄我们，哄地

叫回来嘛！'没事了！'谁也不回来。他一走，我们就倒腾（换）了地方，从桥东旅店倒到了山西省省委青年招待所。他就是抓也找不到了，是不是去抓了我们不知道，公安局是立了案。龙王庙的案子成为柳林四大案之一。龙王庙的案子县里说是造成了六万几的经济损失，因为钻探建设费。第二是破坏基本建设，再来是大搞迷信活动。那时不敢搞迷信活动，就是唱戏、放下鞭炮也不行，清唱一下也不叫唱，后来县里刘县长手上又叫唱了，文化局还给了二千块钱，是九几年的事。"

张生全当年正是在文化局长的任上经历了"龙王庙案"。虽然是龙王庙的同情者，但他身处的位置却在这场"官民"之争中显得很尴尬，他回忆道："1991年来，就是我的前任文化局长当了城建局长，龙王庙当时是剧团占用，剧团没有办公地方，演员住宿也比较困难，所以他就说了一部分搞商品（房）开发，一部分给柳林剧团搞宿舍，要在龙王庙院（里）建两座楼。当时他安排是这样安排，剧团拆了，修剧团的家属宿舍，大院搞开发，修一座商品楼，所以戏台拆迁没动，他先开始的是(在)大院挖地基，就是戏台院。他花了，城建局下属有个房地产开发公司，就雇人，一共花了两万多块钱，两万五六，在院子里挖了个坑。当时群众就出来阻挡，他们打发了一个傻乎乎的人来堵那个推土机，还有一个七十岁的老汉，就是这家出面的，就堵住了，铲车就不能动了。后来龙王庙就以老马为主吧，他搞了一个'告全县人民书'，又有贺昌村委，村委下属的九个小队，还有附近的三个居民委员会，都盖了章，发出去了，到处散发张贴，影响很大。当时县里头就抓住这个事情，立了案。当时定的是三条，一条是叫动乱，还有封建迷信，诈骗钱财。成了专案了，就要公检法检查了。老马这家们（他们）一看不妙了，这要抓人了，赶快就跑，跑到太原就不敢回来，家里面一个劲联系就不敢回来，回来就抓。当时的县委书记姓田，这是书记在大会上讲的,就按这三条。"

张生全作为当时的县文化局长,也参与了县里的专案组。他说:"县里的专案组由县人大主任牵头,还有什么公安局的政委,还有柳林镇的书记也是县常委,这家都参与了。参与是参与了,挂帅是挂帅了,谁也不具体办事。最后具体下面又设了一个专案小组,组长就成了我的组长了,文化局局长是组长,城建局出了一个副组长,柳林镇派出所的所长,贺昌村的李行山也参加了我们的专案组了。主要的人跑了,留下的次要的我们就叫来一个一个谈话,了解(一)下过程,又跟这些盖章的小队队长、三个居委主任、贺昌村的支部书记都接触,做了些调查。这个时候,可能这一伙老的们在太原也是找人了,找柳林老乡,找这些人联系地引见的,最后是找到了省委书记办公室和代省长办公室,没有找到本人。这些(人在)办公室就给省文物局打了电话,叫(派人)下来了解一下,调查一下这个事情,说群众要保护文物,而县里人家要抓(人)了,不敢回去,怎么的个事情(这个情况)?省文物局就派了三个人下来调查,来的时候就是从省委书记办公室打的电话,下来了解的。省文物局来了个人事处的处长,本地人,一个办公室的副主任,文物处也来了一个,三个人下来通过县长先了解。书记当时不在。一了解以后,县长就表了态了,龙王庙也不拆了,老百姓的问题也不追究了,反正就叫安全地回来吧,没事了,我们专案组的任务也就完了。主要的人也没有接触,也不能写检查,也不能告诉(谈话),兀家们(他们)也就回来了。最后群众把坑又填起来,也没有花钱,群众自己填的,自发地填起来又把那个戏台维修一下,龙王庙事件就这样不了了之了。"

1992年10月,山西省文物局的文件为拆庙风波画上了一个句号,老马一直保存着文件的复印件。

  柳林县人民政府:

    你县"房地产开发公司"未经批准,拆除县级文物保护单位——柳林镇龙王庙,是违反《中华人民共和国文物保护法》有关规定的,当地群众反映十分强烈,要求就地保护。就此,我局曾电告你县文化局,对拆除之事予以制止,但至今未曾见效。根据《中华人民共和国文物保护法》以及《山西省文物保护实施办法》规定,县级保护单位的搬迁、拆除,需经上一级文物行政主管部门批准。未经批准,任何人、任何单位不得随意拆除、搬迁。否则,将追究有关责任者的法律责任。另:关于群众集资保护、修缮文物建筑之事,希能给予支持为盼。

山西省文物局

92.10.19

晋文物出字第(20)号

4. 世俗的侵占与"神"的回归

《龙王庙重修碑记》里同样无暇顾及的还有新中国成立之后各单位对龙王庙没完没了的占用。随着龙王庙躲过为房地产开发"腾地方"的厄运之后,喧嚣一时的"龙王庙案"尘埃落定。居民们自发回填了被挖开的基坑,捐款修缮了戏台。但是龙王庙这时依然还不是个"庙"。没有神的龙王庙仍然被人们当作一个世俗的居住空间占用着。老马他们的公开信中有这样一段话:"尽管随着社会变革发展的需要(扎粮站、住剧团)也还是一直把龙王庙这座文化、文物古迹保存下来!"虽然龙王庙的建筑没有在新中国成立之后瞬间坍塌,但各种"单位"的长期"占用"与蚕食使龙王庙不再是个"庙",而变成了一个世俗的建筑躯壳。正是在这样一种持久的"占用"之中,龙王庙在失去其"神"之后,其"形"也每况愈下,最终被推到濒于毁灭的边缘。

贺四牛后来回忆说:"龙王庙过去,高主人家那一片都是龙王庙的,建筑公司那一片。后来粮站、粮食局占用了龙王庙,伪阵谁也不敢说修庙啊,维护庙就把你架起来弄成反革命。后边是建筑公司占了,前面粮食局搬走以后又成了农业社,那个时候是生产队又占了,放粮食。后来柳林建县,又成了剧团了。柳林的很多学校就办在庙里。共产党也在庙里办公。要木料吧,就把庙的柱子拆掉。成立了保护组的时候,剧团已经倒了,家属还住在里面……龙王庙当时为什要拆迁呢?没有保护价值,人家说是说得很清楚。当时龙王庙就是剧团家住着,院里放着煤泥、炭、石子、砂,庙也不是个庙了,隔绝了……"

从1991年保庙开始自发结集的一帮骨干们组织的保护组,在保庙成功以后要做的就是让龙王庙重新成为一座"庙"。随着保护组在1999年得到官方的认可,马清和一帮骨干们开始在"柳林县文物旅游管理所龙王庙保护组"的名义下规划龙王庙的未来。要开始修缮工程,首先要做的就是结束使龙王庙在长达半个世纪的时间里有形无神、日益衰败的"占用"情况。2000年,小组在《关于修复柳林镇龙王庙(三霄娘娘)观音殿主体工程预算资金批拨可行性说明》中陈述了当时庙里的情况:

> 柳林县人民政府将龙王庙列为重点文物保护单位之后,1993年柳林县人民政府又树标(碑)保护。然而,龙王庙规模宏大(占地面积一千五百三十平方米),可是由于柳林自来水公司又在庙院"卖自来水",不能把庙院围墙堵严(修复),居民们修造,又在庙院放灰、泥、土、砖、沙、石头,还有的停放车辆。加之,龙王庙住的人过去是剧团的人,现在大部分不是,有的是拾破烂、做醋、做酱油,把龙王庙搞成垃圾场,只管糟蹋,不管清理,再加年久失修毁坏惨重,三霄娘娘楼上的走廊内昂台上都是堆放的垃圾等易燃杂物。甚至,有的居民在戏台上安装电锯,做木器活。真是,危机四伏。如不彻底"保护""抢救"修复,说不定哪一世,哪一日,哪一月,哪一年,这一座

柳林县城内、山西晋内及至中国北方,我们祖先遗留下来的古建筑文化珍品将不复存在。

在可行性说明发出后不久,龙王庙保护组在2000年3月向一直占用龙王庙的县晋剧团发出了最后通牒——《关于县晋剧团家属搬迁龙王庙的通知》:

……县晋剧团及其家属占住龙王庙以来,不仅没有起到保养、维护和维修本建筑的作用,反而使其遭受到不同程度的损坏,面临残损坍塌的危险。脏污物及易燃可燃物品至今仍乱存乱放,火险隐患十分严重。为贯彻"保护为主、抢救第一"和"有效保护、合理利用、加强管理"的文物工作方针和原则。认真执行国家文物局和省地方文物局最近分别发出的《立即开展消防安全大检查的紧急通知》,柳林县文物旅游管理所龙王庙保护组经请示上级主管部门后决定,近期将对龙王庙进行安全检查清理和抢救性修缮。请接此通知后,务必先将檐下的一切杂物清理干净,限期十天至半月内全部搬迁,否则采取法律措施。

搬迁显然不会在十天半个月内轻易完成,诸如搬迁人员的安置等问题又涉及各单位之间的拉拉扯扯。经过了将近一年来来回回的开会、协调,龙王庙才终于等到了"人走神回"的时刻。老马的笔记中记录了2001年正月十七保护组开会商议的内容。

1. 下礼拜一,找文物所,去的人:海光、四牛、刘廷帮、李月英、刘廷汉、马清、张秀珍。第二步找张生全,(谈)剧团移龙王庙的问题

2. 第三步,把观音殿、财神、火神、老爷等神位都搬移在龙王庙,同时天官会连大门上垃圾还不倒,光取利

3. 启动时,首先,自来水公司改接点

4. 星期二、三到离石找德文

5. 和二保商量,召集一些有关部门领导,想钱的办法

6. 请杨四平:送上县点东西

7. 最后会议决定:二月十九观音殿雇上一班响器,马上露饰、宣传、秧歌(扭)

在会议记录的最后,老马还写上了两句对子:

诸神喜迁移庙内,理所当然;
众人搬出去住家,早就应该。

接下来,老马的小本本上还记录了以下内容。

2001年2月14号,移迁神位。对联2元,蒸供献60个

海亮:香、表(纸)、鞭炮等

下午:杨四平,杏花酒2瓶、带鱼1条、过油等8个菜,大米饭加菜,烟1盒

编写,三干会后,召集抢修龙王庙

关于"启动"时,提案事宜

2001年3月23号,二人开始拆除娘娘(楼)上增修的风裹檐

2001年3月24号,搬迁自来水(公司),有自来水公司、文化局、文管所、村委、文物保组8人……

2001年3月25号,柳金鹰公司重新动工研究

2001年3月26号,柳林电视台新闻采访龙王庙开始动工修复的实况,以及旧庙旧貌全景和观音殿泥塑像摄制录像、搬迁家属情况

正如老马的对子中所说,众人搬出了,诸神迁入了,龙王庙又成了庙。

第二节 | 柳林盘子会——申报书以外的复杂变迁

1. "庙"？"棚棚"？"盘子"？——申报书与民间的解答

身为木匠与画工的"传承人"——盘子与庙的关联

> 那天我到宋家川,陕西吴堡,去了一下,寻木桩,宋家川的人们问我,我说是盘子上的,人家不懂,问是什会用,我说是正月十五搭起供神,兀家们问这是规定的还是个人们自兴的,我说是个人们自兴的。婆姨们说:"跟我们这的猪会会一样。"我说:"你们这氻什是猪会会?"人家说是正月十三,杀上一些猪,供到氻,布布搭的个棚棚,人们去了也是点香了,三四天完了,也是猪杀得一家一份。红火就是闹秧歌什请得来,弹唱什的。不供神,就是杀下一些猪,求个四季平安……都是搭的棚棚,就是供法不一样。

说这段话的是柳林县城郊区穆村的彩绘艺人白升厚,他和柳林镇上的木工艺人贾宝平一起在 2009 年因为制作盘子的手艺被批准为省级非物质文化遗产的传承人,当时他俩一个六十一岁,一个五十一岁。跟他们一起当上省级传承人的还有穆村九十一岁的木工艺人王清地,不过老人家两年后并没有进入国家级传承人申报名单,按贾宝平的说法是"没啦传承能力了"。现在五六十岁的这批艺人年少时目睹过"盘子"在"文化大革命"期间的"大落",后来也经历了它在 20 世纪八九十年代开放后的复兴,如今当它以"非物质文化遗产"之名"大起"之后,他们又成了盘子制作与技艺传承的中坚。围绕着"盘子"这一特殊形态所展开的"柳林盘子会"这一传统集中的区域也就是县城柳林三镇和柳林近郊的穆村。第一次到柳林后不久,贾宝平就带我去了白升厚家。虽然现在也有了"盘子艺人"的身份,但和木工宝平一样,身为彩绘师的白升厚也在盘子之外做庙宇古建的营生。白升厚是穆村二大队的,他说穆村人"耍手艺的多",柳林与穆村两地的盘子有很多都出自穆村工匠之手,他说这也是改革开放以后盘子首先在穆村恢复出现的原因之一。

木工与彩绘的"手艺人"成为"柳林盘子会"这样一个"文化空间"类型的非物质文化遗产的"传承人",其实也显现出物质化的盘子在盘子会这一民俗文化空间中所占据的关键地位。如果暂时忽略盘子这个夺人眼球的构造物,盘子会在很多人眼里就是一个天官会或小子会,它和柳林穆村以外诸多地方的那些"会会"并没有多少差别。且不说白升厚到黄河对岸的陕西吴堡拉木料时听说的"猪会会",出了柳林镇和镇郊的穆村,柳林县的南山、北山上乡村间正月十五前后的"会会"俯拾皆是,只不过没有盘子,自然不叫"盘子会",但大多仍然还是围绕着"天官"进行,主题也是保佑平安,求子求福,有些地方就把这些"会会"称作"天官会会"或"小子会会"。这些"会会"在组织形式上和柳林县城与穆村的盘子会十分相似,只不过唯独少了盘子。大些的村子里有天官庙或天官窑,天官会就围绕着这些庙和窑展开。而在没有庙的地方,人们就会搭起临时的棚棚(会棚)来过会。

申报书——凝练的官方描述

对于柳林盘子会,官方申报书上有一段凝练的"项目简介"[①]:

---

① 柳林县文化馆:《国家级非物质文化遗产名录项目申报书(柳林盘子会)》,2007年,第3页。

"柳林盘子会"又称"天官会会""小子会会",是流行于山西省柳林县县城及城郊穆村一带的盛大民俗文化活动。活动时间为农历正月十三至二十六,以元宵节为高潮。活动期间各街巷分段轮值,张灯结彩、高搭彩盘、遍点社火,或配以秧歌、弹唱,或佐以转九曲、斗活龙,汇聚十里乡亲,载歌载舞,共庆节日,祈求来年风调雨顺。

盘子民俗活动围绕"盘子"展开,"盘子"是一种制作非常精美的组合型阁楼式仿古建筑模型,也就是放大的神阁子,一般高约三到四米,分四角、六角及单层、双层等多种形式,其建筑材料多采用质地细密而又硬实的上等木料制作而成。这种木制的小阁楼按其自身的结构形式分设出几个甚至十几个神龛,分别供奉着天官、财神、送子娘娘、观音菩萨等。它实质上是一座不分佛道的浓缩性寺庙。

"就是个天官会!"——南北山上的庙、"棚棚"和"会会"

申报书里的盘子会看起来似乎有一个只限于柳林镇的独立发展过程,但是当独特的盘子物质形式退到幕后,它的信仰基础、组织形式、节庆模式却与包围着县城的南北两山上的风俗显现出亲缘关系。对于从南北两山来到镇子上定居的人来说,盘子其实和他们村子里至今仍有的天官庙与棚棚的功能并没有太大的分别。

2009年正月二十,离柳林三十多里地的北山碾则山村为"小子会会"请来了外地的歌舞班子,在天官庙前搭了台子闹起红火。入夜,在柳林镇上做小生意的王侯平一家也赶回了村里。全村的男女老少聚集在天官庙前看歌舞,红火的阵势与柳林镇街道上大型的盘子会相差无几:同样是旺火熊熊,人头攒动。碾则山村里的"会会"也有主人家和纠首,关于村里"会会"的组织方式,主人家王树文介绍说:"主人家一个,纠首八个,每年换,今年的是选的,明年开始是抓纸蛋蛋的,去年就是这几个纠首,连着做了二年,去年正月二十抓了五年的……村里有一百二十户,一次起份子。十五是女子会会,二十是小子会会。正月初十(就)一次起好份子,说清楚跟十五多少,二十多少……"与镇上的盘子会一样,"会会"结束后,也会挨家挨户散份子,这里的份子是两个蛋糕和两根香烟。王树文给我看的小本本上已经把接下来五年的正月十五和正月二十的主人纠首,以及七月二十一华佗庙会与二月十九观音会的主人纠首全部选好了。庙里的香案前并没有人在照看,外面歌舞升平的红火背景下,时不时有村民进庙,放下布施,自己挑上锁锁,在香上转三转度了,满意地离开。

  柳林镇外北山成家庄的张家庄村也有天官庙,和村里的观音庙合在一处。村民王羔则说:"庙上的天官会每年有十来户纠首,负责扫卫生、来人侍应,(份子)想跟多少跟多少,一般十元,多的五六十……活动白天主要是香烟。"张家庄村的天官庙和观音庙的对面新修了戏台,一年就是正月十五天官会和二月十九观音会唱两次戏。"天官会原来在上边来着,移到这里才二三年。因为说是和观音庙离得太远,现在和观音庙移到一搭(一处)。修舞台的经费都是过节布施剩下的。"青龙化肥厂盘子会2010年主人家高满应儿子的新媳子(媳妇)的娘家在南山上的陈家湾,村子里的天官庙也是在近期恢复重建起来的。老婆也来自这个村子的高天说:"天官庙在恢复重建的时候,连村子里面嫁出去的老女小女都给她们发通知捐款。而且天官会,是个人口会,人们都愿意捐上点,让保佑家家人口兴旺,生下来的能够健康成长,所以人们也愿意。嫁出去的她们也乐于回来,到娘家上做贡献。建完以后还立个碑,(写上)哪个女孩捐了多少。"

  柳林周边还有些村子里现在并没有天官庙,每年正月只能用搭棚棚的简易方式来供敬天官。距离柳林镇更远一些的孟门镇白家坡就属于这种情况。在村子的一块空地上,钢管彩布搭起的棚棚里简单地放着供桌和天官牌位。村民白小峰说:"腊月二十几搭起的,临时的天官庙。原来有个固定的庙,后来拆了,所以临时搭。"现在迟迟没有重建天官庙的原因据说是找不到合适的场地。"村外太远,村里又没有一个好地形(位置),村里没有公共场地,个人(私人)人家谁也不让修,老辈的人说,庙跟前住的人家不好。"跟着贾宝平在柳林龙王庙里搞古建修复的泥工高天平老家在六十里以外南山上的留誉镇,他平时住在柳林打工不回村,家中有事或过年赶会的时候才回。元宵的天官会就是一个必须赶的"会会"。高天平的村子里现在既没有庙也没有盘子,他说:"不搞盘子,搭盘子需要经济实力。我们都是正月十五,临时搭个活动房,用彩条塑料布搭,在里面伺候一下天官就行了,一般三到五天。"

来自北山上孟门镇的曹会斌在柳林镇上生活了多年,他觉得盘子会并不像一些人描述的那样神乎其神,不论是搭棚棚、修庙,还是柳林的盘子会,都只是普遍存在的天官会的一种形式:

> 本身就是个天官会……其实柳林盘子并不神秘……过去农村,标准的天官会,在村外有个固定的天官庙。然后在正月十四,纠首们,我们村五家一个纠首,在集体的院子里面,用木椽子搭个棚子,外面蒙上白布,里面放上桌子,放上面食的供献(供品),写上吊则,红绿粉色纸写成八条对联,外面点上旺火。正月十四中午,纠首在天官庙里把牌位请回来,木头牌位用红布包住,请回来放到棚子里的正面,把庙里的神请到村里了,晚上闹秧歌,唱二人台,全村人都去,十五晚上也闹,十六下午把牌位又送到庙里,把棚子收拾了,纠首把东西、长短钱也移交给下一届。有的村比较穷困,修不起天官庙,到元宵节的时候,临时搭个棚子,对着外面,指一下,象征性地请回来……搭的棚子用钢管焊的一个,能卸开,不用就放起来,像

我们曹家塔……有的村,干脆修个小的庙,天官会,或天官庙,也不用在外面请,也不用搭了……实际上柳林的盘子和乡下的天官会实际上是一起的,只是搭得不一样……天官会在中阳有,离石有,方山、临县也有,陕北的吴堡也有,我亲眼见。吴堡在城里的天官会还不如柳林好一点的乡村的,因为那里穷困,财政不行。供的都是天官,你穿的一万元的,我穿的一百的,但都是衣服,盘子割得再好,里面供奉的还是天官——主要东西。只不过柳林人多,有钱,热爱社会活动,所以热闹一点,华丽一点。城乡都是一样,不过你有钱,穿的一万的貂皮衣服,我是土布。

"为什成了个盘子?"——寸土寸金说

对于庙与神棚最终演变成盘子的原因,申报书里简单带过。如前面所引述的,是随着柳林镇商品经济迅速发展,因为"原始的神棚不能适应民间宗教信仰活动",才开始有匠人修建更为灵活的盘子的。今天的柳林人对这个变化也有自己的见解,其中我听到最多的就是"寸土寸金"一说。

曹会斌就是这样的观点:"城里地方小,没有土地,不好搭天官会,只好割一个小的盘子,随便放……经济条件好,生意人多,有钱,割得精致一点……"大概意思就是这个商贸繁盛的小镇上天官庙被小巧的盘子所取代的原因。我碰到的大多数柳林人都对这个观点持赞同态度,这里边也包括了青龙人马天宝,他说:"周围村村里面,小村村一个村村一个天官庙,有的村村两个天官庙,柳林为什么没有天官庙?这个东西没有怎么考证过,按我想吧啊,这个地方原来一贯就是个镇,集镇地方相对说来,人口比较集中,地盘比较小。"

除了地盘上的限制,关于盘子的由来马天宝还有一个见解:"人啊,不像一个家村子里边,一大家家、两大家家,村子姓什么的都姓什么,这个地方原来就是个镇……整个人口来说杂姓比较多,说姓什么的比较多,谁也搞不清楚……村子里基本上是一大家家人,一个老祖宗,刚开始人比较少,说咱闹个天官庙,闹起慢慢就形成一个东西,地盘比较宽阔。这二年发展的,说是没有住房的少,在以前,在柳林这个地方,没有住房的人很多很多,有的几辈家就是租赁的房子住,没有自己的房子,流动性大。集体闹的些东西,一个没有个地形,朝哪里闹,闹到山上僻背处,又不行。朝集中这些地方闹,人连修地方的地方也没有,朝哪闹?再一个人比较杂,这一家来这个地方五十年了,那一家来了三十年了,有的刚来的,还有住了几年走了的,人流动性大。形式比较复杂,没有一个真正的老祖宗……我看不知道到什么时候,怎么说是弄起。先开始可能也是说:'人家那些村村里面有天官庙了,咱这没有,正月十五怎么地闹?'先开始就搭挂起那些啊,慢慢地在这耷供敬,供敬得供敬得好了,就仿照庙的那个形式,用木石弄起来,弄起来,正月十五动了,搭出来,过了十五就拆了放了,这不是地皮也不用用了?呀地也能!慢慢地演变越来越好。"

乡村"天官会会"中的庙宇和棚棚在柳林这样一个商贸之地由占地较少、灵活方便却又足够精美的盘子所取代似乎的确是个合理的解释。在国家级非物质文化遗产项目的申报书中有这样的叙述:

"盘子会"起源于古代搭棚祭神活动。明代,柳林镇商品经济发展迅速,原始的神棚不能适应民间宗教信仰活动,开始有匠人模仿唐代之"祭盘",将民间庙宇与神像按比例缩小,精雕细刻,油漆彩绘,活卯活鞘,易装易拆易保存。这种浓缩的庙宇比用砖木修建的庙宇造价低廉,一般高约三到四米,有四角或六角,有单层或双层,内分几个神龛,供奉天官、财神、观音等神像,一座盘子就成为一处民间祭祀场所,活动场地可大可小，很受民众欢迎。到明末清初，形成了具有一定规模的柳林盘子会。①

"为什叫个盘子？"——关于名字的由来

一座看似凉亭又像神龛的构造物怎么就有了一个"盘子"的名字？申报书上的一段解释引经据典地暗示了它的由来：

> "柳林盘子会"的"盘子"是"盘子会"的核心和主要载体。"盘子"是古代"祭盘"的俗称。《唐语林》中，有一则出自《封氏见闻录》的记载："唐大历（公元766—779）年间，太原节度使辛景云之葬日，诸道节使使人修祭。范阳祭盘最为高大，刻木为尉迟鄂公突厥斗将之像。机关动作不异于生。祭讫，灵事欲过。使者谓曰：'对数未尽。'又停车，设项羽与汉高祖鸿门宴之像，良久乃毕。"柳林盘子，即是古代"祭盘"的一种传承。

然而，面对"为什叫个'盘子'？"的问题，当地一般人的答案中几乎没有提到"祭盘"的。也曾经有地方文化精英在书中将其归因于"盘子"与"盼子"谐音。② 不过我身边的柳林人大多觉得这个推论太过牵强，而更愿意把"盘子"与盛放物品的器皿联系在一起。贾宝平说："我估计，原来十五的这个会会估计也是有了，十五是天官，这个会会是肯定有……估计吧放个供桌，放个盘，供一供，再搭上个棚子，逐步逐步形成，不是说一下子这样。原来人们十五供天官，从家里弄个盘子要端出去，在家里蒸了供品，和香表放在这个木头做的盘上，双手端到哪个地方供敬。来回端来端去就成了盘子。大村镇有，小村子就没有，穆村是个仅次于柳林的大

---

① 柳林县文化馆：《国家级非物质文化遗产名录项目申报书（柳林盘子会）》，2007年，第3—4页。
② 参见白占全：《盘子文化探秘》，山西高校联合出版社1994年版。

村子,这里经商的财主多,小盘子到大盘子,有经济原因。"

老文化局长张生全也给出了相近的解释:"盘子叫我理解,实际上,原来老百姓家家户户都有这些木盘子,这些东西是用来做什呢?有些还是鎏金的,可漂亮,几乎家家户户都有,这个东西就是个载体,供神的时候一般就是供人敬人、供神敬神。你敬神的时候恭恭敬敬地把香表放在里头,把供献放在里头,来了客人,贵重的客人也是在盘子里面把菜放下,不是一碟碟地往下放?盘子实际上就是从这儿来的。咱如今的盘子也是个载体,里头也是供品都在里头放着,神神的牌位也在。和庙宇不一样,庙里头是塑的些神像,盘子里头谁也不塑些神像,都是画个神像,和牌位一样。实际上盘子的结构也是,下面是个供桌,画是画的供桌的样子,再上来是些木柜子的形式,这些柜子里头就是放东西的载体,顶子上是个古建顶顶,宫殿的顶顶。基本上三部分组成。供桌、柜子、古建顶顶。实际上它还是个载体,还和原来的木盘起的作用一样:摆供品。"

除了这个解释,张生全还有一个关于"盘子"名称由来的见解:"'盘子'和'地盘'能联系起来,它有这个区域性。盘子就是个社区的活动,这种区域性很强的活动。用这两种解释就行了。集体性很强。又不是集体的,又不是某一个人的,乡里的不是,村里的也不是,这一伙伙人呢,没大小,都是轮着当,都是平等的。盘子底面都是平等的,它体现了这样的平等。主人和纠首轮流做东,谁想当也可以,不说你出身贵贱,不说你做什,想当就当,推着轮也是一种义务。"

无论这些关于盘子名称由来的猜测是否能够被证实,但万变不离其宗的"天官会会"在柳林摇身变成了别具一格的盘子会是个不争的事实。在这一变化中,物质载体的变化起了关键作用。在申报书里,盘子的作用是如此被强调的:"'盘子'是盘子文化活动的中心器具,它一般由木料制作而成,从外形上看,是庙宇的高度浓缩,或者说是一个放大的神龛,其构思奇巧,造型美观,精雕细刻,油漆彩绘,尤为值得一提的是其活卯活鞘,易拆易装,被誉为'华夏一绝''中国民俗文化的奇丽瑰宝'"。①的确,如果没有盘子这一独特的构造物,普通的天官会会恐怕很难被形容成"华夏一绝"或"奇丽瑰宝"。

2. 盘子和庙的互变纠缠:"移动的庙宇"与"生根的盘子"

"会会"的本质不变,棚棚、庙与盘子这几种与天官会相关的可移动或不可移动的物质构造形式却在不同的时空中相互转化着,形成了复杂交织的发展方向:棚棚这种看似"前盘子"或"前庙宇"的简陋雏形,在后者被毁坏的时候成为其替代物。而与此同时,盘子和庙宇之间,也呈现出并非单向的变化轨迹。

庙分出去的盘子与盘子聚成的庙

2009年正月十六的下午,穆村三大队的"观音庙三官楼"的主人家王奴则在庙里上香。"观音庙三官楼"重建于1996年,总设计正是白升厚。碑记上显示最初的庙是在山梁上,"地势窄小犹分两阁观音居北三官向南"。到了清咸丰年间,"合村公议改砌锄家沟之西三孔窑洞前盖水檐正中"……这改建的三眼窑之中,"中窑观音东三官西华佗"。后来窑洞在新中国成立后"摧残殆尽建公仓库",直到1996年才在原来的台基上修了现在的"观音庙三官楼"。虽然叫"观音庙三官楼",其实这庙里除了观音和三官之外还供了华佗。三官,即天官、地官和水官,其中正月十五寿诞的天官正是"会会"上的主要角色。

---

① 柳林县文化馆:《国家级非物质文化遗产名录项目申报书(柳林盘子会)》,2007年,第6页。

按照主人家王奴则的说法，这里是穆村唯一的老庙，也是周围几座盘子的源头所在，"现在搭的盘子就是从这里送出去的，移出去的，六角盘子就是把这里的神请到它那边了……正月至二月十九开放，其他时间就关了……门钥匙有人拿，有人求就开门……以前的古庙在'文革'时候拆了，新庙是1998年建的……跟份子和跟盘子一样。那边的也过来跟，有的时候跟几边……大家集资建的庙，这里也有主人家纠首，也是一年轮一次，一百多户，一个主人九个纠首。明年是12个人，大前天就公布了……以前可能一辈子都轮不上，全穆村的都到这边来，现在就是周围的一百多户，但其他有的地方的也来跟。我们一个大队分成五个盘子，这就是其中的一个。"

拿盘子和庙相比较，王奴则觉得还是庙好些，"庙好嘛！这是老古留下来的。盘子拆了就没有了，这个是永久的，在这夅歇着，盘子是个临时的……兀家们不想跑这么多远，兀家们每一块的人集资起来搞一个盘子，从这里把这个神就请过去……雇那个响器，闹个牌位，做好一个木牌，用红布遮起来，请过去……三队的四个盘子都来请过……现在（盘子）也多不了了，就这五个了，闹不好以后又闹成一个了，有可能，因为这个庙发展了，要搭个台子，把这个个人的窑洞要盘下来，要搭个戏台子。兀家们伪面以后也没啦地形搭伪个盘子了。买窑洞搭戏台的钱从盘子上出，每年的钱，村委重视，赞助一部分……肯定跟过来闹这个红火的人多嘛，集中到一块啥也好搞嘛。估计今年要地搞下来了，大概二三年的事，现在正在跟房东家谈了，兀家们愿意。"王奴则认为，既然盘子会是从这里庙上的天官会分出去的，等这里的庙发展壮大了，又重新合并成一个天官会也是有可能的。

顶替过街楼的盘子

柳林青龙大街上马天宝家照相店旁边的赵家楼盘子恐怕是柳

林镇上拆盘最迟的。柳林盘子基本上一过二月二就难觅踪迹了，可赵家楼的盘子却还要在二月十九观音会上再红火一回。这座盘子如此特殊的原因其实很简单：它其实是此处原址上的一座"过街牌楼"的替代品，楼现在虽然不在了，但闹两回红火的传统却一直延续了下来。1951年出生的马天宝是土生土长的青龙人，从小就生活在赵家楼一带，据说年年都跟这个盘子，他如此讲述这个盘子特殊身份的来由："原来的街道比这窄，原来这耷家有个过街楼，底面有个圪洞子走人，上面有个楼楼，叫赵家楼。1971年建县的时候，上面修电厂，车来车去，这是唯一的一条路，车不得过去就把楼拆了……这里的赵家楼有个过街牌楼，街道是东西方向，楼楼也是东西两面开口子，朝西面家这面供的是天官，朝东面那半耷是观音。以前有这个楼楼的时候，没啦这个盘子，其他地方搭盘子，这耷就是跟这个楼楼。就是正月十五动了是供天官，垒火炉子在这面垒着，西面垒起。二月十九动了就是供观音，火炉就垒到东面了，我们小时候解不下，这是六十年代的时候。正月十五的时候和其他地方一样有红火，二月十九是其他地方没红火了，小时候还解不下，说那面垒起火炉了是做什咧，说是二月十九的观音会会。当时也不怎么隆重，就是垒上火炉子，垒上三夜，十八、十九、二十，点一下香就对了。"就这样，本来如庙宇般同时供奉着观音和天官的固定建筑赵家楼过街牌楼在拆毁后找到了一个移动的替代品，促成了一个同时担负天官会会和观音会会双重任务的特殊盘子的出现。

为盘子建房——再把盘子变成庙

穆村的"观音庙三官楼"和柳林青龙的赵家楼在特定的历史背景下实现了从固定的庙宇向移动的盘子的转化，前者是否能在庙宇复建发展之后真的像主人家王奴则所想的那样，实现从盘子到庙宇的逆向发展还不可知。但是，一种让"活卯活鞘，易拆易装"

的盘子固定生根的现象却在柳林镇上实实在在地出现了,这便是在盘子外面加盖房屋,让盘子重新变回庙的形态。虽然这样的做法现在还不算多见,但在憧憬盘子发展未来的时候,不止一个"主人家"表达过要给盘子建房的愿望。

我第一次看见并不搭在露天的盘子是在柳林镇西缘的庙湾。那里的人们在临街的坡地空场子上为盘子专门搭了一间房子。这座盘子一年四季放在里面不拆,每年元宵的时候拉开屋门就可以出盘子了,盘子旁边还有一个小房间供纠首们休息用。盘子上的纠首冯喜平告诉我这盘子是1994年割的,后来为了保护盘子又在1997年专门搭了这间天官社的房子。这样房子套盘子的情况并非独此一家。龙王庙保护组的首任组长马清家住在龙王庙背后石家沟的山坡上,原来跟的是下面的大盘子,后来邻里二十多户自拉大旗弄了一个盘子,几年后也为盘子专门盖了一间房子。盘子上的主人家说搭房子的原因一个是保护,再有一个就是省事,因为本来家户就少,现在的年轻人又都不会搭盘子,拆了就怕再也搭不起来了。

但毕竟柳林盘子的一大特色就是"灵活",因此对于给盘子"盖房",并非所有人都觉得合适。穆村的盘子制作艺人高功就对这样的做法有自己的看法:"杨家坪去年在观音楼的平房里面放了一个小盘子,固定的,不拆了。杜家湾也有固定的,就是天官庙……我觉得是拆下的好……人本身在正月上没有个活干,有气氛,讲究旺气。搭盘子大人小孩都能,小孩子也能。(固定的盘子)没有事干,没什么好做的!"在他看来,盘子的搭和拆本身就是会会红火的一部分。不过同为盘子艺人的贾宝平就比较认可这种搭房子的做法,他这些年割就的盘子中就有两个被人们加盖了房子,其中之一是锄沟中甲则的盘子。盘子外面加盖的房子已然被称作"天官楼",石碑上刻的《新建天官楼记》交代了这一工程的来龙去脉:

锄沟中甲则场所位于村中心。兹盘子初由木架构棚布，创为铁木合制式，进而于1998年新制为六角形三层式大型木雕盘子，在村内众"木盘"中独树一帜、遥遥领先。近年来更被县政府及有关团体人士重视。由于"木盘"每年需搭、拆，致令该文物之寿命难以延长，观者无不痛心疾首。2006年元宵节间，主人家、纠首人众倡议修建"木盘"套式楼，保护该文物，在信士梁生奎支持下委托纠首中刘计兵负责具体修建实施及账务往来事宜。土建工程于农历二月二十六开工，七月初四竣工，旋彩绘，安装卷闸、玻璃等，八月初六工竣告成。一座二层通体式天官楼巍然屹立，原"木盘"立于内，远望优美大方，近眺绚丽多彩。

其实，不仅仅是爱惜自己作品的盘子艺人贾宝平，我所接触过的十八米街盘子、龙王庙盘子和二轻局盘子的纠首主人家们都曾经或多或少地提到过将来要为"不拆的盘子"修固定房的美好愿望，似乎为每每遁形于瞬间的盘子找到空间上的永久归宿成了一些纠首主人家们向往的最高境界。而这样的"保护方法"到底好不好，供敬盘子的当地人、以割盘子为业的工匠艺人以及"文化遗产"的保护者们又各有各的看法。

3. 压制、复兴、波折与发展——补全的生命史

日本侵华期间，盘子会冷落下来，20世纪50年代初有所恢复，不久被视为"四旧"，"文化大革命"期间，盘子的制作艺人被当作牛鬼蛇神批斗，盘子会活动停止。从20世纪80年代开始，盘子会又逐渐恢复活跃起来。[①]

---

① 柳林县文化馆：《国家级非物质文化遗产名录项目申报书（柳林盘子会）》，2007年，第4页。

这是申报书中关于盘子会"历史渊源"的一段。简练的语句忽略了盘子会在 20 世纪 80 年代末所经历的一个重要波折。亲历那个时代的柳林人补全了对这些他们生命中重要时段的记忆。

压制——从抗战到"文化大革命"

据家住旧街的侯金柱回忆,旧街上二轻局附近的盘子在清朝的时候就有了,"有盘子,是日本人来了,把盘子烧了。我们原来老辈是说木头的,日本人把那个木头的盘子在这荤放着咧烧了火。日本人来了把门窗还烧了,不用说烧你这荤盘子了,日本人破坏可多了!"他说新中国成立以后还闹过盘子会,但却是采取一种简易的形式,"有时我们是在房子里边,拿那个棍子,椽子,木头,绳子,包着那个,挂的柏叶,一直就成那个样子,也是叫个盘子,反正供着个神了是一直供,不是个盘子。在房子外面,几个柱子,拿这个绳子柱子绕地,把那个柏树叶子挂上,叫盘子了……后来'文化大革命'了,谁也不敢搭了,'文化大革命'后了人才开始,又开始搞了二三年神棚,搞了几年神棚以后才开始割盘子……后来到了 1989 年以后了,这又说是人家少,几十户人家简单搞成地个,不了每年搞还要架椽子,麻烦死。"

"文化大革命"是盘子会活动受到压制的一段时期,但压制的大背景下盘子和相关的活动并没有彻底绝迹,而是以一种"地下"的形式保存着薪火。青龙赵家楼的马天宝回忆道:"从 1966 年开始,到 1976 年,十年时间吧,盘子不让闹了,也破坏了不少,是一个毁灭的阶段,像我们这荤的那个,将弄起就给破坏了,有个别没有破坏的也藏起来了,不敢依出(往外)摆,人们到正月十五就是偷着在没有人的地方,闹起个,供一供就对了。过街牌楼 70 年代拆了以后,人们用拆下的木石割了一个盘子,伪个盘子刚弄起还没啦油漆的时候,伪阵说要办农中,农业中学,没啦桌凳。当时'破四旧'了,就把盘子上的木石做了桌凳了,做了这个盘子就没啦了……拆了以后,正月十五,当时说这是一种迷信活动,人们就拿些废木料、竹枝,在僻静的地方,不敢在街上,临时搭挂起一个,棚棚,叫个盘子。仿造这个样子,也是供敬天官……在那个时候,孩子们小时候,也是和他们玩了,就是六十多公分高,闹了一个小的,摆在我院子里面。当时我们那个院子大,有五十来口人,院子里的人还都去那里点香。每年正月十五都弄出来,过了就收了,后来被红卫兵破坏了。我用细木头做的,不像现在能拆开,比较简陋,拆不开,拿钉子钉死。当时盘子的柱子,就是现在装潢上用的叫龙骨,实际上用的就是小木料。现在用的这些板,我用的都是牛皮纸,蒙起来。里面像那些神像、天花板,都是自己用水彩画的……每年都有,基本上没有断过,只不过是公开和不公开。"

"文化大革命"后的复兴潮起

"文化大革命"结束后,盘子会活动逐渐复兴开来,但过程也是起起伏伏。马天宝继续回忆道:"后来到了 80 年代,81 年、82 年,上面吼叫得不紧了,人们慢慢地又往起闹了,有保留下来的又摆出来了。到了 85 年、86 年,这𬣞的老百姓又凑得些钱,又闹得个铁的,用铁皮焊的个,也是个盘子。那个用了有四五年吧,人们说那个太简陋了,又积攒了些钱就割了这个盘子,到了 90 年代初期了。(现在)这个盘子去年又重油了一下,彩画了一下。"工匠贾宝平也还记得"文化大革命"刚结束后的情景,他说虽然"文化大革命"后没有马上恢复搭盘子,但是祭拜活动在 70 年代末就开始了,"79 年、80 年就开始了,没有公开搭。我小子 83 年生的,我结婚过两年生的,还是在龙王庙(盘子上)偷的鸡鸡,你看那阵子不是有了。83 年隔上个三几年,79 年还是 80 年,反正那时候就有了。那时候搭个布棚,椽子棍子搭个布,里面贴个画画,那会里头还有贴主席的画画,有柏叶和花装饰,伪阵是在龙王庙的门洞里头搭的……那个时候不让点香,晚上还查。78 年、79 年还认为这是迷信,不让弹唱,还是偷着供敬,真正公开搞是85年以后。"

在各处的棚棚半明半暗地搭了几年之后,"文化大革命"后首个恢复起来的盘子出现了,不过这个盘子不在柳林镇上,而是在相邻的穆村。穆村的盘子艺人白升厚回忆:"头一年穆村恢复有铁盘子,第二年才有木盘子。大概是85年左右。第二年(是)五金门市部那里的。当时柳林经济更好,听说盘子恢复了,把我们请上去,订了合同割好了才回穆村。"回忆起1985年的穆村恢复起来的第一个铁盘子,白升厚说:"伪阵一个盘子两千多块钱,买上些管子,买上些铁皮,我们两个焊,不挣工钱。"白升厚说穆村盘子的恢复首先也是搭布棚棚过天官会,"后来85年铁盘子,后来木盘子,穆村的木盘子有了,柳林也有了。"有了穆村盘子在县城周边的先行试水,柳林镇上的盘子也终于重新出现了。

突然的波折——官方文本中的缺席之声

然而柳林盘子的复兴潮刚开始涌动起来就被一个波折打断。关于这次延续数年的波折,申报书等官方文献都采取了沉默的态度。据侯金柱说,旧街上的一伙邻里在1989年也做了一个铁皮的盘子,但是做好以后国家突然又不让搞盘子会了,"说是迷信活动。到了九几年以后才敞开了,国家也支持了,这叫非物质文化遗产,这几年才成了官方的,县里还每年评比发奖。"家住龙王庙社区的康有旺也略微记得1989年之后那几年搭盘子的情况,他说:"搭建是悄悄搭建,点香也是悄悄地点,一到晚上12点,公安局、派出所看谁在磕头。"关于发生在"文化大革命"之后的这次波折,"柳林盘子会"的官方申报文本中并未提及,这让人想起龙王庙的碑记中对一些特殊历史时期或者事件的隐晦。如果说龙王庙的碑记有意无意地避谈20世纪90年代末城镇发展过程中地方行政决策上走的一次弯路的话,关于盘子境遇的历史在官方文本里也有一段奇怪空白,它关涉的是20世纪80年代末的这一次政治风向的反复。

1989年到1993年期间担任县委宣传部长的曹会斌那时候正身处风波的中心,他说:"我当宣传部长的时候,柳林县委不叫搞这个盘子,我非常爱搞,县委定了不让搞,当时县委定了封资修的东西,我内心很爱这个东西,定了不行……全城到处贴广告,开上司法局的车,到处喊,叫人停止搭盘子。好多老干部对我还有意见,说这个曹会斌实事求是,怎么也反对这东西。我在那个册册上小小地写了一点,那还是冒着最大的危险写的。后来我不当了,柳林才又逐步迸发出这个热情来。"曹会斌说的"那个册册"是《吕梁宣传》1992年9月推出的《柳林县群众文化工作专辑》,那时已接近盘子会所经历的这一次风波的尾声,《柳林县群众文化工作专辑》中这样写道:"然而,盘子的内容基本上是迷信活动。近年来在宣传部、文化局的指导下,街道居民积极响应,逐步取缔迷信对联、烧香求愿等带有封建色彩的内容,代之的是伟人像新对联……"①

老文化局长张生全也记得1990年前后的这一次思想潮流的反复和之后的大发展,他说:"大概是91年,在北京中央文化干部学院,办了个地市文化局长培训班,当时的部长是贺敬之,他也去讲了,副部长有高占祥都(来)代的课。那里面听了以后就思想比较解放了。人家的教授讲了,真正的无神论者不是把神鬼当成禁区,而是当成研究对象,当成欣赏品。我回来以后就跟领导们,宣传部长交换意见,汇报,说咱过去做法不妥当,教授都是这样讲的,部长们都是这样讲的,后来就开始放开了,这是91年。领导们也好接受。从94年就一直开这个盘子文化研讨会,这就年年春节开。94年开始调研盘子,把盘子集中起来,一年集中二十个、三十

---

① 白占全:《"柳林盘子"吐新翠》,《吕梁宣传》1992年第9期,第41页。

个,集中到一条街上,请省里面的民俗专家,请人民日报社的主编,请北京师范大学的那些教授,年年开,几乎没有中断。政府一提倡,群众就放开了,大量割的,这盘子基本上都是90年以后割的。这调研盘子以后也比赛了,看谁家的工艺好,原来都是单层的,后来改成二层的,还有搞三层的,民间也出来好多,木工,搞雕刻。像龙王庙的宝平,这都是后来的,原来仅仅是个模型工。这放开以后,这家们有了活法了。"

汇入"文化遗产"大潮

进入21世纪,当"文化遗产"大潮从北京涌动到全国各地的时候,柳林盘子会也被推入了这股潮流之中,在2006年成为省级非物质文化遗产后,2008年又晋升为国家级。柳林盘子会能从"省级非遗"一举晋升为"国家级非遗"成为振奋全县的大事,也不能不说与当时整个山西省的申报大环境以及当时的文化局领导在这件事上的积极性相关。文化局的前任局长张举平回忆道:"非遗全国申报五百多项,山西可能占了十分之一还多。山西(能有这么多国家级非遗)有两个原因。一是山西有一个拍摄组,省文化厅拍摄组拍下来送到文化部百分之百的中。再一个就是重视,像我们县里不重视,这里这个是我跑的,和我们的宣传部长跑的。我领上他跑的,我逼住他跑的。像孝义,是县长、财政局长、文化局长蹲在北京,把这作为县里的一个产业,像我们这里还没有弄成这个样子。"

文化系统干部的积极推动是非遗申报成功的重要因素,当地不少相关干部都有这样的看法。退休后办起"柳林文化研究会"支持"申遗"的曹会斌就说:"现在申报非物质文化遗产抢了,吕梁市中阳成了剪纸故乡了,唉,剪纸应该是柳林的,柳林靠黄河近,应该是临县、柳林,中阳有个文化馆馆长,汾阳人,退下来热心搞这个事,一群人,政府支持,就申报成中阳的了,中国的非物质文化遗产,谁家积极申报到谁家。"

在国家级非物质文化遗产的申报书中,盘子会对于柳林的意义被提到了一个前所未有的高度,各种运动一来就首先夹起尾巴、转入地下的柳林盘子会似乎终于要彻底地扬眉吐气了。申报书中"重要价值"一项中如此叙述:

"盘子会"作为柳林特有的一种民俗现象,不仅具有独特的审美价值,而且蕴含着深厚的文化内涵,有着突出的民族性和民众性。

一、"盘子会"保留了华北地区特别是黄土高原以民间信仰为特点的民间祭祀文化,是以黄土农耕经济为基础,又融合商品经济发展的文化类型的典型代表,是研究黄河流域中部地区民众生活和世界观的重要依据,在民俗学研究和人类学研究中有不可替代的作用。

二、"盘子会"是当地民间文化活动的"百科全书",以"盘子"为核心和载体,保留和传承了众多民间艺术和技艺,如民间弹唱、民间传说、民间社火、民间面塑、民间工艺、民间美术等等,丰富了民众的文化生活,是研究民间艺术传承史的重要依据。

三、"盘子会"保留了传承了民间社区组织,以每座"盘子"为核心,由一名"主人家"(社首)和七八名纠首组织社家,负责筹集钱资、搭盘、出盘、祭祀、娱神、卸盘等活动,社家每年轮换,民主推选、民主自治,是乡土社会稳定和谐的重要基础之一,对社会学研究具有重要价值。

四、"盘子会"具有相当的凝聚力,通过祭盘活动,娱神亦娱人的自娱自乐活动,能够化解纠纷和积怨,获得身心愉悦,增强民众团结与互助,对和谐社会的构建发挥着重要作用。[①]

[①] 柳林县文化馆:《国家级非物质文化遗产名录项目申报书(柳林盘子会)》,2007年,第8—9页。

宽松的政治环境、新晋煤炭大县的经济实力、政府打造地方文化品牌的努力和社区人群对曾经熟悉的盘子会在新环境中的再认识等因素也融合成一种复杂的促进力，悄然影响着柳林盘子会的复兴轨迹。此刻，随着盘子会作为国家级非物质文化遗产的身份地位的提升，其物质核心——盘子的外观结构、盘子的数量与流传范围以及盘子会的组织和运作都在经历变化。

样式、数量与影响上的今非昔比

　　现在，柳林盘子的外观越发复杂、"好看"了，数量也比原来要多。马天宝说："从我记事开始，以前最好的盘子也没有现在的盘子好，说是后来到了80年代，现在如今看着最好的盘子啊，大部分都是80年代以后起来的新盘子，什么三面面呀，有的八面面呀，两层层呀，三层层呀，都是80年代兴起来的，老以前就没有，根本没有，以前都是个老样子，就是中间大，两边小。如今修得越来越复杂，越来越好，越来越漂亮。以前就是一种，大体上就是这个样子……从我记事开始盘子脱离不了这个样子。80年代以后样子越来越复杂了。穆村艺人多。80年代以后兴起的，穆村先修起的第一个八角盘子，从那个开始，盘子越来越突破了原来的那个样子。继穆村的那个以后，这个盘子也算是少的了，前五名吧。锄沟有个六角的，贺昌大厦也有个六角的……原来的盘子样子，现在康家沟还有一个，比起现在好看的差得多了。里面的彩画和现在的用的不一样，有人说重画一下，文物所的不让……柳林有盘子历史的就柳林街道、青龙，比较早。实际上像后来80年代重兴起来以后，像刘家塌头那些比较富足的村村啊，也闹了也割，后来锄沟这些地方，正儿八经以前的时候这些地方很少，没有柳林青龙的多，现在的人生活条件也高了，人歇的地方也多了，住上一捆捆人以后，唉，咱们闹一个盘子吧，就闹起来了，现在从数量上从质量上比以前要多得多了，我们小时候也串了，柳林青龙哪里的盘子好也看了，现在你真要溜一圈，要看去，哎呀，也费劲。"

盘子的数量不仅在镇上和周边乡镇有所增多，就连邻近的吕梁市政府所在的离石区南关的街上也在1999年出现了第一个盘子，离石人刘永平说："这个东西原来在柳林，后来它流传到离石……99年就有了，只有二十五过会，十五没有，有钱的来捐款，就叫个'会会'，没儿女的求儿女。"盘子的侧板上题写着这座盘子的由来："离石市南关新建沟之居民于己卯年正月二十五日聚议，为传统元宵佳节增辉，为属地人丁康泰平安，千禧年办件千古盛事，筹资两万六千元，并责成专人几赴柳林一带民间考察，聘请名师，首筑离石第一仿古式彩楼盘子，现将筹委及出资名单公布，以晓谕后人。建造师一栏，是穆村一村委，王兴地……"贾宝平也知道离石的这座盘子，他说与柳林县相邻的中阳县现在也有盘子，"中阳、离石全是跟上柳林，柳林发展上去的，发展上去也是因为离石吧这些地方住着柳林人，柳林人实际上还可以……应该还是传播的过程。比如说北山上现在也有了盘子。在县委当了官的，他想给村里办个盘子，他自己出钱，在柳林工作，受柳林的影响，在他村里办个盘子。"

随着盘子成了国家级非物质文化遗产，自己也当上了"传承人"，贾宝平越来越倾向于把自己割的盘子当成艺术作品，也在琢磨怎么能让作品用得更方便，保存得更长久。在给北山上的村子割了一个有天坛般圆顶的固定盘子后，宝平现在手头上割着青龙的宝宁小区的一个六角形的盘子，这次的革新更大。新盘子由六个整体雕刻的部分组合起来，这意味着盘子最多只会拆分至六个部分，更细微的部件就不用每次搭拆了，这看起来像是在每年拆装与为盘子修起房屋不再拆装两种选择之间做出的一个折中的尝试。拆还是拆，只是不会拆到支离破碎。作为传承人的贾宝平不想看见自己的"作品"因为频繁的拆装而太快报废湮灭，"有时候自己还没啦下世了，东西就下世了，应该是它这个东西吧，流传下去，多少年多少年，谁谁谁，怎么怎么，应该是有价值的东西留下去。"但这个新的尝试是否能被大多数柳林人接受，还要等待时间的检验。

朴素传统的今不如昔？

在一片惊叹与赞美声中，柳林盘子会在复兴中出现的一些状况却也让部分柳林人感到不安。柳林的盘子是一代比一代精致，人们花费在盘子会上的开销也水涨船高。除了割盘子的价格今非昔比，每年盘子会上包括闹红火在内的各种花费也都与原来那种事事邻里自己动手的小本经营模式相比有了不小的变化。每年盘子会选出的纠首主人家可能会承担更大的压力。田家沟盘子上2009年的主人家赵金生觉得现在当主人家还是需要些"实力"的，"主人觉得自己贴钱数千块也行，二三十年才搞得上一次，下次不一定赶得上了，小社区一般都要投资一点的。"记得刚到柳林的时候，就曾有一个从南山上到柳林工作的文化干部跟我说过，盘子是"一种富贵文化，浪费实打实"。当时的我在吃惊之余便把这种感觉归因于两山上乡村中的贫困而朴素的生活背景。但后来我发现，柳林本地人也有不少对排场日渐大起来的盘子会活动越来越有种又爱又怕的复杂情结。锄沟的杜廷贵觉得现在当主人家是"受害"，"原来不是，原来是享利，火炉完了，那个炉渣自己家的小火也能用，有的人家够了一年的烧火了，不是有人争着当了？所以要轮了。其他的好处是起和收盘能吃上两顿饭。如今是受害了，每年有文艺节目，还要请外面的，花钱。你跟众人起吧，起得不多，摊下来几千块钱，如果不得够的话就是你自己往里头贴。原来是一年完了以后摊钱，一户摊两三毛钱，现在一户五十到一百，还不够花……三女儿家当主人家就贴了三千，有的还要贴几万块钱……现在是没人当，过去是轮流当。现在是选了，选吧，看着你有钱,大家说:'你当吧,你当吧!'今年当了,过一两年,又'当吧当吧,你当得好!'……有钱的好用纠首,没钱的,人家纠首听也不听……这个也有阶段了,过去那个盘子上,看你人口多少,一户起半斤白面,再穷的也要出,再就一家起个两毛到五毛,你也不敢摊多了。买些瓜果,五果五菜,鞭炮,香表,花纸,对联,就是这么多开支,不起灶。一个主人,六个纠首。有的户数少的就是一个主人,三个纠首,每个纠首看一夜,白天都是主人。过去都是三天的,现在时间长了,有五天的,有七天了。"

　　青龙人马天宝则是看到了不断增大的声势之中暴露的另一个问题——传统知识的散失。马天宝对盘子文化很有兴趣,"文化大革命"的时候还偷偷做过微型的小盘子,现在自家店就开在赵家楼盘子的旁边,所以也常会跟盘子会帮帮忙,比如帮着看看对子挂得对不对和设计二月十九观音会的传单。在他眼里,人们对盘子上的一些特殊讲究可真是今不如昔了,"以前要说盘子文化的话,从古到今有一套讲究了,现在弄得人们,哎呀,正儿八经在里面弄这些事情的没有几个人,就是为了说是红火啊,搭盘子了,闹起来吧。正儿八经在里边动脑筋啊,搞研究的没有几个人。像我们这里吧,几副对子,实际上没有一副挂得对。哎呀,麻烦!顺手提起来就给挂上,到底哪个上了哪个下了,也不管。去年我闹的这个,他们挂了,我又重配的,专门写的个纸纸告他们,我说哪个和哪个是一副,哪个和哪个是一副,没人理这个事情,当时我给它弄过来,弄过来后,今年我看又乱了。不想理它了。以前人们闹的时候,挺讲究的一个事情。"

　　除了传统知识的日渐散失,看着赵家楼盘子上的红火规模大起来,马天宝也有些自己的想法:"以前旺火垒得高,煤便宜,小孩子要踩上凳子垒旺火,现在煤贵了……我发现,这个事情,咱们在'文化大革命'那个年代,不让搞的时候,我们都感到说是对这个事情挺留恋,人们很热心这个事情。这二年放开了让人们搞,大部分人觉得麻烦。主人、纠首也是,当成这是一个任务,不干不行,真正出于内心……不让你搞的时候想搞,让你搞的时候又不想。有的人把这个意义变了,你像以前的话,闹这个花不了多少钱。供献吧,家家户户弄点面,弄起来的面,纠首捡这些年龄大些的,手艺巧些的,蒸得好的,这就是供献。炭也是家家户户,这家闹一块,那家闹两块,另外花钱的事情,一家也就是一块块、五毛毛,就行了,买点香火就把事情办了。现在不行了,现在也不问我们要炭也不问我们要面,来钱就行。纠首主人家他也不弄,有了钱就是那些买馍馍的,出钱,意义变了!像以前的灯都是人们手工做的那个灯,灯上有意义,什么龙灯、老虎灯、水果灯呀。现在都是花钱买,现在看着是比原来的花下了,比原来的漂亮下了,高级下来,但是弄来弄去人们都不会做这些事情了,没钱什也不能办,真正原来传统的意义逐步逐步地丢完了。"

第五章

反常之声：送不出去的盘子与龙王庙结局相反的两个"事月"

第一节 | 打破"规矩"的杂音：两座送不出去的盘子

1. 反常的连任

2009年的元宵节是我到柳林后的第一个元宵节。第一次接触盘子就发现"申报文本"里面的描述其实和现实的情况不总是一样的：盘子与盘子之间、盘子会与盘子会之间，从外观、材质到盘子会的组织形式其实存在着很大的差别。如果说盘子的外观变化总是朝着越来越复杂、绚烂的方向发展，那么在盘子会的组织形式上并没有一种可以辨识的总趋势，而是根据地域的不同呈现出一种组织形式的多样性。对此，申报书中有如下描述：

> 盘子活动也有它的组织机构，机构中的组成人员叫纠首。纠首的多少视区域大小和盘子活动的规模大小而定，少则三五个，多则七八个或者更多。纠首由区域内的男户主们轮流

出任。纠首们中还有一个为首的叫主人家,主人家的产生一般是从轮到的这班纠首中推选,负责组织管理纠首和盘子活动的所有事宜。

"盘子会"的组织为社区民众推举产生的社家,包括社首(主人家)与若干名纠首,社家合会共议,民主自治,诚信为本,行善积德,充分体现了民间组织的合作协调能力。社家年年更换,每家每户都可发挥作用,促进了民间社会秩序的稳定和经济的繁荣。①

虽然现实状况中纠首人数与推选方式呈现出了比申报书描述的大很多的灵活性,例如用"抓纸蛋蛋"的方法选纠首,但是层出不穷的主人家头衔无法移交换届的事例更让人诧异。我初到柳林最先碰到的两个社区的盘子会就是这样的"异类"。按一般的规矩,镇上盘子会的主人家都是每年一换,但是龙王庙的盘子的主人家高二平到 2009 年元宵就是连续第四年当主人家了,而十八米街上的盘子的主人家也硬是干到了第三年。当主人家可以一手统领盘子会上的大小事务,如果能一呼百应,在社区里也是有威望的表现。但是如果账面亏损,或是摊子太大、要求太高,抑或是碰上换新盘子的大事,都有可能出现众人不接盘子或主人家骑虎难下、移交不出去的情况。

往年的大年初三,十八米街上的盘子会就开始收份子钱了,但 2009 年直到大年初三,十八米街上的盘子会都还没有动静,虎子妈(贾宝平的老婆)说今年的情况是"死气沉沉"。宝平说有传闻今年是初六、初七开始收,但是到了初六、初七事情又推迟了。木工出身的贾宝平今年要负责三个盘子的搭拆。除了指导自己社区

---

① 柳林县文化馆:《国家级非物质文化遗产名录项目申报书(柳林盘子会)》,2007 年,第 5 页。

的纠首们搭建十八米街上的盘子,还带着手下的一帮木匠包下了来福区旧文化馆背后和龙王庙两处搭盘子的活儿。按照老传统,盘子都是由社区内的纠首们自己搭拆,但是现在的纠首们很多都不知道如何将这些骨架斗拱拼了拆、拆了拼,所以干脆雇上一班木工来做这个营生。年初八宝平就带着工人搭好了来福区旧文化馆背后的盘子,接下来就应该搭龙王庙社区的盘子了。

光杆司令高二平和意气风发的贾连富

  大年初九一大早,高二平就来龙王庙商量在庙里搭盘子的事儿。因为头一天喝记性茶的时候刘二娃说有传言今年县里又要举行盘子集中展览评比,所以高二平想如果这样的话就干脆把盘子搭到要集中的地方,一步到位,省事。可是给县里打了个电话,回答说评是要评,但是不集中,各社区就在原地搭。贾宝平在一旁对前几年集中展览的事发起了牢骚:"年年都是这样,几个主要的人看了就完了,给上一两千块钱,费劲,人家不去,就是给三五千人家也不去了。"既然不集中了,龙王庙的盘子往哪儿搭又是问题了。龙王庙的盘子会是由附近石家沟的住户组织起来的,和龙王庙并没有关系,但是和其他一两个附近社区的盘子一样,都把盘子寄放在龙王庙里。这个盘子原来在庙外搭过,今年想搭到庙里的戏台院里,只是戏台院里的停车场开张之后,不知道还有没有位置。四牛、高勤等一众人和高二平在办公室合计了一会儿,最后承包停车场的高勤同意腾出停车场一半的地方让搭盘子,另一半留给那些预订了一年停车位的车主。接近中午,贾宝平领着一班木工从戏台上搬下龙王庙盘子的家当,开始在院子里搭起来。高二平也跑到戏台上找这找那。问他什么时候开始到家户里起份子钱,他又是一脸愁云,"看吧,看明天,他们自家送得来,我都不想起了……"

  十八米街的盘子这时也搭开了,不停有电话打来催贾宝平过去指导纠首们搭盘子。十八米街盘子会的主人家是年轻人贾连富,虽然盘子也是两年没有移交出去,但是在精神面貌上似乎和龙王庙当了四年主人家的高二平大有不同。"这里是城区最热闹的地方,还要搭九曲、盘子、九曲、歌舞。这个盘子旧了,如果收入可以的话再换一个新的,有些图案现在都是画上去的,下次就要用雕刻,那就更精美了,但是有个前提是有个固定的地方,不能拆了搭、搭了拆,损坏太大。贾师(贾宝平)准备给我们设计一个……反正现在这个街上有个地方,中学有个厕所,现在有个大厕所已经修好了,原来的厕所,想通过上级把那个地方弄成一个活动中心……"说话的功夫,只听见一阵吆喝,纠首们把盘子的骨架立了起来,贾连富高喊:"放炮!放炮!"

大年初十的一大早,龙王庙的盘子搭得已经只剩下一个顶子了。这几天高二平几乎都是唱的独角戏,盘子上除了花钱雇来的工人,几乎看不到来相伙的纠首。这天早上,老高自己也没出现,来溜达的社区住户牟永安看见盘子上的情况就叹气,说一年不如一年,"看,来都不来了!"高二平这时其实也没在家歇着,见盘子搭得差不多了,便领了一群相伙的从观音庙出发,开始挨家起份子了。虽然盘子上相伙的局面不太好,但是家户里起份子有一群人帮衬着,场面上也还过得去。

在"盘子上"吃饭与在"盘子根底"商议

十八米街上的盘子规模比较大,加上又不是专业木工搭,速度相对要慢些。到了中午,纠首们一起去"盘子上"吃饭。这是临街巷子里的一栋两层楼房,一楼是存放盘子的仓库,二楼是灶和吃饭的餐厅。厅里还有几年前盘子会的合影。在灶上相伙的马凤青是盘子会里唯一的女人,人称"马大姐"。大姐说每年都会来相伙,"为了天官无私地奉献。这个地方是神神的。是两个小队的地,专门为这个盘子修的,每天帮忙的有五六十人。两个小队跟一个盘子。"纠首刘天宝边吃边说,这里是贺昌村的十三和十四小队,总共七百多户,去年起份子就起了七万多元。中午饭吃罢,一班纠首又接着忙活起来,直到晚饭前,盘子才算完工。一班纠首仍然是到"盘子上"吃饭。劳累了一天的纠首们馒头没少吃,白酒也没少喝。

平时说话不多的宝平,回到家兴致还没消,接着跟我说这十八米街的事:"现在是十八米街,原来叫南坪,以贾氏家族为主,叫作'坐地户',有几个贾家院,以旧街为界,南面是平的,北面就靠了山了,所以叫'南坪'。我们有家谱,明末清初的时候,我们是山西大宁人,贾家沟人士。祖先叫贾成禄,从那时迁移过来。我这是有家谱的,记录着怎么过来的,多少人多少人。当时用扁担,一担挑着两个男孩。长子在这里,次子给了李家垣姓李的。"老婆在一旁打趣地说:"你什也晓得!"宝平说:"家谱上全写着呢!就是李自成造反的时候。当时不是在柳林,是在锄沟落的户。后来从雍正年间,有一部分才过来柳林,如今锄沟还有我们姓贾的……原来就是纠首轮流照盘子,现在也有雇几个人挣工钱。盘子跟前,原来看上这个盘子吧,不挣钱,有时人们围个火炉子,放上盅酒放上个菜,晚上就在这个盘子跟前拉闲话,说这说那,说山说水。原来有人讲盘子上画的故事,二十四孝,小孩就受盘子的影响。'敬天地''孝父母'等等。原来家里没有人,都在盘子上,现在都在家里很舒服。原来盘子搭起,火炉垒起以后吧通宵都有人。原来很多事情吧,就在盘子根底商议,能成很多事情,好像说话吧,在家里说话不算数,一到那个盘子底下吧,说话就算数。"

2. 各自的难题

"今天开始收份子钱了,南坪的坐地户注意了,请配合点,不管是本地还是外地的都配合点。"正月十二一大早,十八米街上的大喇叭就吼开了。纠首们分成六个组带上小本本入户起份子了。贾宝平的弟弟老七是其中一个组的组长,一共要收一百五六十户的份子。柳林的元宵节盘子会有的是从正月十五一直延续到二十五,十五是"天官会",而二十五是"仓官会"或"人口会会"。有些地方连纠首都是不同的两拨人,但是合并的更多。老七说今年也是合在一起收份子钱。"以前分两次起钱,十五收三十、五十,二十五按人口收,因为是个人口会会,一口五元。后来太忙就合在一起收了,已经合收了5年了。老年人就由孩子们跟了。"

十八米街的难题

十八米街上的云江烟酒店是主人家贾连富的弟弟开的,正对着十八米街的盘子,所以就成了这几年十八米街上盘子会的联络点。纠首们都在这里碰头,开工间歇的时候也在这里抽烟和聊天。李永青是十八米街盘子会的"总管",每天都在这里张罗着盘子上的事,自然也能解释今年盘子上一些不太合乎常理的地方,他说:"往年初二就起钱,今年现在才起,腊月二十六就应该开会的,但没有开,有特殊情况。董事长贾连富的市场去年九月份关了门,就有部分社员闹事,股份制企业,两个小队的社员,还有社会股东,自从停了之后一直就没有开业,那个董事长主人家的心情也不好,腊月的会也没有开,收份子推迟到现在,有矛盾……明年(主人家)还是他,本来主人家是一年一换,他过去几年,比较年轻,又是本地人,声望挺高,都拥护他当这个主人家,他人手也多,他自己也是有企业,市场上也有二十多个人能帮忙。结果去年关了门以后,有个别社员闹,成了这个样。闹也是瞎闹,无理取闹。大多数还是帮助的,你看昨天,几十号人,这是个天官会,天官老爷保佑,能上手的能帮忙的都出来帮忙了。昨天闹事家都出来帮忙了,都来了。大的方向,在这个天官上不分派系了,平常的工作上,又分派系了。搞这个事,不分……主人家应该是要换,但他条件比较好一点,再一个问题是他推不出去。以前这个春文活动很简单,自从他当上这个主人家以后,他越闹越大,越闹越大,一年能摊头(花费)几十万,五六十万,越来越大,没有人敢接。什么时候不干了,这个九曲、盘子割新的,就换了,烂摊子不愿意接了。文艺活动投资少下了,人们怕说闲话。"

中午吃罢饭,贾老七和自己的组员在云江烟酒店里核对上午收份子的账目。收了八千多元,但是和小本本上记的有出入,于是几个人又一家一家地回忆,对账。账对得差不多了,老七带着手下的到一旁贺昌大厦地下的超市里买了些盘子上供品的材料,有糖果、龙口粉丝、黄花菜、珍珠蘑菇、木耳、紫菜、银耳,还有猪割下头的头一刀肉。老七边走边说,今年的灯泡就买了四千多块钱,这是要"一年一个新气象"。老七的小组晚上又入户收了十八米街盘子地界西缘的一栋楼内的份子钱。回店里一算,这一组今天共收了一万八千多元。

龙王庙的九曲

正月十三是柳林一些盘子出盘的时间。龙王庙对面蒸面塑供献的小店早就开始连夜赶工了。一些按预订蒸好的供献在小店里已经放不下了,被工人们提到了龙王庙的地下室里寄放。经过和四牛与高勤商量,高二平还是决定今年在龙王庙的戏台院搭起九曲。搭九曲对技术的要求没有搭盘子高,不用雇工人。高二平于是就在盘子跟前的扩音器里吼开了。叫社区里的纠首来相伙,只是应声来的人并没几个。来相伙的王二模说:"今年的纠首九个,主人家应该有两个,另一个主人家不知道,也没有开会。九个纠首也不知道是谁谁,肯定是九个,每年都是。"一旁的高二平接话:"纠首多了,十几二十个,关键是来不了。"盘子会的人气也需要有威望的主人家经营,只是这三年拖下来,龙王庙盘子跟前的人气似乎散掉了。

小雨中,老高开始走家串户喊人来相伙搭九曲。经挨家挨户这么一吆喝,盘子上来相伙的人也逐渐多了起来,一部分纠首开始在十八米街的两侧挂彩灯,而另一部分纠首就开始忙着搭九曲。九曲又叫九曲黄河阵,像迷宫一样,将二十四节气设在其中,转九曲的时候人们点着香走上一遭就象征把二十四个节气都过了,也就是满年通顺的意思。柳林并非每个盘子会都有九曲。高勤说柳林原来只有一个九曲,"我记得很小刚上学的时候,县城就一处,就在田家沟那里转九曲,满县城就那么一座。就那里有个比较宽敞的地方,用木棍竹竿搭起一个简陋的九曲,慢慢发展得就多了,近年来建筑多了,九曲又少了……像我今年四十多岁,小时候就一处,现在有几处。"十八米街的纠首刘天宝说按柳林的老传统,是在正月二十五上转九曲,"80年代后十五也闹,九曲十五人多,时间长,主要靠九曲赚钱。"

下午五点刚过,十八米街上的高音喇叭里就开始播放佛乐《南无观世音菩萨》,繁忙的十八米街口瞬间陷入一片祥和气氛之中。盘子里的各类供品已经尽数摆好,四面的香炉和蒲团也预备齐全了。不过这次十八米街上的出盘也和收份子一样好事多磨,好不容易主人家出现了,电灯又出了故障,最后直到晚上七点钟才正式出盘。

3. 抛却烦恼的正日子——满城尽红火

元宵前夜——点香

"金吾不禁元宵夜,神人共乐太平村",是老马告诉我的一副描写柳林元宵夜盛况的对子。据他说这是描写在金代统治的时候,平时晚上不让点灯,只有元宵三天让点灯。现在看来,元宵节是柳林最红火的日子一点不假。伴随着各处大小盘子的"出盘",柳林元宵的"正日子"就要来了。各种烦恼即将被热闹的红火所掩盖,盘子跟前流动的将是对满年通顺、人丁兴旺的祈盼。从正月十四

第五章　反常之声：送不出去的盘子与龙王庙结局相反的两个"事月"　｜　165

夜里到十五凌晨是柳林各处"盘子会"上集中祭拜进香的时间，整个柳林镇上炮声大作。各个社区的家户老小都端着自家准备的供献、花炮和香表到所属的盘子上拜天官。青龙化肥厂的盘子会已经有一户今年要给儿子娶媳妇的人家自告奋勇地承担下了明年主人家的任务，于是又趁着今晚上香的时机，让各家抓了一回"纸蛋蛋"，一共抓出九户，准备做明年的纠首。龙王庙和十八米街上的情况要复杂得多，下届的主人家是否移交得出去在这时候还没人知道，纠首会是哪些人就更是后话了。

并非所有的人家都挤在子夜的正点到盘子上点香。像贾宝平一家就选择错开高峰时间，在正月十五一大清早的四五点钟来点香。那时候的十八米街头刚下过雨，地上湿漉漉的，一片宁静中偶尔有零星的鞭炮声。宝平夫妇带着小儿子，端着供品到了盘子上。盘子跟前到处是鞭炮的碎屑。一旁的旺火已经烧得塌变了形，烧过和正在燃着余烬的炭块四散。一家在供敬完盘子四面的神仙之后，把带来的蒸卷卷穿在铁丝上，蹲在旺火边，寻着仍然燃着的炭火烤起了卷卷。据说吃了盘子上旺火烤的卷卷会给新年带来好运。

正日子、串盘子

正月十五是个大晴天。随着昨夜点香高潮的过去，前两天陆续出盘的大小盘子在明媚的日光下算是齐整地亮相了。柳林镇上沿贺昌大街、旧街和背道一线，山上、青龙和锄沟等地但凡有人群居住的地方就能看到盘子。贾宝平估摸柳林的盘子大概有五十几个，而官方的统计更是说县城共有一百二十余座。这些盘子制作年代不一，形态也不尽相同：从最简单的单层三面，到多层四面的，从铁皮子、铁架构加木斗拱到全木质结构的，应有尽有。眼前的柳林盘子样貌不一，供镇上和外来的人们品头论足。不过任一个盘子简陋也好、精美也罢，背后都有历经年年岁岁积攒下的人的故事。

　　几年前就搬去了十八米街的康巧英一直还跟着旧街背道上小堡寨的盘子。今年丈夫是这里的主人家，所以她今天替丈夫在盘子上照看着。"十八米街今年还跟我家去起钱去了，我说今年不跟，今年是这边的主人家，不跟那个，明年再说吧。哎呀，跟上这个盘子二十年了，一年也没有停歇，年年跟。哪里的盘子也没有我们这个盘子好，你看里面画的那，全有情绪。要是走马看花，就会说人家的盘子好，要是叫老人们会看的吧，就会说这个盘子好。"巧英说这个盘子是 1990 年让贾宝平割的，现在想叫宝平再修缮翻新一下，给两万块钱，宝平说不行。说轮到后年的主人家表态，后年不起份子了，要自己投资割上新盘子，还要大红火一番。巧英又说起十八米街上的盘子，"实际是两边都要跟，忙得顾不上。"一旁来点香的老王说自己跟了三处的盘子，分别是现在居住地十八米街上的、这里的以及龙王庙的。搬过家的柳林人跟几处的盘子并不少见。来镇上打工的人有时也会跟上几处。在明清街上卖碗团和凉菜的王侯平就是这样：租住的地方在沙垣圪廊的坡上，跟一份；店在明清街上，跟一份；三十里外老家的碾则山村里还要跟一份——不过那里出了镇子，没有盘子，跟的就是天官庙了。每到正月二十的时候，全家都回村赶会。

入夜闹红火

　　正月十五的晚上，十八米街上人头攒动。转九曲的人排队排出了贺昌大街的街口外；而在十八米街靠 307 国道的一侧，看歌舞的人也已经把大街的入口挤得水泄不通。龙王庙这边也一扫搭盘子时的冷清。九曲的规模虽然比十八米街上小很多，但人气还是有的，人多的时候也排起了队。盘子会借用宝平割盘子修庙用的木料搭起了台子，准备给一会儿的弹唱表演做舞台。主人家高二平的脸上也没了前几天的晦气，前前后后地忙活着，一会儿对着话

第五章　反常之声：送不出去的盘子与龙王庙结局相反的两个"事月"

筒吆喝人们来转九曲，一会儿又到门口和一帮邻居们一起敲锣打鼓。连日来在停车场进进出出的私家车主们也都被高勤提前打了招呼，各自腾地。整个戏台院又成了社区的公共空间：这里有的是盘子、九曲、弹唱和喜笑颜开的人们。

小堡寨盘子隔壁牛家的大孙女牛娟今年上高三，白天还要上课，所以直到十五的晚上才来家门口的盘子上补着点香，"十八米街的盘子最好，以前是来福区的最好，现在第二了。南山的九曲修了两年。十八米街的九曲人多，没有转上，想去南山的又没有时间，所以明晚想去龙王庙转转……喜欢盘子，小小柳林有这个盘子不错，大街小巷都有。"牛娟手里拿着为爸爸买的锁锁，说是车上挂的，保佑一路顺风。"以前也给自己买，现在大了，不买了。现在高三想玩不能玩，想在家睡觉，但外面太红火了，毕竟是柳林的一个节日，太高兴了！"小堡寨盘子据说是从中背道上的五道庙盘子分出来的。五道庙在"文化大革命"的时候就拆了，神像也被砸了，剩下了两孔窑洞，存放着附近的两副盘子。五道庙盘子的主人家老穆今年也是移交不出去，明年还要接着干一年，"这个盘子十四五年了，快淘汰了。街上的盘子也是支出去的，人家分开了，就新弄了一个。人家太多，意见不统一。上面小堡寨的盘子也是从这儿分出去的，一家分了三家。"

正月十五的天官会活动一直到十七就算是告一段落了。正月十七的下午，主人家贾连富又在十八米街的盘子上点香，拜了一圈。纠首们就下了灯，取出了盘子上的供献，集中到天官社里，将那些早已干硬了的蒸制供献切了，按重量分了装袋，准备一户户地给交过份子钱的家户送去，柳林人把这叫作"散份子"。到这一天，柳林的一部分盘子就算完成了今年的使命，彻底消失。小堡寨和青龙化肥厂的盘子都在此列。而另一些盘子会则是暂停红火，撤出供品，散一回"份子"之后让空盘子留在原地，等到正月二十五的时候再闹一回红火。龙王庙和十八米街上的盘子属于后面这一类。

重红火一回——正月二十五的仓官会

正月二十三，龙王庙盘子的主人家高二平一边准备着正月二十五重新出盘，一边盘算起了今年盘子的移交问题，毕竟过了二十五这问题还是跑不掉的。他说："想让年轻人干。过了二十五，供品上的大供纠首每人一个，新主人家是得枣山，还有一块被面子。我只管主人家，纠首他再自己挑。计划是田勇勇，还没有做好思想工作。现在的问题是盘子放到哪里，现在想找个合适的地方存放。想修个固定的地方，庙上不愿意，难说！二十五完了之后看大家的意见。计划讨论一下，地形、资金，看让不让修，不行就只好还放在舞台上了。"不过无论如何，还是要先把正月二十五仓官会的红火办完再说。

十八米街盘子正月二十三的下午也会再次出盘起戏。刘天宝和一班纠首们在盘子上又准备好了一套全新的供献，花样和正月十五一样：供菜里有香菇、土豆、银耳、木耳、粉条、黄花和肉块。盘子有四面，每面的神神跟前都有这么一套。除了供菜，还有各式蒸制的面塑：大供、寿桃、佛手和羊腿把各十五个，外加卷卷二十五个。更为特殊的蒸制供献是人形的大枣山、中空的立方体"枣洞洞"，以及鱼、猪、羊"三牲"。此外还有各式果品：葡萄、菠萝、橙子、香蕉、酒枣、炸花、柿饼、葡萄干、瓜子、糖、花生等等。四面神神中观音的供品稍有不同，据说是因为佛家吃素，羊腿把用桃代替，肉用粉丝代替，而且没了三牲。由于正月二十五不再是天官会，在侧面的仓官成了主神，出盘时的祭拜顺序也变了过来。

到了正月二十四，镇上那些在元宵之后冷清了一阵子的盘子又都出盘了，不过天公似乎又有意捉弄柳林人，或是司管农业的仓官想用瑞雪来传达一个丰年的讯息，柳林的天空又阴沉了下来，细雨中还夹杂着雪花。对于爱闹红火的柳林人来说,这个天气跟正月十四的小雨一样有些不凑巧。龙王庙盘子上响着蹦迪的音乐,灯也亮着,但盘子跟前只有几个孩子在耍闹。被高二平寄予厚望的田勇勇一个人在门房里,看着冷清的盘子,"今天就完了,明天天开了,地很快就干了。"晚上九点半钟,十八米街上的九曲和盘子上卖锁锁的就早早地收了。但是盘子上的"事"并没有结束。柳林正月二十五的仓官会同时也是个"小子会会"。柳林人田保全还记得小时候的儿歌,"仓官仓官填仓来,夹门上送来个赤腚小子来",他说:"以前谁家生不下孩子,放个面塑的狗,倒些灯油,点起放在门外面,叫'偷狗狗'。今年偷了狗狗,明年生下生不下都要还。"后来"偷狗狗"在柳林演变成了"偷鸡鸡"。正月十五、二十五都有"偷鸡鸡"的人家。"鸡鸡"就是插在棍子上的面塑小鸡,因为二十五又是"小子会会",所以一般盘子上在二十五准备的"鸡鸡"更多。盘子上可以"偷"的东西其实很多,除了"鸡鸡",据说偷盘子上的"花花"可以生闺女,而偷了盘子上的大供,则可以让孩子长得健康。

刘天宝与"偷鸡鸡"

盘子上一般都有个类似庙里站殿的角色,知晓各种供品的摆放和祭拜的规矩,关键时候还要张罗着帮有求于天官爷的人偷鸡鸡和花花。十八米街上的刘天宝扮演的就是这个角色,是几年前接的贾宝平母亲的班。晚上九点半刚过,就有老婆婆来盘子上把天宝叫到一边说悄悄话,说待会要上六十块钱,图个六六大顺:"我现在是先出来寻熟人打个招呼,不了等会你忙乱得顾不下。"老婆婆是天宝的老邻居,现在住在十二米街上,女儿想要生小子,说也不知道十八米街盘子上的鸡鸡如何偷,所以今天特地来找十八米街上照看盘子的老邻居帮忙。天宝应承下来,就让老婆婆回去准备了。老太临走还在念叨:"明年养下后年还,顺顺利利!"

临近午夜，雨雪越发大了，开始有人来盘子上还愿送灯了。刚才来打过招呼的老婆婆也端着准备好的香表过来了，看看时间还没有到，外面又飘着雨，就把东西小心翼翼地放在盘子后面的遮板里面，又叮嘱主人家的媳妇帮着照看好。天宝忙着在盘子后面找铁丝，要帮送灯的人挂灯。婆婆不停地打问着时辰到了没有。在天官会的灶上相伙的马大姐也领着女儿来了，让女儿先在蒲团上磕头。远近处炮声渐响，老婆婆也紧张了起来。天宝和另一个纠首合力抬下了观音一面的隔扇玻璃。马大姐把早已攥在手里的布施钱扔进了盘子里。天宝从兜里掏出手套戴上，从枣洞洞盖上拔下两根鸡鸡，然后揭开枣洞洞的盖子，从里面掏出了一把核桃和枣，和刚才的鸡鸡一起放进了马大姐女儿的围裙里，要她不要耽搁，也不要说话，"利索回！"

另有一家人带着摆放了两个大供的托盘来点香放炮，大供上面各插了四个鸡鸡，天宝说这是来还愿的。天宝一边把他们带来的十五个卷卷放入盘子，一边叫他们开始点香，"三十六炷哦！一个香炉上三炷香。"这时候老婆婆也开始点香了。天宝不停指导来点香的人先点中间的香炉，"先敬中间嘛！"一个年轻女子独自来到盘子跟前，要偷鸡鸡。天宝从枣洞洞盖子上又取了两个鸡鸡，给女子塞到了毛衣下边，不忘提醒她给神神上布施，女孩显然没有准备好，不过天宝只是稍稍责备便放她走了，"要先问，问清楚了再办事！"女孩走后，暂时得闲的天宝又把原来放在下面的鸡鸡拿了几个，插到枣洞洞盖上，"一般都是这个样，从那个上边偷的。"老婆婆香烧了一圈，又把准备的黄表纸展开。马大姐挑了个锁，在正面的香炉上左三圈右三圈地"度"了，喜滋滋地准备拿走。天宝提醒她今天的正面不是天官一面，让她换了仓官一面重"度"。婆婆笨拙地用手拿着黄表纸烧，也不理会天宝"有盆子嘛！"的吆喝。烧罢，双手合十低头祷告，足足祷告了三五分钟。

远处又来了一对年纪稍长的夫妇,看似早和天宝打好了招呼。一见他们出现,天宝就心领神会地挥挥手,也不多说话,将他们引到盘子前,指导他们如何点香。来点香的贾老七要天宝帮着度锁锁,天宝手里拿着蜡烛看着刚来的夫妇,让老七自己度,打趣地说:"这个老师傅该牛×的时候要牛×一下。"天宝又呼喊出了一个在烟酒店里歇着的纠首,帮老婆婆放鞭炮。放了鞭炮,天宝取了两个鸡鸡,让主人家的媳妇寻出了个虎年的锁锁,叫婆婆"乍乍地依回走"(麻利地往回走)。年长的妇女走到盘子跟前,天宝让她撩衣边,放了一把枣核桃、两个鸡鸡。妇人不确定地问了句:"就这些?"天宝忙说:"不跟你说话了,回吧!"妇人赶忙拿了锁锁,一脸虔诚地匆匆离开了。天宝这才重新插好枣洞洞上的鸡鸡,盖回原处。妇人走后,盘子上也渐渐冷清了下来,于是大家张罗着收摊。天宝收拾了仓官这一面里今天新投的布施,和贾老七一起搬起玻璃罩复原。直到正月二十五的凌晨一点多,十八米街的盘子上才平静下来,云江烟酒店的铁闸门拉下,大家散去,雪也渐停了。

　　说来也巧,雨雪交加的正月二十四一过,正月二十五也像正月十五一样雨过天晴。相比十五的那些人山人海的大台歌舞,二十五入夜的红火表演多是柳林传统的弹唱,表演和观众的规模都稍微小些,一些已经拆了盘子的地方仍然垒起了旺火。十八米街由于有九曲,人气还是不减。天宝和一群纠首在九曲跟前敲锣打鼓。主人家的媳妇拉着怀了孕的妯娌转九曲,一旁的老李说:"转,转了好生小子!"九曲是盘子上收入的大项,据说十八米街上二十五晚上九曲收入是一万七千元,锁锁则卖了九千元。到了正月二十六,九曲冷清下来,收入只有三千多元。十点半钟,九曲中已经没什么人了,门口的纠首开始吆喝:"快来,五块、十块、一百随意,今年再就不能转了,要打择了,明(天)就拆了!"吆喝招徕了一些旁边贺昌中学刚下课的学生。柳林正月上的这场红火渐入尾声。

4. 最终解决的大问题——一波三折的移交

龙王庙盘子会：新主人家的敲定

比起青龙化肥厂和小堡寨这些早已利索移交的盘子，十八米街和龙王庙两处盘子既然前几年没有移交出手，2009年恐怕也不会太顺利。正月二十七，龙王庙的主人家高二平已经在撤盘子里的供献，准备装袋"散份子"。他说这盘子明天还不一定拆得了，因为没定下来存放的地方，"估计今年要搭房子，不然台上不能放了，不能丢东西。"他接着又说自己相中的新主人家田勇勇不肯接手，说要找到了放盘子的房子才肯接。不一会儿，这几天一直在盘子上相伙的王二模过来了，老高说让他做明年的副主人。二模嘴上没有答应，但是手上却开始和老高在上份子的本本上勾起人家来，一共勾出了二十家。又过了一会儿，田勇勇也到了盘子跟前，看见二模在就想说服他和自己一块搭档做下届的主人家。二模还是没有马上应承，而是说："你把我弄成个相伙的就对了！"田勇勇不依："你弄上个主人家！不和你配担（搭档）我也不接手，我就是看你呢，弄个相伙作甚？弄个主人家，商商议议的事情！"老高见移交有望，也在旁边附和，说连主人带纠首一共二十个，"双双对对！"说让高勤那里拿个红纸写了就对了。二模依然没答应和田勇勇搭档做主人家，而是又看了看勾出的名字，说要把"永桂"弄成个主人家。田勇勇说行，但是还是不愿意放走二模，说："要盘子上能解下（懂），九曲上也能解下，就是要这种人，不然来个人什也埋（做）不成，就是要和你配担！"一旁的老高也帮腔称赞二模："如今二模起码是都解下，（盘子）什么在哪里放。"田勇勇说："平安管电，海平设计九曲，二模就是（管）盘子。"接着又让二模放心，"今年接手明年就移交出去了，二十七就移交，移交不出去再移交给老高！"二模又提出盘子没处放的问题。老高说："明，明咱坐到饭店,咱和人们商量。"田勇勇又说:"咱把院里这些人先固定再说!"二模这才算是半推半就地答应了。

事情到这里进展得颇为顺利,三人接下来就着手一起把份子送给名单上勾出的下届纠首。高二平和田勇勇在前面拎着装了份子的红塑料袋,二模跟在后面放鞭炮,一家家地送了过去。被送到的家户反应不一,有的爽快接下,说:"不怕,来吧,明年随叫随到啊!"有的却遇到了麻烦。其中一家的女主人,接到份子回过神来赶紧跟出来把份子撂在门口的窗台上,死活不愿意再接,还让老高跟当家的在电话里说。二模在一旁对妇人说:"是叫你家小子当!"妇人回答:"晓得了,小子不在,一到正月上人家就走了,明年更加走得早,一到正月上,更加顾不行!"老高那边对着电话里的当家的喊:"哎呀,不是看不起你,是看起你的侯鬼(小孩)来了……如今还没有贴出来了,好好好,你想当就让你当吧……"事情总算是解决了,二模也如释重负地说这家是"父子两个顶一个"。不过,刚劝过人家的媳妇,二模自己的事就来了。三个人在路上恰巧碰见了二模的媳妇,媳妇要过名单瞧,二模像个交成绩单给妈瞧的小学生一样,在一旁耸了耸肩膀挺了挺身。媳妇在名单上看到二模的名字就喊起来:"你在这上做什咧?"二模语塞:"哎呀!"媳妇不依不饶:"什咧!"二模笑着抢过名单要走。媳妇接着喊说:"不要应承下侯赖(田勇勇的小名)……不要不要,主人家麻烦!"二模自顾自地向前,走了几步突然回过脸向媳妇撂了句:"这麻烦什?"最大的麻烦还在李永桂家。永桂听说要自己当主人家,拎着份子追出来,直喊:"不当主人家,相伙能咧,人家跟我说了,你的主人,二模的副主人……"

李永桂的顾虑

龙王庙停车场的门房里,高勤已经准备好了红纸,刚才散份子的三个人正商量如何写抬头,永桂拎着份子追上门了,问让自己当主人家的事。老高指着田勇勇对永桂说:"他正的,你们俩副的嘛!"这时二模的老婆也跟来了。高勤已经写完了主人家的名字,就问写谁当副主人家。永桂说:"二模嘛!"二模的老婆忙喊:"不要弄这些,不要弄二模!"趴在桌子上的二模终于不耐烦地打断老婆:"唉,行了,不要麻烦吧,这都是什了×的!"老婆挨了骂,悻悻地走了。李永桂眼看着高勤写完榜,田勇勇就要贴,喊道:"不敢往出弄!……侯赖你慢些贴,我问你个事情,慢些贴,慢些贴……你弄不成叫人家骂嘛?"他从田勇勇手里抢下榜,边折起来边说:"你如今要了商量一下,这贴出去,办不成,哭了啊?"永桂开始刨根问底,指着折起来的榜问:"谁弄的这些?……这个单单是谁拟的?咱们这一伙人们商量一下嘛!"看来是因为没有参与整个的筹划有意见。田勇勇答道:"我挑的二模,二模挑的你嘛。"永桂又问:"不管呀地(怎么)是说成一句话!咱是如今外面有饥荒(债务)了没有?"勇勇答:"没了嘛!哪有饥荒?"永桂又说:"看是呀地个弄法,对了不对?咱今是怎么个弄法,还弄些什,明了坐下商量,看是谁了谁了,咱坐下弄,不敢瞎闹!"老高在一旁也应和着他的意思,说明天到饭店坐下商量这个盘子到底怎么弄。

盘子上的饥荒只是永桂担心的第一个问题,另一个问题就是存放盘子和明年搭盘子的地方如今还没有谈妥。"明年有搭处弄,明年没搭处叫人怎么弄?"经永桂这么一闹腾,越来越多的男人聚集到龙王庙停车场门前看热闹,永桂更来劲儿了:"叫我接手,要问盘子往哪放?明年看是怎么个计划法?盘子弄多少钱?要弄个什?九曲在哪弄?还是怎么个弄法?没有这些,光叫我接手,我怎么办?弄不成我哭啊?"永桂拎着份子作势要推给老高,老高说:"你不要给我往下放!"用嘴朝着盘子的方向努了努,说:"放到兀奔家(那里),放到爷爷那儿,解下(懂)了?"两人又拉扯了一下,老高说:"我对你说,我对你撂明观点,如今,人家四牛明了后了回来,解下了? 到太原去了,解下了? 如果回来,咱明把这一伙人发动起,我对侯赖不是说了? 我说,今咱把份子先送了,明咱坐到饭店,商量个办法,看是往那儿修呢,还是那儿修呢,还是那儿修呢。"边说边指了指钟鼓楼下面的门洞,戏台和茅厕的方向,"让大家拿出个办法来。如果商量不成了,还是在台子上放。商量成了咱就修,两个办法,解下了吧?"

永桂不放心的还有明年盘子往哪儿搭的问题,便接着又问老高。老高回答得很干脆:"还在这了(龙王庙戏台院),年年……"永桂忙打断道:"叫我就不敢接,我把这个事情要问清楚,明年这里不叫弄了怎么办?"老高说:"这个不存在!"但是不论老高如何拍胸脯,李永桂仍是不放心,说着就又把份子往老高手里塞,拉扯之下,松了手。老高攥着被退回来的份子说:"我来不提!"说着将份子拎到了盘子跟前的案子上放下。这时的永桂却并没有如释重负地走掉,而是跟着老高又到了盘子跟前。几个看热闹的和永桂又喊着老高再当一年副主人。老高哪里肯松口,于是把自己家里的麻烦又说了一遍。又过了一会儿,老高叫永桂:"老李,来我跟你说,咱这是说,你比我小,我比你大,快五十了吧?"永桂答道:"五十三了!"老高接着说:"差五岁,我跟你说,你把这(份子)提回去吧!"说着拍了拍永桂的肩膀:"提上回,明了咱再说!"李永桂显然觉得事情不能就这样定了,又举起手机打给已经走掉的田勇勇:"如今是盘子往哪放了? 咱把这个事情先解决……咱是用今年移交下的弄,还是要起钱,怎么个弄法,这不是瞎弄,对了不对……"最后,几个人指点着茅厕前的一小块空地,又合计了一番,虽然什么也没定下来,李永桂最后回去的时候还是拎上了那份刚才执意要退给老高的份子。

十八米街:最后关头的换届

正月二十八,十八米街上的九曲和盘子相继被拆掉,卸下的零件材料被纠首们运回了天官社库房存放。招呼着纠首们干活的主人家贾连富还在计划着明年要做新九曲的事。"现在图纸有了，要再出一个效果图。一次就弄个好的，用上个十年五年。"此时的连富貌似还不觉得自己能够把盘子移交出去。按照规矩，盘子拆罢后纠首们聚集到天官会的灶上吃最后一餐散伙饭。酒桌上坐定，就渐渐听到了一些关于新主人家的嘀咕。果然等酒喝得差不多了，主人家贾连富站了起来，"来来，静一下，静一下，我当三年暂时告一段落了，大家表示欢迎，接手了能来的尽量来。"说着宣布了新主人家四赖。这时一堆份子和烟已经备好了，连富说先按新主人家四赖念的名字发，意思是由他挑出下届的纠首，还特别说了先发给新主人的纠首，给自己帮忙的暂时放在后面。新旧纠首们拿了发下的份子和烟陆续回家了，最后还有几个没有走的，是雇来帮忙的，要等旧主人家开支。连富对他们说："凡是盘子上没有开支的，咱二月二统一给大家开支，因为还有一部分钱还在寻，还没有回来，不要着急，二月二统一在烟酒门市部。"最后，灶上的掌勺交出天官会上的钥匙，连富接过递给了四赖。

十八米街的盘子总算是顺利地移交出去了。在盘子上管事的老李后来说了这次突然移交背后的来龙去脉："那也是群众酝酿，他（新主人家）自己也有这个心愿，为了家里的吉利，去年这个新主人不是生了个小子，愿意当一任主人家。人们推荐了，他也愿意，为了大家的红火，每年是这样……就是拆盘子，平常群众说'你当一任吧'，慢慢就成了。他父母亲都跟我说过，这个工作我做的，我跟其他人通通气，大家通融，晚上一吃饭，都同意，很简单。父母想做着，咱们十八米街的盘子啊，比较信誉度高，有求必应。一般都接受，这不是选其他领导人，是春文的活动。干这个工作，一个要人气旺，在南坪有一定的威信，第二个他要有人缘，第三个要有一定的财力。比如开支短下多少钱了，主人家要能往里拿。

主要(是)他儿子想当,自己不好意思说,父母来说。旧主人当时不知道,那天六点多我给连富打的电话,他认为他交不出去,如果我不给他鼓动,他今年肯定交不出去。"后来我才知道,顺利移交还有一个原因就是,贾连富承诺这三年因为盘子上开销太大而欠下的债务都由自己消化,新主人家这才能轻松接手。

龙王庙:账目上的疑问和拆盘

虽然形势变化快得有些出人意料,但十八米街盘子会这一年的移交还算干脆。相比之下,龙王庙盘子会就没有这么顺利了。正月二十七那天已经写好的榜到了正月二十九还是迟迟没能贴出来。照看着停车场的高勤说老高来了几次,急着要把明年纠首的名单贴出去,但都被田勇勇过来拦下了,"老高把今年剩下来的一百来块钱要给田勇勇,田勇勇不要,两个人推来推去。"晚上七点钟,龙王庙盘子上的秧歌又唱响了,因为盘子没有拆,所以秧歌还能照扭。

二模和田勇勇前后脚地进了龙王庙停车场的门房。二模一见田勇勇就语带埋怨地说:"那天晚上我就跟你说不要接手,不要接手。"勇勇一听这话便一股脑把委屈都倒了出来:"我什会接手了?他说长下了一千多块,我就说把修音响的钱先给我,说了几回,今早跑到我那儿,全放下了,所有长的钱全放下了,九百多块钱。我抽了八百给人家,长下的钱我给他,他不要……侯金柱在这,说是人家拆盘子(老高)不叫拆,说所有东西全给我移交下了——我什也没有,这这,光移交下这一百多块钱。盘子往哪放?东西往哪放?今年的账本和以前的账本,全部公布了,稳稳地(才能移交)!光给我钱不给我本子?明年我好照着本子收钱——还说是我不让拆盘子!那天写名字的意思是下届的人选出来了,不是说今年的烂摊子接手了!"

发了一通连珠炮的勇勇指着高二平撂在高勤门房的一百多块

钱说:"本子也没有,什也没什就移交下了?"说罢,勇勇打电话叫永桂也过来商议。勇勇放下电话继续说着对老高的不满:"哄人们留下了一千多块,盘子全给我移交下了……他和人们说移交下了,什么也没移交,彩门还没拆,我跟你收拾啊?我们还没接手呢,就让人们骂上我们!"田勇勇和二模你一言我一语说着心中的不快。不一会儿,永桂和高二平前后脚来了,于是旧主人家和几个接手接了一半的新主人家就在龙王庙盘子的秧歌声中面对面地把盘子上的未了事宜摊开了。老高几番推脱最终还是被拉了进来,同意也挂上明年副主人家的名。至于今年盘子上的账目,老高拗不过其他三个人的坚持,只能答应先拆盘子将今年账目公布出来,最后再完成移交。但是这时盘子还在院子里立着,围绕着拆盘子的开支、放盘子的地方一些细节问题,又会为移交生出许多枝节来。

第二天一大早,宝平和金柱已经开始张罗着在龙王庙戏台上搭一个小阁楼,准备放盘子。一众人等鼓噪了几天要在院子里搭个房子放盘子的事终于以这样的方法对付过去了。四牛说了事情的原委:"昨晚老高来跟我商量,我提议他们这样放。不然你瞎胡搞,听上别人乱说八道的……他们都是瞎起哄,到时候出了问题谁负责?那些人也是看龙王庙搞了个停车场了,有的是养车户,为了停车不出钱,在这里边搞破坏。还有一些人,他们就是居心不良,出坏主意,这样搞那样搞。这毕竟是个国家的文物。先有庙后有盘子,肯定盘子在后嘛!过去的龙王庙的盘子为什么不在这个院子里边?都在外边搭?拆盘子的时候过去都在家户上,谁是主人家谁想办法,都在他自己家里想办法放了。过去地方宽敞嘛,不像现在人们地方都为了打赁钱(挣租金),瞎闹!我都不想理他们。真的这样搞开了,我也有走处,我跟他们说不清,我起码上面有个文物局了,人家文物局说话,有个村委,有个居委了,龙王庙又不是我自己的,上面跟人家一反映不就对了嘛,自有一个说法。本身这个庙闲话很多,说我这样那样,我不管你们。反正我说,谁带头,出了问题我找谁!高主人,你个人定,责任是你的,出了问题我找你,我不找别人……搭阁楼的木板也是今年买的,花了一千多块钱买的,把这个事情办好就对了,这个盘子也是民间的一个好事,我何必跟你们生气,是不是这个道理?我四牛做什么事情都是与人方便与己方便。"

龙王庙:新旧主人家的冲突和最后的移交

盘子到下午已经拆完,妥妥当当地归置到了戏台上新搭的阁楼上。空场子上,田勇勇和永桂在收拾着音响。老高过来又说起了写名单公榜的事。田勇勇一听这话便又和他杠上了,说老高不该对人们瞎说已经全给他移交下了,"没啦移交就不能公榜!"老高说盘子这样就是已经移交了,"还要移交什?"田勇勇揪住了账目的问题。针对老高今天又提出来的拆盘子雇人的八百元开销,还有搭阁楼用庙上一千块钱木板的问题,田勇勇说:"我接手是接手盘子,我还接手这些饥荒了?四牛今年过年跟我要钱,叫我怎么办。我在居厢垫着给他开(钱)?我不接手这些饥荒!"老高一听这话就急了,问他:"你夜来(昨天)是呀地(怎么)说的?"意思是昨晚已经谈妥移交的事了。田勇勇咬住说不接手今天多出来的这笔饥荒。老高越发急了,吼起来道:"你这个男子,对着个(神神),你说夜来你呀地说来着?"边说边指了指庙里,说要和他进去点香磕头。田勇勇反击道:"你现在跟我说有一千八百块饥荒,你昨天跟我说了?"高二平委屈道:"我说我拆,我自己雇,你说是这个不用你,说了没有?把李永桂叫过来,把二模叫过来,我如今也没叫你做什么,是要你清清楚楚花了这些钱,就是叫你清楚,我贴!这几年我贴得好多的!前年亏上了一千八百块钱,人家供献钱,锁锁钱都给不了,去年五、六月上才把饥荒还了,我对谁说了?"田勇勇回:"自己一个人是主人家,自己一个人纠首,谁能晓得你这些×,

你和谁去说？"

相持不下的新旧主人家田勇勇和老高只能扯上二模，进到停车场门房又把事情谈了一遍。老高说昨天自己提出负责拆盘子，大家又不让的事。二模便问这拆盘子的钱老高是不是要向田勇勇要。老高说不要，接着又说起一千块钱木板的事。田勇勇跟二模告状说："当着院子里几十号工人，他要和我点香去。我如今也闹不清，他为什么要跟我点香。我接手你这盘子，一来是出于你这大年纪了，二来是我和你们念军（老高的儿子）是朋友弟兄，结婚全有门户，我对你是尊重着了！"老高回道："不管怎样，说了话，就要算数！"勇勇解释："我们昨天谈的时候是说，饥荒不接，说拆盘子八百块钱不能让你一个人受害，明年再说，接手你这八百块钱饥荒。今天你跟我说一千八百块钱，我现在什也没什，一下子要我出上一千八百块钱，我不能接手。"二模也埋怨老高之前没说有这么多饥荒，"你少说了话，你昨天就应该说你木板钱还没有出来。"田勇勇还是对老高要和他"点香"的事耿耿于怀。最后二模出来圆场说："八百的饥荒勇勇接了，八百以外的就不管了。"关于饥荒的争执总算告一段落，但面对急着出榜的老高，田勇勇坚持要移交先要公布收入支出的明细，"一下全出去就对了，你本子拿前来，开支多少，有什条条，全给公布就对了。"高二平回家拿账本的当口，田勇勇在门房里自己估算了一下，"开销大概两万五，最少差三千块钱。每年没人管。"

老高的账本总算来了，他边念开支边让高勤在一旁拿笔记："电费是2000，人工是3200，电器1300，九曲是1230，供品1560，香火1470，弹唱1540，锁1630，锣鼓600，礼品1740，碳3600，杂支3007……"田勇勇打断说杂支里要加上800元的拆盘子费，老高忙说："不行，写上就短下了。"写完了支出，大家又开始让老高报收入。老高开始就只笼统地报了个总收入数26 060元，又说其中的一百九十多户上起到的份子钱有 16 360 元。永桂说这里边的细项要分开写清楚。收入中除了份子钱,其他的两个大项就是九曲上收的钱和卖锁锁盈利的钱。几个人就一起回忆九曲上每天的收入,最后加出来 7570 元。关于老高报的锁锁钱收入 2130 元,田勇勇说锁锁赚的钱至少翻倍,怀疑老高算少了,"我拿了三个锁给了二十块钱。"老高连说翻不了倍。照着老高给出的这些数字,高勤大致加了一加,发现竟然是收不抵支,还差了一点。于是几个人就只能在这个账上东一点、西一点地加减,帮老高算是圆了账,最后账面上是:收份子 16 770 元,盘子九曲 9946.7 元,收入合计 26 716.7元,支出 26 650 元,余下 66.7 元。账目上的疑问总算是得到了一个最后的交代,门房里的紧张气氛也随之散去,四个人开始商量起来年的盘子会。之前,三个新主人家就有了换地方搭盘子的念头。看着这几年盘子在老高手上越来越没人气,田勇勇建议明年九曲要搭到外面公路上,"不能把龙王庙传统的这个弄得没有了!"二模也说:"人们就是知道龙王庙有九曲,也觉得这里面黑洞洞的,还是搭到公安局那儿,把灯笼串串挂起。"几个人你一言我一语,好像已经看到了明年的盛况。

第二节 | 出乎预料的强音——龙王庙二月十九观音会

1. 一年一度的"事月"——观音会与人口戏

平日里龙王庙上除了偶有家中有事来上香问卦的人一般都很冷清,四牛和保护组里的人也不是天天来庙里。常年在庙上能见到的就是贾宝平和他手下的那伙工匠,一年四季间或地干着修庙和割盘子的营生。但是和柳林的其他庙一样,龙王庙上也自有红火的时候,那就是一年一度的庙会。连着几天的大戏把周遭的人气聚拢,也成了修庙集资的重要场合。"事月"是柳林人家操办婚丧嫁娶等各类红火大事的总称。在"事月"里发帖、办席、收礼、吃席和上礼是柳林人日常社会活动中的重要项目。吃席和上礼在柳林被称为"行门户","门户"也成了稳定的人际与家户间关系的代名词。办得成功的"事月"可以通过亲友与熟人间的"行门户"汇集财力人力,主家不仅能够顺顺利利把事办了,还能得出盈余,等到日后别人家办事月的时候再分别吃席还礼。所以办事月是在短时间内集资的一种好方式,而"事月"的规模与盈余的情况体现着主家的人脉。一年一度的二月十九也就是龙王庙每年的"事月",有多少人回来赶这个"事月",上多少礼,得出的盈余能补上修庙的多少亏空,都是四牛和保护组里一班人年年要愁的。

不过二月十九的戏也并非是一直有的老规矩,马清说新中国成立前龙王庙一年唱四台戏,"大年初二唱给火神,各家戏班都免费抢着唱,谁家初二唱戏,一年红火。大年初六再唱给财神,是西面那个殿。四月十八是娘娘楼上的戏……六月六是龙王的戏,下雨的戏。"现在政府为了发展青龙,把四月十八的会移到了青龙大街上,成了物资交流会,龙王庙四月十八上的古会和戏就这样没了。侯金柱说古会在"文化大革命"前红火得很,"街道挤得肩肩擦肩,背道上还有人,十七、十八、十九三天。你像在这奔家,龙王庙,糖人啊,糖马啊,做得可好了。伪会会上就没有些卖衣裳的,全是些卖锹叉耙了……如今(青龙)全是卖衣服的了,时代不一样了。"龙王庙现在每年固定日子的戏只有一台,就是二月十九的人口戏。二月十九是观音的寿诞,柳林各处的观音庙都唱人口戏,龙王庙也不例外。龙王庙的观音殿在主院落的东面,和主院落之间隔着石家沟的街道,原来有空中拱桥相连。马清说从清朝的时候开始每年的二月十九都要放人口烟火,家户份子是一口子五个铜板。后来在马清当保护组长的时候从2004年开始改成了唱戏。

2009年的元宵红火一过,龙王庙保护组组长贺四牛就开始张罗二月十九人口戏的事了。作为庙上唯一的固定收入来源,二月十九的人口戏成了保护组每年必须张罗好的重头戏,四牛和一帮成员们今年也提前仔细地规划了一番:"正月初二时集中吃饭进行了工作分配,提前和这些人打招呼,筹备,都是无偿的……(今年)要唱三天戏,花三万。也是人口戏,要上户起份子。准备初六开始上户里起钱。庙上就是主人家纠首。十八晚上开始唱,十九上香的就来了。从十八到二十一共唱七场。老马说应该是十七起戏,现在十八起的原因是要就普贤二十一的寿诞,把普贤的戏也连上了。人口戏起份子面积大,贺昌村东片的范围都起,居委会是东街,户数不定,但可以起六万多。以前不是人口戏,是人口焰火,后来因为居住集中,改成了人口戏。唱了四年了,每年起个六万,剩下三万用于修庙。那天还有上布施的,布施有个两万多,正日子上,其他时间没有什么。"

工作会还留下了纪要,上面列明:"集资标准按人口每人10元,集资范围东到鸽子寺东,西至人民市场以东,南至307国道,北依农市民居住区。分5组,每组出两个正副组长,村委干部配合。所集资款项一天一上交,并负责公布出榜。人员组合按区域安排,组长负责通知集中。"

2."上门收礼"——起"人口份子"

起"人口份子"就好像是要办"事月"的主家怕人们到时候不来上礼,所以先上门把礼金收了。由于这样的上礼毕竟不是完全出于自愿,所以上门"讨钱"时常会有些尴尬,"起份子"也成了一个辛苦的差事。二月初六是按计划开始起份子的日子。四牛一大早就在观音殿配房中的办公室里往发票上盖章,以备起钱的时候对方索要。桌上放着几本账礼簿和几条烟。"起份子的人员组织已经四年了,基本上固定了。头一年,当时我跟老马两个,把东片的会计和生产队组长找来,居民是由东街的居委会组长召集过来,说了一下这个道理。当时还搞了这个传单……"说着,四牛从柜子里翻出了他上任之后头一年为二月十九发的公告:

> 观音庙位于龙王庙东侧,与龙王庙仅一街之隔。它始建于元代,明清时期曾多次修缮。观音庙由正殿、东西厢房、山门组成,是一处典型的四合院落。正殿内观音、文殊、普贤三尊佛像保存完美,是我县现存少有的几尊古佛像之一。
>
> 我们遵照"保护为主、抢救第一、加强管理、合理利用"的方针,遵循"修旧如旧"的原则。于2004年3月,开始对观音庙进行修缮,新塑了十八罗汉、龙女、善才等神像,共投入资金25.7万元(已付15.4万元,尚有10.3万元的缺口)。目前,观音庙修缮已完全竣工。龙王庙庙东观音庙,佛光灵瑞,百姓

第五章　反常之声：送不出去的盘子与龙王庙结局相反的两个"事月"　　185

推崇，香火旺盛。根据现存观音庙石碑道光十一年记载：每年二月十九日附近居民随人口施舍，施钱五文……

　　为了保护古建筑，搞好旅游，打造文化强县，经龙王庙保护组研究决定，恢复原有传统庙会，定于农历二月十九日观音诞日举行盛大的香烟大会，希望各方信男善女，踊跃前来观光拜佛。

临近九点，事先通知好参加起钱的人员陆陆续续到了，男的一堆，女的一堆，在屋内闲聊着。有人说来福区住着大煤老板邢继斌，"起他一个人就够了！"也有人指着办公室墙上"文物保护指导组"里挂名的"有脸面的人物"说："让他弄上个十万，这些人就不用去了！"一旁的四牛不停地打着手机，催着几个迟迟不到的。九点一刻，人到得差不多了，四牛给成员们发了烟，打发各组分头上路了。

我跟上的第一组负责的是堡沟—石家沟东—贺昌街一片区域，成员有四男二女。张天应是贾宝平的妹夫，自己就住在来福区，又是盘子上的纠首，所以对首先要去的来福区比较熟悉，是这一组的副组长。来福区是南坪上比十八米街修得更早的一个街区，除了住宅区，几条街道上的商铺门面也是起钱的重点。一班人先在家户上起人口份子。由于龙王庙起份子的范围涵盖了整个东街居委的管辖范围，起份子的情况和小社区里的盘子会有所不同。遇到的家户情况也不一，有对龙王庙熟悉的，有的家户住得远，对庙上的事也不太清楚。"龙王庙唱戏""二月十九""观音老母寿诞"……几个人挨家挨户地敲门起钱。厨子刘二娃跟在后面，负责拿钱，反反复复地数着手里的票子："要钱最难了！"成员里还有俩年纪大一点的妇女，都是常在龙王庙上相伙的，一个是高勤的邻居车巧巧，一个是原来在居委小组的强连连。碰上一些熟或半熟的家户，她俩还能扯扯家常，缓和一下"要钱"的气氛。

家户上都是按人口数收份子，遇上家里只有两个老人在的就可以不收。门面一般都是一百元以上，是大头。在家户里收了一个多钟头，另一个组长露面了，他是贺昌村的主任张平生。他的到来不仅提振了小组的士气，也着实增加了这一组起份子的实效，尤其是在门面上。柳林人常说的一个词是"脸面钱"。比起庙里神通广大的一众爷爷、娘娘，一个面对面的"土地"在"脸面钱"上的潜力未必处于下风。在组长的带领下，小组快速地扫了一遍旧文化馆街面的一些门面，又到堡沟307国道两边的汽修杂货门店上起了一圈，到上午结束，起的钱已经过了五千。中午，小组在街上的小店里吃了搓面，和另外两组会合后回了庙上交账。另外几组上午的情况不一，老居委主任贺翠翠领头的一组起了两千四，有两组只在居民区中跑的只起到了五百左右。四牛对这一天的情况还算比较满意，预估今年收得下五六万。

　　第二天一大早，小组把昨天关着门的家户补收了一遍之后，开始收贺昌大街东段街面上商户的份子。第一组最后收入五千七，还小小地超过了第一天。为了节省开支，避免人们说闲话，从第二天开始，收份子的组员们都统一回庙里吃饭了。老保护组长马清在龙王庙的小厨房里帮厨，做面条。第三天，四牛给收份子的成员每人发了一个红胸牌，上面印着"龙王庙观音殿纠首"，说这样让收份子的队伍看上去更正式一些。这一年起份子由于开始得早，头一个星期每天都以一万左右的数目递增。到了二月十二，管账的高连喜说已经有七八万了，超出了四牛和大家的预期。随着人口份子的情况稳定下来，四牛也放心地上了太原，采购二月十九庙会上用的物资和礼品。等四牛从太原采购回来已经是二月十五了，他一到庙里便开始张罗搭戏台和戏班住宿的事。十六、十七除了忙戏台的事就是带着人给几家大单位送人口戏的请柬，包括贺昌煤矿、新建煤矿、贺昌村委和建筑公司，帖子送完就等着起戏了。

3. 正日子——许愿、还灯、看戏、度锁锁

二月十八是最繁忙的一天。戏台已经搭好，整个庙里要收拾打扫，还要牵线，挂灯笼。一大早办公室里已经来了一些常在庙上相伙的。四牛还在不停地打着手机叫人。一旁的宝平提醒他要落实通知的人到底能不能来，实在忙的就不要再问了。马清的老婆巧英一边在一旁擦莲花灯，一边睹物思人，说起了献这对灯的人——高勤的婆婆李月英。月英原来是龙王庙保护组的骨干成员，此时刚过世不到一年，"去年还来帮忙，帮得欢欢的，根本认不出有病来，她自己也不知道。"

刘二娃这次是灶上的总管，一大早就骑着摩托，拎着菜刀到了，在灶上巡视了一番之后便出去买菜了。四牛一边和贾宝平商量庙里还要准备什么东西，一边打手机叫管账的连喜带上两三千块钱过来，好方便买些缺的东西。宝平也叫金柱负责看观音殿还差什么，又打发手下的泥瓦匠老杨负责打扫水檐。另一班工人被布置在庙门、水檐下和二楼上挂彩旗。此时高勤已经按四牛的要求拟好了观音殿修复情况介绍，拿来与四牛和宝平商量，说是定稿之后要喷绘出来。

出了保护组的小办公室，一众相伙的在庙里各处张贴对联，工人们也在挂完彩旗之后开始挂灯笼。这帮常年在宝平手下干活的工人说唱戏的这几天不发工钱，"纯粹是相伙……有吃的"。从旧街上采购回来的二娃已经在灶上的大锅里煮起了海带、红薯粉和豆芽。在大家相伙着筛香灰的当口，龙王庙盘子上去年主人家高二平的小儿子高二强来庙里，说晚上要来还灯，想问问灯上的字该怎么写，众人告诉他就写"叩谢观音菩萨"。相伙的车巧巧也说自己已经准备好了供献和香表，晚上也会来上香。二娃说今天晚上过了十二点才红火，至少要忙到两点才能回。

午后,龙王庙的喇叭里响起了佛教音乐,五六个相伙的婆姨们在观音殿前的石家沟街边穿着锁锁。穿锁锁的铜钱是四牛从太原买回来的,全部在庙里由相伙的婆姨们用红毛线穿成锁锁。此时她们站在街边穿,是要等着看一家出殡的队伍。据她们说去世的是贺昌大队第三小队的队长,平日里和往年的二月十九也会来庙上相伙,所以大家要在街口看看,算是送一下。

约莫七点,戏按时开场了。寒流的到来让初春夜里的气温降得比较快,看戏的人并没有大家预期的那么多。由于是观音寿诞,来观音殿上香的也比龙王庙正殿那边的多一些。马清和保护组老会计段兴旺在观音殿里坐殿,张罗着敲钵、递香、度锁锁的事,没人的时候就聊聊天。看见老马他们不太在行,住在小堡寨的阴阳师傅牛师也坐下来相伙,在人烧香求锁的时候帮着念些"救苦救难""四季通顺""万事如意"之类的。来点香的人上过布施之后都可以领到锁锁,报上家里有几口子就可以领几个。老少香客里很多都不太熟悉庙上点香跪拜的规矩,需要坐殿的不断提醒。

一对夫妇捧了一对大红蜡烛来到殿里。连喜接了蜡烛,毕恭毕敬地摆到香案上。坐在一旁的牛师喊着:"点香,点香起!"男子按提示跪下磕头,磕一下牛师就在一旁敲一下钵。结果男子才磕了两下就想起身,被牛师叫住,"还有一下,还有一下……磕头你还解不下?"男子不好意思地笑起来。度了锁,老段又指点这对夫妇顺着到龙王庙那边的几个殿里去点下香。夫妇俩也不知道两边的殿里到底都是些什么神神,糊糊涂涂地准备过去。牛师在身后念着:"龙王、财神、火神、药王……"

八点多,进香的人逐渐多了起来,一些附近住家的熟面孔出现了。车巧巧的儿子田勇勇和媳妇端着盛了卷卷的簸箕来了。车巧巧正在殿外的香案边相伙,叫他们先去门口把布施上了。田勇勇上了布施,看见相伙的记账在账礼簿上记了,又把名字登上了红榜,再从四牛的手里领了工艺礼品,才回到香案前从母亲手里接了香,点了。过了一会儿,白天里来过的高二强果然来了,手里拎着一对灯笼。高二强说是因为去年许下的一个心愿达成了,所以特地来送灯还愿的。这一晚,送灯的人不少,金柱忙着在殿里殿外找地方挂灯。除了灯,竟有一个点香的妇人送来了生日蛋糕,蛋糕上有三朵莲花,祝词是"祝观音生日快乐"。相伙的婆姨们小心地揭开盖子,把蛋糕放到殿内香案上,又在上面插上了五彩蜡烛。

二月十九观音寿诞日是龙王庙观音会的正日子,持续了两天的寒流天气看来有回暖的意思,一早上大太阳就出来了。贾宝平的老婆虎子妈和小姑子花玲相约上龙王庙烧香。九点,两人拎上自家蒸好的供献出门了。一路从十八米街上步行到石家沟,在街道的烟火铺子里买上了香表和鞭炮。龙王庙前石家沟的街道已经被灯笼和彩旗装饰得像过节了。沟里的大红横幅上写着"县城龙王庙观音殿二月十九举行香火庙会"。进到观音殿,虎子妈连点了两次香,说第一次是供敬观音。求了锁,上了香火钱之后她又点了一回,说这是因为还有一个"秘密",如果实现了明年再还愿。

虎子妈点完香后不久,贾宝平的母亲和二女儿也到了庙上。贾母是个虔诚的佛教徒,自己家里就供奉着观音,平日在家照顾脑梗后行动不便、意识也不太清楚的贾父,很少出门,但逢二月十九是一定要来龙王庙上点香的。贾母进到观音殿,坐殿的马清忙跟她打招呼,她也合十回敬"阿弥陀佛"。贾父和老马原来是村里水电站的老同事,只是现在住得远了,贾父又病下,二月十九的观音庙会成了老熟人碰面的机会。贾母自己是佛教徒,所以对点香比较讲究。先是叫老段把香案上别人的供献拾掇了,才开始点香。贾母点香的动作也是一招一式都和普通香客不同。贾母共点了三回香,前两回分别是帮自己的大女、二女点的,最后一回才是为自己。一番跪跪起起,念了咒,又跪拜,上了布施,拿了锁,自己度了,再又跪拜才算完事。一旁的老马从她带来的供献中拿了几个卷卷出来放在香案上，把剩下的袋子交还给了贾母，说是让她带回去给贾父吃，吃了好站起来。贾母说腿脚不利索的贾父昨天竟然自己从家里跑了出来，嚷着要来看戏。贾母说罢又拜了一遍观音两侧的十八罗汉，说不能看午场戏，要回去照顾老汉。她从观音殿出来之后又到龙王庙的戏台院看了看戏台才走。不过到了下午，贾母还是自己骑上三轮车把贾父送到了庙里，遂了自己老汉看戏的心愿。

　　一天下来，观音殿里人来人往，香火旺盛。午饭后，四牛、天应和连喜还在殿前给两袋红绳开了光，说是要去煤矿上给矿工送锁。晚上的戏唱得不是太顺利，因为全城电路检修，停了三次电。不过没有电的观音殿在烛光里还是一切照常，老马和老段边劈香边闲聊。家住石家沟坡上的妇人车秀清好文艺、爱红火，常来庙上相伙，今天站在水檐下的香案跟前专帮人度锁锁，口中的念词一套一套，逗得来点香的和一旁相伙的都笑开了。看见一对年轻人来点香，她便念道："保佑细们，生儿生女，双双对对，做什什成，满年通顺！"看到有人来度"一路平安"的符，她又念道："四季平安，走到哪发财来，走西面西面来，走到南面南面来，四面八方全回来，天上掉下来，地下生出来，保佑着一帆风顺，出入通顺！"等到有中年妇女来度锁锁，秀清又换了一套词儿："左三回，右三回，一挂锁住锁得紧紧的，细们成人长大，做什什成，保佑得你来浑身无病，哪儿红火跑哪儿啊，以后不要在居厢想这想那，心放宽——"直到晚上十一点，没什么上香的人了，相伙的纠首们开始收拾。一整天下来，布施榜上的数字达到了三万六千五。四牛说还有建筑公司许下的一千五，现在总数已经有十一万多了。龙王庙那边的戏因为几次停电推迟了结束的时间，这天晚上一直唱到了子夜。

　　正日子过去，上香的渐渐少了，不过庙里的戏还唱着。早已离开庙里的塑像师傅姚师也带着老婆登门,讨要庙里欠下的工钱了。疲于四面应付的四牛到下午六点就已经躺在办公室的床上酣睡了。到了二月二十一,一大早上又停了电,据说还是因为镇上这几天的"停电检修",还有传闻说今天的电要停上一整天。四牛只能开始张罗着借发电机,好保证最后一天的戏。金柱说,今天不唱明天接着补也行。四牛说没那么简单,多唱一天就要多出一天的住宿费。金柱又说可以让戏班子睡在戏台上。四牛怪他瞎出主意:"把舞台破坏了怎么办,判死刑!"二月十九人口戏已经唱到了最后一天,这次的成功让四牛和一众人等开始憧憬八月开光的事了。四牛说一定要召集指导组的成员们,在之前好好地策划一番。四牛说庙上目前还有五十来万的饥荒,这次二月十九的收入可以长下个四五万。

最后一餐晚饭,相伙的人们又聚到了龙王庙的殿前院,吃起了面条。来自不同家户的各种长相的卷卷和炸油糕一起蒸了,一众人等香香地吃着。车秀清说:"这叫斋饭,庙上的饭就是好吃,比家里的好吃。"一帮想喝酒的老爷们,在二娃的吆喝下自己凑了些钱,买了酒,站在一旁的木桌子边喝开了。吃罢饭,一伙子爱闹的又从龙王庙厢房的"老年活动中心"拿出了四音、笛子、二胡和梆子,秀清边舞着扇子边唱开了,"正月那个里,是新那个年……"这最后一晚镇上终于没有停电,戏唱得差不多了,来相伙的人们自己也点了香,准备收拾。金柱几个在院子里开了功德箱,把钱扒了一地,数起来。四牛对着门口的布施红榜仔细地看着,又在口里念着加了一回。转过来又让连喜准备明天出收支榜,"人口多少,布施多少,功德箱多少,电费,戏钱……"

第二天,四牛一整天的工作就是忙着收拾、结账、开钱。"二〇〇九年二月十九日观音庙会活动收支公布"也写到红纸上贴了出来。收入一项有人口集资款八万一千五百元、布施款两万八千八百六十元、功德箱收款一万零三十八元,合计十二万三百九十八元;支出一项包括了电器二千五百七十五元、电费二千元、烟饭费一万零七百二十二元、锁锁费一千六百零四元、供器七百元、剧团住宿费两千二百元、纪念品一万二千三百五十五元、戏款三万元,加上杂支费九百六十八元,合计六万三千一百二十三元;最后结余五万七千二百七十五元。到了下午,把一切收拾停当的四牛,叫上宝平、二娃、金柱和我在办公室喝了两盅。边喝边扯着,车秀清进来了,说听见有人在背后说四牛的闲话,"四牛受死受活还是有人说!"四牛边夹着菜边说:"肯定!"二娃接茬:"今年这个,咱就能理解,来了很多人,那面观音殿一看,这面二楼一看,人们说'爷爷,恰细好!'"四牛接话道:"说好的有百分之八十,不是我吹牛×,关键事实在这里摆着呢!"一旁的宝平也附和道:"今年比去年好,香火旺了,这是个好的现象。"四牛又说:"我说是这么个道理,不是勇敢,事实是雄辩于天下,龙王庙当时为什要拆迁呢?没有保护价值,人家说是说得很清楚。当时龙王庙就是剧团家住着,院起放着煤泥、炭、石子、砂,庙也不是个庙了,隔绝了。现在不是我瞎说,不是好与坏,事实在这里摆着呢,他们就会考虑敢拆不敢拆。不会像以前市里省里告了,事实说话!"

第三节 | 声势突降的哑音——龙王庙开光

1. 筹备——不凑巧的年景

2009年开始的山西省内的煤矿兼并改制到了下半年已经在柳林开展得轰轰烈烈了。农历八月底第三次来柳林,刚住进厨子刘二娃家,他就跟我讲了柳林当下发生的大事:"煤矿合并了,贺昌煤矿原来年年发钱,以后要卖了就完了,一次性买断了,现在还没卖,村民每天在县委闹事……柳林百分之八十的煤窑停工了,个人不发钱了,国家好了,不浪费资源。"就在这样一个背景下,龙王庙要开光了。

其实从这年的正月上就听说今年龙王庙要开光的事。那是正月十六贾宝平在家里请四牛吃饭,四牛说现在龙王庙外债钱还有几十万,决定开一次光。后来二月十九的人口戏虽然成绩超出了预期,但区区五万多的盈余显然不够填补庙上工程摊下的亏空。当时人口戏唱完,四牛就在喝酒的时候一本正经地说过自己的感想跟展望,对这次开光还是寄予了厚望:"气氛一年比一年好,收入比往年多,上香的人也多,还愿的也多,香火旺盛。经济上人手得力,干部领导支持,收入上去了。帮忙的人员特别吃劲,满意,乐观。干部的支持,带动群众,和神、菩萨的力量相互配合,凭我的力量干不成这个事,没有大家出力干不成这个事。这些钱要认真负责用在合适的地方。下一步,外债累累,先开(支付)一部分外债,现实工人的生活解决(好)。还要在矿上集一部分资。东僧房(厨房)要装修,要往出移一移,先修东边的钟鼓楼。等开光有了钱把外债开完,有余钱再修西面的钟鼓楼,外债缺口还有五十多万。"

虽然有二月十九的成功在前,但是开光并不同于一年一度的"人口戏",它并没有成为当地人年节习俗的一部分。从某种意义上看,它比二月十九的"人口戏"更像一次为婚丧嫁娶或暖窑而办的"事月",是个一次性的买卖。由于不再像二月十九那样上门收取固定的"人口份子",而是采取向"大户"们发帖等人上门的形式,它就更像一次人际的"事月",成败要看主人家的号召力有多大。再加上这次开光四牛还拉上了贺昌村委,使得"主家"的身份有些模糊,在一个不太景气的经济大环境之下的开光前景有些让人难以预料。

这并不是龙王庙的第一次开光。在前任保护组长老马的手上,龙王庙就曾经开过两次光。老马回忆说:"龙王庙底面已经开了两回光了,2001年底面龙王殿的七尊像,开了光,后来又把财神殿、火神殿、药王殿的像塑起来,(2002年)又要开光,二宝(文物旅游局干部)就不支持,只来了个办公室的副领导。第二回开光的时候,'怎么?龙王庙开了光嘛!'有的就说。是塑起几个神神开几个神神,是兀地个(这么一个)事情……开光是往回闹钱。我管的那个时候,木工才是三十元一天,现在是一百元一天。那时是三千两千也就够了,如今是三万两万也不行嘛!"于是,七年之后,在新任保护组长贺四牛的手上,龙王庙为了还修庙积累下来的外债又要开光了。龙王庙这次开光的时间先说是八月初八,最后定在了九月十三,中间换了几次日子。刘二娃说:"原定的八月初八,小王算的要下雨,后面的日子又不能开光,因为八月十五又是旅游的时间,没有人。"对此,贺四牛自有解释:"都是些特殊原因,有的是咱们自己的活干不完,还有是这些领导们人家说有什么时间。原计划是八月十九,后来定的是张局长想九月初六,意思是八月有个甲流不好,后来是九月初六吧,但是有些领导有事,后来就定的九月十三。"

准备好开光的龙王庙此时外墙已经重新上了一遍红漆,庙东面的砖墙上也贴上了整面的大幅宣传——"柳林龙王庙九天圣母盛大开光",一看就知道这又是高勤帮着四牛张罗的。四牛说开光已经正正经经筹备了一个月,开了三次会议,"第一次会就把相关的人都请回来,成立了'柳林龙王庙竣工庆典筹备委员会',办了'秩序册'。""秩序册"上的"筹委会"正儿八经地设了五个组:后勤生活组、礼仪接待组、会务资料组、宣传文艺组和安全保卫组。第二次会议上又把唱戏、吃饭、开光仪式的细节定了下来。"九月初一开了第三次会议,确定了要发帖的单位,决定企业上以村委名义发帖,民间则以龙王庙的名义发帖。开光比二月的唱戏可费劲多了,不起份子,县里都支持。找电视台的人提前一星期就来拍下龙王庙的宣传短片进行报道。是通过住在龙王庙后面的原来电视台的人的关系……还有一次会议,就是发帖的时候把主要的工作人员都邀请回来,做好分工。昨天也去了村委,现在干什么事都是凭人的脸面,咱的脸面不行,说话没有威信,也没有社会交往。互相利用,人家村委领导出去,说话一句就算一句……希望开光,要求不高,能把外债能开了,希望能先开八十万的外债。"虽然四牛说要求不高,但是这个要求能不能达到,还是个未知数。刘二娃对这次开光就不乐观:"开光的时机不好,四牛上村委要钱不顺利。碰到现在煤窑的事,不好要钱。说要比双塔寺开光早还能赚钱,现在谁给你捐钱?"双塔寺是正月上开的光,据说集资了二百多万。

九月初六,去太原采购了两天礼品的四牛回了柳林,一大早就在办公室里和众人商议开光做饭的场地和剧团安置的事。安排停当又开始打电话叫"筹委会"的骨干九点四十到"人武部餐厅"开会商议"散帖"的事。会上先定的是上镇上各个机关企事业单位送帖的人员。这次开光集资和二月十九的人口戏走的路线不同，瞄准的对象不是附近范围内家户门面，而是全镇的机关单位。出面送帖的人自然也就不是上次那些普通纠首了。张永明是这次四牛依仗的村干部，大的主意都主要由他来拿捏，"离退休干部抽上一个，然后我们村里派上两个，叫人家居委翠翠跟上，有四个就足够用了。现在就是考虑人选，县里头老干部谁出面合适。我们说是叫同应，同应多年了，机关也熟，叫温燕燕也配合上，温燕燕和同喜调整下也能了，不行了叫四福……四牛如今搞上的那些人我看来着，除过了双毅帮上了，还有个谁……玉祥，就这三个里头选的，除过了你就没办法，那一些人们全是，唉，你是什也靠不上……"几个人又七嘴八舌地把登门去机关上送帖的人员基本定了下来。柳林的几大煤矿企业的老板是需要专门动员的，张永明说："我、四牛、老张、老王负责对伪几个企业家，还有就是咱写的，财政上，要两个钱，我们四个负责这个吧！"老张指的是老文化局长张生全，而老王则是现任镇委书记的爹。四牛还想着民间发帖的事，就问："民间的不用了？"张永明说："民间的这个这不是才说的，那天不是说挨门点户入家收两个钱，我觉得这个不合适。"翠翠也应了句："二月十九收过了。"按照张永明的说法，这个时候再上门会惹人说坏话。于是桌上几个人最后敲定了这次不采取入家户送帖的形式。

  吃了饭，四牛回到办公室，他细心地整理了一下今天的会议记录："这些都是原始单据，效果好与坏不知道，不好了，我有我的个说法，因为本身我就是个平民百姓，我能干了个什么事，你们掌权的策划的，这都是你们策划的。"四牛边说边笑着指了指手里的一摞记录信纸，似乎对这次送帖的效果心里没底。"哎呀，麻烦，反正办这个事头痛，办什也头痛，都在一个人大脑里运转这些，不是简单的事情，运转下来，一个人的意识要让他们做什，难得多了。"

收拾了会议记录,四牛带着我上马清家去看在家养伤的老马。说来也巧,几个月前在街上马清的手臂被人在倒车的时候撞骨折了。开车的人正是张永明家的小子。四牛进屋就坐到炕上跟老马说了上午开会的情况:"散帖子的那些任务定下来了……他自己说的,'我跟拥军(镇领导)告诉来,把这些老板们……拥军通知了这些老板们了,邢继斌们了,心里有了底了,他们来了多少算多少,不用散帖了'……夜来我还给他打了两个电话,着急嘛!他说:'你不用管这些嘛!'哦,实际是他已经告诉了,才说这个话了,他说:'不用管,我跟你负责呀!'我说:'那就对了!'……我说把个饥荒能,咱来要求不高,心轻,能把这七八十万,我说多不用,连这回下来顶上个一百万了,我说行了!"

2. 散帖——不顺遂的开场

不光是四牛自己对这次开光的筹资收效心里没底,一直旁观的刘二娃对这次四牛张罗的开光也不乐观:"他(四牛)就是有个张永明……(要是)张永明下了台,谁给你付这个账?那是钱嘛,村委的钱也是老百姓的,村委现在闹得烂包的(糟糕),根本不行……他现在就是一口一个张永明,村委的这个……唉,早知道他,张永明,他也是个人嘛,他不是个神仙,他这一次你开光开不好,钱不得回来,你就完了,你短下外面的钱,不是短下三万五万,十万八万,你短下外面一百多万,是不是?你要想想这一百多万从何而来呢,是不是张永明出去能把这一百多万给你拿回来。拿不回来,假比说这回开光不用说一百多万,给你回来六十万,回来八十万,剩下的那三四十万叫你自己从兜里掏,您能掏出来掏不出来?就是自己有这个钱吧,我为社会上弄的这个我能把自己的钱垫里?有也不能往里垫嘛,是不是……"

在不确定的气氛中,散帖在初九开始了。居委、粮食局、贺昌村的退休干部贺翠翠、李双毅、李行山九点不到就出发了。在龙王庙停车场门口上了吉普。几个老人准备不足,上了车才忙着看要发的帖子,研究散帖的路线。预备从来福区开始,文化大楼、青龙派出所、电教中心、公安系统、宾馆、燎原一圈跑下来。在柳林发帖有讲究,要有头脸的人,找得到对方的头,还能说得上话。几位退休已久的老人忙活了一早上,正经领导没有碰上几个,问路、爬楼费了不少时间。有些帖子也就留在门房和管不了事的人手里了。老人们吃罢中饭,回到庙里,还有将近一百张帖子没有发出去。翠翠把剩下的帖子拍到桌上,翻着看,"哪的单位,我也晓不得是哪的些单位,邮电局、扶贫办在县委?司法局在哪?"一群老人还是硬着头皮出发了,好在下午加上了个玉祥,是原来县教育局的局长,对一些县里的单位熟悉些。

　　开光的日期一天天临近,九月十一大早搭戏台的人已经把架子运来了。贾师一班人在挂彩旗,娘娘楼上在为神像遮布,高勤手里拿着一个有账号代码的复印件和电视台的讲话稿过来找四牛,似乎也忙得不行。龙王庙二月上还是看庙人小屋和厨房的"东僧房"已经照仿古样式复原,成了这次开光的"迎宾室",里面摆着沙发和桌子。院子里已经有一些居民在看过电视台的报道后来庙上串了。段兴旺和一些二月十九上来相伙的老面孔也陆续出现。来讨要拖欠工钱的塑像师傅姚师的婆姨也出现了。李行山在迎宾室和一伙人聊着这两日送帖的事,说到一家大企业:"讨饭连人都见不上,保安人员就有四百多人,有面子的人才给钱!"来庙上相伙的人中午在人武部餐厅吃饭,算是开光前的"动员会"。

　　下午刘二娃也来了,因为自家的饭馆开张了,这次没有在灶上相伙,总要来跟四牛说说。见四牛不在,于是对着宝平玩笑着说:"要不明天,十二就把店关了!"宝平笑说:"钱还挣多少算个够!"二娃回:"对!为了爷爷(神),呀地也能啊!"似乎觉得没在庙上相伙过意不去,二娃在四牛的办公室里拿了几张帖子,说:"我到银凯楼上去,给那个谁……李艳阳。再写个郭树清,这两张没问题,一千块钱肯定给咱……三百不多五百不少不是?再写个葛二强——夜来对我说来个,说能送五百块钱。"说着又填了一张给二轻局门口盘子明年的主人家成永平。"三百不多,五百不少!"二娃一路念着把这几张帖给送了。二娃散完帖回到龙王庙,总算见到了四牛,又开始说来庙上相伙的事:"不,你如今有做的你呀说嘛!你如今有做的我明就来嘛!你看你不说……没做的?"四牛在二娃耳边小声说了几句,二娃就心领神会了。二娃后来对我说了四牛的意思:"这个店要关门了,刚开门不时长,关了就不合适了。这一次用人吧,有村里边,村委的人,不是跟二月十九一样,他自己,所以去不去咱也就无所谓了,去了也显不出咱们来,没有功劳。你就是现在去吧,四天关门,一天按三百几吧,三四就一千二,对不对?也行,人家也替咱想着了!"

九月十二早上,龙王庙通往贺昌大街的石家沟路口的充气彩门已经搭好了。龙王庙停车场外工人正在给租用的红气球充气。院子里也有工人在打扫。观音殿院子两面的屋外墙上挂起了标语"构建和谐社会和谐柳林""认真贯彻《文物保护法》"。早来的翠翠接到行山的电话,说是要去给几个大企业送帖子。但现在送帖子的一班人都不在庙上。四牛去文物旅游局找局长去了。翠翠忙着给双毅等打电话,没联系上,四牛也关机了。行山在车上等着不耐烦了,来了办公室。翠翠说:"大人物一个也不在,全不顶事,根本不顶事,这就是'脸面钱'!"行山大概几天下来也麻木了,拍着胸脯说:"贺昌村委党支部嘛,怕什?"翠翠不以为然:"爷爷!你可说的真是,(我们是)什的山药蛋蛋!"又等了一会儿,几个人还是勉强出发了。将近十点钟,四牛回来了,连喜跟他汇报了刚才的情况,说翠翠、行山、同应送企业上的帖去了。四牛问是谁让去的,连喜说是永明,"这家们这年说是要有'脸面'的,给王德华打,双毅打,这家们都是手机也不开着,这又给永明打电话,永明说不管,这家们就去了。"开光之前这一天的气氛似乎有些诡异。

刘二娃这次虽然没有到庙上相伙,但是心里还是惦记着开光的事,边在店里备菜还边评说:"实际今天呀,庙里头今年不要开光。短下钱了,这是重修,还没有完善来了,黑虎灵官还没有修起……要弄好就完完全全弄好,让人们来看了……啊,像这个。你现在,光庙上弄了,你院子里边还没有全弄好,房子没有修起,黑虎灵官还是空的。看明天钱多少,明天这会已经就开过光了,明天十二点,要了就是十二点跟前,要了就是早上十点。人家一讲话,擦擦,人们就开始……看吧,明天早上就是十三了,十四没有意思,十五就更没有意思,就是明天,如果明天闹好了,就擦擦擦(合十保佑的动作),如果闹不好,真完了!"

我晚上在庙里碰见高勤,问她对明天开光有没有什么预测,她说:"不如预想的好。"她觉得出现问题有两个原因:"一是脸面的问题。企业座谈会没有开,企业老板们的拼劲没有起来,你捐十万,我捐二十万的攀比没有形成。"还有一个原因就是"组织的失策——没有给群众发帖,少收三十万……应该靠自己,不能依赖别人,四牛这次靠了一个永明,以为不用愁了,但是……"

3. 阴雨中的开光

第一日:阴雨中的失利

九月十三是龙王庙开光的日子,天色有些阴沉。一大早,戏台院里就升起了几只红色的氢气球,气球下挂着巨大的条幅,标语文字内容涵盖广泛,有点无论从哪个方面看都"利国利民"的味道:"人人爱文物,让先进县更加先进""热烈祝贺九天圣母开光显灵威""保护文物 功在当代 造福千秋""广集善德 增捐善资 发展旅

游 造福后代""发展文物旅游业 再现小北京魅力"……戏台院与庙院间的山门上的庙匾已经被红布裹起,一同裹起的还有两旁的狮子。大红的"柳林县龙王庙景区竣工庆典筹备委员会组织机构"名单也被张贴到了庙外沿街的红墙上,里面写上了不少镇上有头面的名字。龙王庙院子里戴着工作证的相伙人员摆桌子,铺地毯,准备着布施公告板……庙上从外地请来参加开光仪式的和尚与居士也到了,换了做法事的僧袍等着。不一会儿,专门在玻璃店定做的新功德箱也送来了。九点钟,大部分相伙的工作人员也到了,别上了小牌牌,各就各位。

  早在八点多钟,当日的第一笔布施就到了,来人先是以个人的名义捐了一千元,又在大伙的劝说下以"物资中心"单位的名义捐了一千元。边捐还边说单位并没有收到帖子的事,一群人忙解释是因为单位太多,寻不见。人走了,翠翠和连喜开始后悔这次发帖漏掉了这些小单位。夹杂在一些小额的个人布施中,早上最大的一笔布施是贺昌煤矿的十万元。十点多钟一个上布施的小高潮过后,开光仪式从观音殿这边开始。近一个钟头以后,开光的队伍转入龙王庙二楼的九天圣母殿,这时楼下戏台上的典礼也同时开始了。村领导发言之后,四牛念起了那篇题为《尽心竭力保护文化遗产 赤胆忠心修缮文物古迹》的发言稿,四牛一板一眼的念稿声和二楼居士们的诵经声应和着:"……总投资一百八十五万元,总收入一百零五万元,其中县财政拨款十五万元,五年庙会剩余三十八万元,其余群众集资六十二万元(应该是五十二万元),亏空八十余万元……"

  阴沉的天终于落下了第一阵雨。中午十二点,山门上的匾揭开了,人们陆续进庙上布施。布施金额少于五百元的施主和庙上相伙的工作人员到石家沟后面的废旧院子里搭的灶上吃饭。一路上宝平和二娃还在说这次组织不力的事,也认为由于没有向广大群众发帖"短下了三十万"。

　　龙王庙自古就跟祈雨有关,但是今天这开光大吉的雨却是一阵一阵地浇着庙上的人气。雨起一阵,戏停一阵,人也躲一阵。接近下午两点,阵雨刚停,工作人员就把收布施的桌子又抬了出来。以李行山为首的几个人在迎宾室里数着布施的数额。此时,机关企业上的捐款刚刚八万九千多元。四牛也开玩笑说没办法的话自己要卷铺盖逃跑了。雨落落停停,机关企业上的捐款在三点钟爬到了十一万三千元。又过了不到一个钟头,雨大了起来,戏彻底停了,看戏的人也都散了。相伙的一众工作人员退回到迎宾室里躲雨闲聊。几个妇女唠起家常,但屋里的气氛仍然显得很压抑。布施数终于被结算出来了:小额个人二万二千元,大额个人四万二千元,机关企业十二万零一百元。这个数字显然跟人们的预期相差不少,于是有人提议赶快叫永明来想办法。

　　张永明六点钟到了庙里。同时有人带来消息说穆村同一天开光的老爷庙的情况要好得多,说人家那里是张书记亲自发的帖,帖上是用电脑打的名字,个人也发帖,说人家那里的思路好。张永明说,现在最后一步只能是他带着四牛,然后拾跟(与……一道)上同应、翠翠几个,带上收据去那些没有来的单位上,"明天早上集合!"四牛说:"对!永明,非得你出动!"一旁的双毅却建议说可能补开一次企业座谈会才是办法。有的想得更远些,高勤就提议说是不是等四月十八或某个日子再开个庙会。大家各自说着意见,最后也没能找到一个都认可的办法。

第二日:鼓噪再开光

　　九月十四,龙王庙开光的正日子过去了,折磨了龙王庙一天的阴雨也随之消散,变了大晴天。一早就到庙里的四牛在庙门外看见人们扔的垃圾就骂了起来,心情似乎不好。等到同应来了就去镇上找书记了。金柱和翠翠几个在办公室里聊开了,金柱说:"咱这里主要是没有散出个人贴,他(张永明)不叫散,我说贺昌村委的分钱的户数,咋咋的,可多了,你说把队长、会计、代表们招回来,没有起作用,不是东片的,连贺昌村委的全能送了,它东片肯定来的人多,差的好少(好多)的,送出一万张,也来上个五千呀……主要靠个人,他们不给个人送,发帖在路上见了就给也能,我这发十个帖回来四五个人就行了。"算命的小王附和:"你发出去他肯定来呀!"翠翠也说庙上的事让她急得一晚上都睡不着觉,"还不如咱二月十九……二十万,连开支也不够……这回连这布置,吃喝,唱戏还不够,这回本来说收上七八十万,把这个饥荒能打择了,短也就短着一两万,再寻……差得连种也没啦!昨天后半夜急得我真是,咱不在这里头参与着,咱也晓不得这些……真是我们那几天散帖真是累得……人家不接,理也不理!"一旁的强连连说自己昨天想着怎么样也能收个四五十万,没想到现在是二十万,连开支也不够。说着出到院里打扫了一下,点了香,为自己的三个儿子各上了一百元的布施。

龙王庙这边人不多,翠翠过来到接待室里和行山一起把接了帖但没来的单位列了出来,算下来有六十八家。一旁的翠玲说刚才塑像师傅姚师的婆姨又来了,没看见四牛,问她四牛是不是短下钱躲得跑了。说话间市容管理的人进屋来上礼,跟来的一个人在屋外等着没进来。里面的人哪肯放过。翠玲喊道:"快,还等着爷爷吼了?请你了,龙王爷爷请你啦!来了不能空走,总要多少上个礼,为你好嘛!"一边的高勤把凳子端到来人身后,说:"坐下稳稳家上,来!"翠玲也说:"多来少是个人的个心意嘛!"十来点钟,工商银行的人来上了一千元,众人们嘀咕着说看来今年的额度差不多都定下了。在庙里租地方算命的小王也来上了礼,被大伙拉着问运势。一帮工人们在大殿外的石阶上打牌。一眼望去,庙里相伙的人手比香客还多,情形远比二月十九冷清。

临近十一点,四牛回到观音殿这边的办公室里,说到镇上书记没有见着,到村上领导也不在,手机都是关了机。大家又是一通抱怨,说没有发帖给个人的损失。有人又说起了再开一回光的办法,说人家南山寺就常开光。宝平说:"不然没办法了,隔两天观音殿再开一次光吧!"金柱应和:"商议去吧,今才十四,凑九月十九,连剧团也不要走。"宝平说:"这回以民间为主。"二娃应道:"能拿出散的尽量往出散。"宝平接着说:"散出一百张也能来个八十个,上一百的在跟前我们说也能说成二百的,现在是人家来也不来呀。这跟做事月一样嘛,准备五百人的事月,一个贴也不散!"二娃也同意:"开光全凭社会上的人,没有社会上的人你怎么开?"宝平说:"农村人家小村还几十万呢!"二娃也说:"女亲们,嫁出去的出了帖,还叫回来。你这里不弄人家社会上的人,你如今不弄社会上的人,你把钱给人家拿回来也能了,人家嫁到汾阳、孝义、太原的呀还出钱出的真是,打电话叫回!"说着说着大家又研究开了这次已经发出去的帖子,发现上面也都没提观音殿的事。落款是龙王庙的帖子上写的是"九天圣母开光",落款是大队的帖子上写的是"龙王庙景区落成"。宝平说:"再散不要分东片中片西片了。"二娃应和道:"龙王庙是柳林县的嘛,全部出就对了!"

不一会儿,四牛从外面进来,宝平就把九月十九接着开光的提议跟他说了。四牛边收着刚才大家讨论的帖子,边笑。二娃看着他笑也笑起来,骂道:"看四牛笑的!你应该是想了,你笑什你娘×的!"四牛似乎并不急于接受这个新点子。一群人又转到了龙王庙这边的迎宾室,行山、同应、双毅等人都在。宝平又说了九月十九接着开光的提议,"九月十九是观音的成道之日,接着开光还省下钱了,东西可以接着用,不然的话明天的戏一完就完了。"四牛没有表态,而是走到了院子里。金柱、宝平和二娃跟出来,围着他。金柱说:"今十四,明十五,夹上一天十七十八再开。"二娃插话道:

"我对你说,光埠沟多了不敢说,散出去能回来五六万块钱,我散的那几个不全是五百家上?这回就是要你组织,不用埋人家请三请四,不顶事!"宝平趁热打铁地说:"定了开就对了,再开一回吧!"金柱用手比画着:"民间的有这么个名片就对了,贺昌大街见人就散。"四牛坐在椅子上听着这些七嘴八舌的主意,自顾自抽着闷烟,还是没有吭声。

到了中午,一群人去灶上吃饭,话题还是离不开接着开光的事。见宝平吃完了一碗还要再盛,二娃打趣地说:"你还吃?是什么心神还吃?!"饭后接待室里又是大家七嘴八舌出主意,四牛也忍不住发了一通牢骚,但还是没有接受再开光的建议。他后来跟我说了心中的顾虑:"开砸了怎么办?一来,说是说,但真的要办事了,能不能像说的这样,万一出了问题怎么办?结果可能更坏,欠下的外债可能更大!二来,周围的(帖)已经散了一部分了,人家一百、几百的也上了,又给帖子人家怎么想?好歹得错开一段时间……还得找那个主任,当时承办了,如果他当时不承办,我们就用我的老办法,肯定就在后院起上个灶,统一就在一个地方吃饭就对了。就是那个做法,都走了民间。散帖也都是群众,也不用找干部,害得我说话也很不方便。但是人家应承下了,又办砸了,几个大财团等于都没有出力。应该是介绍怎么的个情况,修缮的情况,准备这会儿开光,准备把这个饥荒打择了,叫大家帮忙地成全一下。自己办效果也是一样,现在只能找他了……我现在也不知道他是怎么想的。以后坚决不靠他们了,靠了就出问题,就跟修庙一样,靠自己,比现在这个效果强。"

晚上回到山上,我从二娃的老婆秋燕那儿又学了一句柳林俗语:"没啦伪个屁眼就不坐伪个八仙桌。"意思是没有那个能耐就别去瞎应承。秋燕又说:"说下人的人等着,说下神的神等着。不说下人的人们就不要等着了,再找别的办法!"

最后一日：国营饭店里的答谢宴

九月十五是开光的最后一天，气温直降，柳林好像突然入了冬。四牛上午并没有按昨天永明说的去企业上要钱，而是几个人"喝酒总结教训"了，看来有了另外的打算。九月十六天更冷了，二娃家门上的竹帘也换成了夹棉布帘。大清早庙里一片冷清，只有剧团的人早早到了迎宾室，等着四牛来开钱结账。四牛九点多来到庙里，打电话给连喜让他取上十万元，好先付剧团六万元，让他们先走。拆搭戏台的演出经纪人也来结账，付了五千五百元，来人还想顺带要以前搭台唱戏被四牛短下的钱，四牛不给，说："以前的一律不考虑，先把这次的结完！"四牛边跟灶上的结账，边开始和连喜一起打电话通知人们中午到"国营饭店"吃饭。他又问了问连喜布施的总收入情况，功德箱九千五百元加上布施二十四万六千元，一共是二十五万多元。通知到的人陆续来到庙里集合，准备出去吃饭。看到贾宝平，四牛半安慰半玩笑地高声说："高利贷贷，该怎么怎么，不还饥荒怎么办？！"说着出了门。宝平叹气道："没有闹好，没有把帖散出去，人家不来，瞎吃了，吃一下又要吃钱了，闹不下钱还吃饭！"他无奈地跟了出去，一路还是唠叨着接着开光的事。

"国营饭店"里一共坐了四桌，主要是一些开光相伙的工作人员和庙上的工人。龙王庙盘子上明年的主人家田勇勇和永桂也来了，不过筹备组里的那些老干部们没来几个。吃开后四牛就站起来挨桌敬酒发感言。走到贾宝平手下在庙上干活的工人一桌，四牛举杯说："不管多与少，我全要想办法！都要考虑，心放平，我不会一拍手就走呀，和小宋到武汉去？反正以后的工作还是要尽心尽力！"说罢又举着酒杯跟一旁的彩绘师傅来喜说："来喜，我跟你说，不存在，我想办法，贷款也要贷了！反正你们工人们这三十来万块钱我说我全部给，不用担心！"四牛又转到龙王庙盘子的新主

第五章　反常之声：送不出去的盘子与龙王庙结局相反的两个"事月" | 207

人家田勇勇这桌，又把庙上和盘子之间相伙关系的事说了，"盘子就和高二平那一样，叫闹，不存在这些问题。可是修这个盘子（固定房）这个问题，它不是说是我不允许……"田勇勇也敬酒道："有些什事还希望大力支持。"四牛答道："绝对，放心！只要是放在我这，我肯定考虑，早就考虑了，不是说是因为你当主人家，谁当主人家也一样！龙王庙要修，也都是为了这里的人，盘子倒塌了叫人们骂，能了？"

　　当着龙王庙一些邻里的面，四牛又说了庙上停车场的事："开罢光了，不收费！因为工程了，不然咱为什么要叫收费呢？收费也是一种因素。事实上，我们工作上，这耷一个劲停车，车停下，我们料也进不去，逼得我说，高勤你自己也在这里相伙，你婆婆伪会也是咱龙王庙保护组的，你就把这个承担下，他们说什叫他们说去！你承担下！不了料来了怎么办，招架不了。不了年时（去年），龙王庙的工程连龙王庙的料也进不了，你能晓得（车是）谁的，叫谁叫不到，一卦（一下子）些车停下，多不敢说，有十来天不动。现在不收费，暂时没工程，明年开了光再说。盘子肯定你正月要活动了，闹秧歌，闹，放开闹！要用什，说话，弟兄们，不存在这些问题。"说罢四牛又对坐在田勇勇旁边的高勤说："今年是对不起你，叫你跟上龙王庙受了些委屈，你以为我是捉弄了你，实际上不是捉弄了你，实际上都是为了好事，没办法，你也要理解我。"高勤忙说："理解理解，支持支持！"四牛忙着敬酒张罗，知道大家吃得差不多了才坐下和保护组的骨干边吃边谈。贾宝平带着一帮工人承揽庙上的古建活儿，开光不利对他的影响最大。四牛借机安慰："宝平五年了，只给了两万块钱，假比你在这，我给你两万块钱，你怎么办？两万块钱能做个什？一年两万也不够吧？细们一个在太原，一个在忻州念的，今年又引了个嫂子（娶了个媳妇）。"宝平显然还是对这次开光组织工作的不利耿耿于怀："这个应该提前，咱把该办的办了,这就算了,咱没有把该办的办了!"四牛安慰道:"过去的就过去了,看明年!"

4. 失败的议论和贾宝平的烦恼

龙王庙 2009 年的这次开光,没有人认为是一次成功的"事月"。关于失败的原因,我所认识的大多数人都认为是四牛太过依赖村领导,指望大企业而没有给社会大众发帖。但在这种主流意见背后,也不乏其他声音。比如参加了开光筹备的老文化局长张生全就更愿意把首要的原因归为"天时":"今年的时机不对,要放到去年这会儿就没问题,他(四牛)不是修建亏空八十来万,想弥补,结果最后能弥补个十来万。他选择的时机不对。今年山西是煤炭整合。所有的煤矿都停了。都要上割煤机。不到三百万吨的矿不准开采,所以现在煤矿都基本上处于停产状态,往里面投资,都是贷款、借款这么个阶段。他愁靠什么米下锅,叫他花这个钱他毕竟难。去年煤窑开着的时候,一吨煤可以卖到两千二三,柳林好一点的煤,最高的两千四。一车拉五十五吨就是十几万。一个煤矿花个一车煤不是些什问题。对老板们来说,一车炭钱,给你送上个十万。在今年了就上三千块钱,不了最多的就给你上一万块钱。因为煤老板这会儿你少的也得十个亿了——贷款,向各方面寻钱。这还是小的割煤机,大个割煤机一个就是四个亿。你整个皮带,输送也都得跟上来了,大量地往里投入,这个时候你煤老板他找钱已经找净了,就困难了。像去年双塔寺集了一下,就是两百来万,煤老板们有几个就是三十万,三十万就有三家,那就比较容易了,今年不是时候。他一生产开就厉害了。一天的产量就大了。一天一万吨煤,一吨两千块,一天就是两千万,厉害得多了。十天就两个亿了,大量票子来的时候,花一点在人家不是些什,庙上该花,拿上一车煤去。他的机会选错了。"

除了"天时"上不济,张生全也认为这次的组织工作上出了些问题,实际上就是之前商量好的"上层动员"并没有实施,"再一个是没人愿意出头露面。和煤老板们打交道要有脸面的人,你找一个副县长也好,或者找一个人大主席也好,出面也就是你煤老板再困难,拿个十万八万也不是些什问题,但是你龙王庙没有这个人出面,谁也不肯出面。四牛是看下让村的主任出面,村主任是看下让镇的领导书记出面,镇书记说是,'唉,我给你打下电话!'实际上也不想打招呼。这都没有打招呼,最后谁也没有说。所以煤老板们有的晓得,有的晓不得,反正打发得来了,三千的,一万的,就是这,这和原来想象的就不一样了。原来想象的那些大老板一家弄上十万就是五十万,再把一般群众集资的够了就行了。结果这五十万就空了。自己说得好,也没有些出力的人。"

至于被广为议论的不向群众发帖的决策,张生全还是觉得这样做有它的合理性:"因为群众年年发帖,他也烦了,每年二月十九都给人家要钱,每年要钱也不是个办法,今年二月十九才收罢,一年上两回门也不好。像我就不主张再上门。也叫老百姓娱乐上一回,不要回回都出钱。明年二月十九再开就行,肯定比今年二月十九要收得多,还想顺着再开一下,肯定比今年的二月十九要收得多。村委每年是给双塔寺和龙王庙两万块钱,今年还没给,这回说是村办的贺昌煤矿拿了十万。他要慢慢地开饥荒了,每年二月十九,你看他是五年三十八万,平均一年就是七八万块钱,明年或许能收个十六万块钱。就是二月十九唱戏之后长下的钱,每年能开七八万。逐年把他的这些饥荒开完。村里面每年拿两万,一年就是个十来万。开个七八年,这七八年什也不要干,慢些修。你像原来的老马,他就不敢摊饥荒,四牛就比较手脚大,敢摊,还起来就难,老马给四牛移交的时候是平的,没外债。"

开光的大事月一过,庙中也渐渐冷清下来,四牛也不常在庙里露面了。此时日子最难熬的恐怕就是指望着这次开光挣钱能给手下工人们开工钱的贾宝平了。十月十五,龙王庙开光过去整整一个月后,贾宝平在二娃的小餐馆里请手下的一帮木工和泥瓦工师傅吃了一餐。工人们酒足饭饱离去之后,喝了不少的宝平拉着二娃和我诉苦:"这伙人们如今做营生吧,已经有了情绪了,给我做营生有了情绪了。如今天气吧,一天最多做得七个小时。我年时弄下的那个盘子,如果不考虑那个,我十个小时还不够呢。如今过来过去我受害了。我今天为什么要来吃饭,因为钱给不了人家,我开始要对人家赔情,这伙人全是我找的嘛!"二娃问:"短多少?""短十四……光是工资要把他们打择要八万块钱,该是我的信誉好,在外边,说不该,早走了啊!是了不是?现在,有了情绪了,我只有来解释,'没问题,这个钱我一人承揽起来了!'你说不弄这个,到时候,我的盘子也完成不了,是不是?今天为什么不叫四牛?他就不能来嘛。这是我的一伙工人,我可以解释,说不清了,哎呀!四牛现在也没有钱嘛,一百块钱的票子,四牛手上摆满了能摆多少张票子?四牛的心情也好着:'外面有钱!'这伙人们不理解,只能我来解释。四牛心情肯定还是要从外面闹回钱来,不是说四牛骗你们,短下你们的,不管了是不是?他要管了!慢一点,这伙人们承受不了嘛!实际上我来承受嘛!你说对不对?我不承受,影响我的盘子,数我承受的负担重。我每天晚上睡不着觉,几点起来了,考虑各方面的问题。这个事情吧,对我的损失大。盘子是我揽的。不与那个龙王庙相干,这赖赖(这么多)人们,多摊一天是多少钱?一样的个盘子,我揽八个人总赚两个钱吧?这么一摊就摊得我没赚了……急也没用吧!只能沟通沟通!"

二娃听了宝平的这一通牢骚,只能安慰他还能指望着再开光:"四牛说是什会还能再开光?"宝平说:"四牛说是什会什会他也没有把握,只有我心趣上给他们吃个定心丸,'四牛不给你们我给你

第五章　反常之声：送不出去的盘子与龙王庙结局相反的两个"事月"　| 211

们！四牛骗叫骗我,不能我就骗你们,我给你们！'吃个定心丸,这个定心丸给人们吃了没有呢？实际也吃了,实际也没有！定心丸数什么？数呀哪个定心丸好？把钱叭叭叭点了给了最好,这个是最好！这个丸子是个假的嘛！所以现在他们稍微能安慰一点。真正能够解决这个思想的事情吧,你今拿不回钱给老婆,孩子没有钱,这个也要钱……你说是不是这个事情？数我的工作难做,哎呀！"至于是否能像大家议论的那样在二月上接着再开一次光,宝平说："开不了,六月,六月开光也是看情况吧！"二娃说："不开不能嘛！钱从呀来？"宝平叹气道："唉,开光要有点成绩可以开光,要成绩就要有付出,要有点经济,没有点成绩像如今开光你怎么开？弄上一点吧,那面吧或者这面吧,弄上一点吧,可以。你大小修起个,可以剪彩,你明年开光,多少总得投资一部分。"

不过,宝平的麻烦不仅仅是修庙的钱拿不到,他手上的那个盘子也到了赶工的关键时刻："(现在工人们都)在我盘子上,因为我全力以赴这个盘子,我的这个盘子,你晓得了,去年就要完成了,去年完成不了人家说行,推到今年,今年要再完成不了自己就没有说法的理由了,你说对着不对？去年说法有个理由,或者说没干,或者冬季了干不了,怕做了明年变形,实际给我带来麻烦了,木石总有点变形了,下一年人说你说不变形——变形了！实际是自己给自己的嘴巴上放这个泥巴,是不是？今年务必要完成出来,你今年要完成不了,你还有什么话？腊月,我准备,今我说了,不行到时候加个人或者做什付点代价,阳历年跟前把木工全部完成下来,彩绘快,木工下来了,彩绘多不了半个月,全部完成……庙上的事情完成不了还有个理由:那款到不了位,是不是？盘子没啦个理由,到位了,是了不是？盘子是我的事,庙是他们的事。我的这个务必要,付代价也要完成。你了解这个事情,难不难？我手上这些全要生活,家里全有孩子,全有父母嘛,全要生活,不给人家钱叫人家怎么生活？给不了人家钱人家心情不痛快怎么能给你干好活儿？是不是？这是个实际的情况。你看我每天在那里设计,画那些,有时候脑子里也是乱得不行。有时候一天就画不成了,有时候恰发见(觉得)画得还可以。寻的人家吧,还要看人家画得好赖了,然后监督人家的技术,弄得人家的心情,还有各方面的,数我的工作难。"宝平看了看又忙开的二娃,问了问今天店里的营业额,说:"做什么也难,行业不一样,各晓不得各的难处……做什也难,你揽工的也难,打工的也难,是不是？你说二娃开的饭店,也难!"二娃在一旁应和:"唉,难！难！难！"

  龙王庙的这次开光算是跌跌撞撞地收场了,留下的亏空摊子还得等四牛和宝平他们慢慢想办法收拾。至于还开不开光,何时开光都还可以商量,反正庙上拖欠工程款也不是一天两天了。不过宝平眼前最紧要的还是赶紧把许下人的盘子给割好:正月十五的盘子会可不像龙王庙的开光可以一拖再拖,这红火是等不得人的。

第六章

纠首刘二娃的盘子会：日常生活的嘈杂人声

第一节 | 初一到十五：家庭到社会

1. 走罢亲戚动弹开

转眼 2010 年的元宵又在眼前了,和前一年在十八米街和龙王庙两个社区来回跑,沿路走马观花地看盘子不同,这一年我住在二娃的家里,跟定了这一年做纠首的刘二娃。二娃一家这年跟上了两处盘子,一处是杨家圪廊山上的盘子,一处是街道上饭馆所在的二轻局盘子。从二娃一家搬到山顶开始,二娃跟山上的盘子多年了,中间也做过主人家。山下街道上的二轻局盘子二娃跟上才第二年,开店的地方原来租出去后二娃就没有跟盘子,直到去年要回院子开店,才又跟上了二轻局的盘子。今年二娃被主人家成永平拉上,当了二轻局盘子的纠首。虽然叫"二轻局盘子",这个盘子其实与二轻局没有什么关系,因为搭在了二轻局院子的门口边,人们就这样叫了。它控制的范围包括旧街东头"河头起盘子"以下一直到龙王庙前石家沟街以东的旧街两侧的院子和门面。只在十五前后出盘的二轻局盘子在柳林镇上规模并不算大。

大年是属于家庭的日子,在太原打工的二女儿亚红和上学的小儿子军军都回来了,二娃一家五口挤在杨家圪廊山顶的二十平方米的平房里过年。从初二起两边亲戚家就开始互相走动了。吃进吃出地一直到初七,二娃眼看就要开始到"社会上"忙活了,起始站就是山下的盘子会。初七这天,二娃家请秋燕的一帮弟兄姊妹家的吃饭。从二娃家山顶的坡上已经可以看到山腰上有盘子搭开了。

二娃和秋燕从早开始忙活,在厨房里忙了一整天的二娃到将近下午五点开饭才得空坐下,边陪酒边说起自己过年这几天的忙碌:"正月初一早起,六点半就起来,院起点了火炉子,火炉子还只点了半圪垯(一半),着了半圪垯着不了,又把秋燕叫起,我说:'快快,仒这点不着!'我如今要供敬爷爷,门神呀,财神,灶王爷,天地,土地,晓不得是顶事不顶事,人家留下地个,咱呀点香磕头!完了,秋燕又给我弄的柴,我又嘛生且火炉子,细们谁也不起。个人一个人站在院起放花花火了,像我这今年八岁!个人一个站在院起……哎呀七点也多了,回来又,圪拧着看了一会儿电视,七点半起,做锅,生火,煮挂面,八点就吃饭了,八点半就把饭吃得打择地。两点居下又再吃饭,又是个人做……黑了七点半还从柳林又下了,伪且(那个)呀,清河广场看了一回龙,串嘛,没啦歇着!初二晓琴家伪,也是去了做!初三米妈伪,做!初四米妈到了我这,做!啊,初五,晓琴家伪,做!初六,下来伪,吃……夜来就没啦歇着!也是心慌,心慌得不能。吃席嘛,你要各方面弄好嘛!"尽管"心慌得不能(不行)",二娃还是必须准备好新一轮的忙碌,盘子会眼看就要动弹开了。

这边来吃饭的亲戚们还没有走完,那边成永平的电话就打来了,吆喝明天一早起份子钱的事。二娃放下电话就跟一旁的亲戚诉苦:"一户一百,今年我就得三百,哩哩啦啦得四百,哎呀,四百也不够,花吧花吧!多押两个钱,一年押上两个钱了,满年通顺!"没过一会儿,成永平的电话又来了,大概是要二娃在自家的小店里给盘子上开灶,二娃一听,急了:"好爷爷!我什也没啦什,开什灶?你是把我欺负的,哈哈,悄悄悄悄(别说了)!你不要把我……好哥啊!你是硬依死撅我(往死里整我)呀!人家兀赖赖饭店开着嘛,没啦处吃饭?……你个人看吧!唉,要派上个人,不派人我一个根本……好爷爷!啊!厨房还得个人相伙……哎呀,不能不能!秋燕不在嘛,人家秋燕到了中阳了,没人相伙嘛……"

灶看来是不用开了,但让二娃急的事还没完,成永平又在电话里说起让二娃接手当主人家的事,二娃连忙推脱:"我对你说啊,明年千万要把这个移交下啊,我明年到了青龙,没啦这个人了,你再给我埋下这个根本不能!哎呀咱下底面再说,下来再说啊!不敢,不能!怎么都弄不成,咱连钱也起不起,真起不起,哎呀,不要,好爷爷!你不要,你吼(喊)我能吼动我了,我吼你就吼不动了,我解下,我晓得了,我肯定拿不下来嘛!你是一个劲,啊,悄悄悄悄,不要说些好办不好办,人家还有人,你是一个劲把我,好哥家!唉,收不起钱,主要是收不起钱,真是收不起钱啊……我明下去再说,行吧?行行行行……哎呀,你能指挥动,我能指挥动……胡说!人能听你说,你肯定不听我说!哎呀,不敢不敢,不怕嘛!今年我肯定给你扶助扶到底,哎呀,哈哈,下去再说,行吧?啊,好好好好,好爷爷!"晚上,山上上杨家圪廊盘子上的一群主人家纠首来起份子,这边是按人口数起,一口子二十块钱,二娃家交了八十,又登记了三个孩子的属相,说是好准备上锁锁用。

这一夜并不平静,二娃家在半夜三点钟接到第一个关于地震传言的电话之后便再没有消停。虽然二娃一家因为住在山顶上,地势比较开阔,并没有像很多惊慌失措的柳林人一样聚集到清河广场,但这一家人也是再没心思睡觉了——开了灯,打电话和亲朋好友们互通消息,还时不时跑到屋外看看山下街道上匆忙出行避难的人和车流。临近天亮,清河广场上的人群和笼罩在柳林上空的焦虑逐渐散去。这时,躺在床上的二娃说自己又发病了,心烦,腿凉,出虚汗。他说最近隔一段时间就会有这样的感觉,我告诉他这恐怕是更年期的症状。不过也不知道这回发作的诱因究竟是初七请客一天忙下来忙的,还是受了"地震"的惊吓,还是成永平的那几通电话引发的焦虑。

2. 正月初八收份子

初八一大早,二娃和我就到了成永平家,成永平刚起来,边吃着早饭边和二娃商量起份子的事。永平心里已经定下了今年份子钱的额度,说每户起上一百元,纠首今年弄成每人三百元,"年时主人三百,纠首二百"。二娃让他先算大账:"不是!先把你大框框看一卦能收多少钱?千万别说这三百、二百。"永平告诉二娃去年盘子上收了一万一千多。二娃说:"咱是如今能收下一万一千多块钱?咱是按这个钱下来,炭、灯,今年就不用弹那些断根子弹唱,不用弄了!"永平细算道:"我跟你说,年时起了一万一千几,是唱花了四千,油盘子花了六百,这就花了四千六,快五千了,咱今年咱把这两项项开支就没啦。今年咱买灯一千七,灯笼还没啦定……"永平盘算着再购置些挂灯和花纸,"可能会花些线,剩下的钱给盘子上买对好一点的灯笼……这个灯上起码比年时(要好),这五千块钱,咱估计要花三千来块钱就够了,这个起码要剩两千来块钱。"说到结余,话题自然就又扯到了下届主人家的人选上。二娃生怕成永平又拱他出来,于是添油加醋地把龙王庙盘子上老主人家高二平的遭遇说给永平听:"我怕埋在这下掀(移交)不出去怎么了,龙王庙家高二平,当了八年了,掀不出去,没了人接嘛!"永平忙给二娃宽心,说自己已经跟一些纠首做了工作,叫他们接在二娃后面当主人家。二娃还是不依:"哎呀,连地(连着)两年家,纠首(当)罢了再主人,还有地且(这样的)?"于是又和永平合计开了,一个院子一个院子地数,看坐地户里还有哪些壮年人手能出来当主人家的。

主人家的人选不是一时半会儿能够解决的问题,大年初七的首要任务还是挨门挨户地起份子。九点钟刚过,永平和二娃,加上晚来一些的纠首永胜就从永平家出发了,先是要把今年的纠首从家里吼出来。二娃的哥哥继海和住在对面院子里的伯叔弟兄刘赖赖都出来了。住在正对着二轻局街边屋里的六黑一大早就出门了,家中只有六黑媳妇还在床上躺着。永平打趣地跟她吼道:"那你就穿上走嘛,顶你家老汉嘛!"六黑媳妇嗔怪道:"哎呀,夜来黑间(晚上)醒了……"也是被"地震"给闹的。第一笔份子钱是六黑家隔壁的碗团店上的,赖赖请众纠首在店里吃了碗团,顺便就把份子钱收了。一帮人随即从燎原商场以下开始往街道这边收份子。二轻局盘子管辖的这条街上有很多理发店的门面,租下门面开店的大都不是本柳林镇上的人,多是附近乡镇的,远的甚至有陕西的。虽然正月盘子上收份子不是头一回了,但一些外地生意人仍然不太适应。一群本地的纠首主人家挤进店里收份子,碰到平时不太熟的店家,那架势竟然有些像收"保护费"。不过大概因为这是替"神神"上收的,纠首们也都是理直气壮。

永平作为今年的主人家,收起份子来十分尽职,总是冲在队伍的最前头。一伙人到了一家小理发店,永平先进了门。女店主一见这阵势,知道是上门收份子钱来了,赶忙递烟。永平也干脆,开门见山地叫老板出上一百块钱。女店主忙说:"开年还没啦挣来嘛!"跟在后面的二娃回话:"哎呀,你呀年时(去年)挣来嘛!"女店主回身拿了些零钱走到门口,"不够嘛!还没啦开始做生意来。"继海一看便说:"后响,后响我们再来。"女店主忙又解释:"不是,回去过了假,夜来才上来,我来一且老婆子不能做生意……不是,问题是地些,随心所欲……不是,我来不会,是雇些细们,一且老婆子初六才开门。"永平还是坚持,"出上一百块钱"。女店主把零钱递到永平跟前,"跟上个爷爷会会行了",意思是把手上的零钱给了算了。永平把她拿着零钱的手推了回去:"沃了(这样的话)就不用你出,将开始最少五十,一般交出一百块钱,今年,炭还今年得多少钱?不了(不然)咱还是说你呀摊摊侯(小)嘛!"女店主听永平的这番话妥协折中,便转回去又拿了些,凑足了五十元递出来。永平接了钱,叫住女店主说:"来来,叫个什咧?把名字写上。这个钱多少叫点香来!"

　　从第一家出来,一伙人又进了"如意发廊"。永平进门就对着女店员说:"寻上一百块钱,不要多寻!五六百家是弄亲戚门户,又太多了,弄不成!"女店员为难地说:"掌柜的还是不在着。""谁也能做了主了!"后面有纠首喊道。女店员坚持,"你呀,一会再来嘛,真是还没啦……"永平哪是这般好打发的,说:"就是凑(趁)早起一卦起了!这都有做(工作)的,请了假,义务为神神服务,这不挣工资着,恓惶(可怜)得……在箱子里头寻出一二百块钱来给了就对了!"女店员磨不过,只好到后面给掌柜的打了电话,得了指示,把钱上了。从店里出来,我看见负责收钱的二娃手上攥了一沓子百元钞票,便问他才收了这几家,哪来的这么多钱。二娃笑着说:"我的嘛,不了人们不肯出钱!"

　　一群人从泌尿专科出来进了对面的二轻局院子。"二轻局盘子"虽然跟二轻局没关系,但是这个院子里单位不少,是收份子的大户。第一家大户就是院子里的幼儿园。到了幼儿园,永平隔着铁门就往里吼开了:"幼儿园家,掏出五百块钱来,盘子上的钱,唉,今年在你门口搭着啦,你多出上两个……院长,把个钱递下来,咱是个单位,不是个人,写成幼儿园的名字,幼儿园,五百块钱……"进了幼儿园的铁门,永平一个人冲上了二楼办公室。二娃在下面跟我说:"要钱顶下砍脑(跟砍头差不多),哎呀,根本要不下!"永平在二楼上找院长收了钱,边下楼边数落站在楼下没有跟上去的纠首:"叫收钱,都躲得远远家!"二娃回嘴:"哎呀,你呀上头钱全收下了,迎到钱我就上去了,哎呀!"永平说笑:"人家挪(给)了二百,你就说郝(拿)了五百!"二娃答道:"兀来没事,回去本本上订对(核实)了,由你啊在上头说了啊?!"永平不依不饶:"我多少怕钱不够!"二娃也来了劲:"我还是回去要到本本上看,还怕你呀捣鬼还叫我侬里贴(往里贴钱)咧!"纠首们都笑了起来。

　　二轻局院子里有些单位还没人上班,一众纠首只能出来继续收门面和后面院子里家户上的份子钱。纠首们逐渐到齐,除了一个有事未到,加上永平一共有九个人了。家户上的份子一般坐地户都是一百元,小户的也有五十元。有几家门面上是新来的外地老板,给五十元也就收了。有一家硬是只出三十元,也不太会说话,和纠首们也就闹拧了,最后相持了一阵子,永平他们还是没收这钱。到中午十二点半,算是收了一圈下来,纠首都散去回家吃饭,剩下永平、拿账本的继海和拿着钱的二娃进了"双清理发店"。

　　女店主双清来柳林镇上开理发店有几年了,店的位置就在二轻局院子对面,和永平、二娃都很熟,大家有事没事常到双清店里说笑打趣。到了正月上,双清的小店俨然成了"二轻局盘子"的联络站。进了双清的店,二娃点了点早上收到的钱,一共是七千零三十块。趁继海在一边核对账本,永平跟二娃说起了下一步的打算,说是要开始找人在街道两边的墙上打眼挂灯。永平说灯已经订好了,"定了九排子,管球它(不管它)!这地家过来过去挂上,边边再挂上灯笼,兀就不贵,才一千七百块钱。"二娃记起了去年老康家办丧事时请的出色的陕西响器班子,给永平出主意。永平没兴趣:"哎呀麻球烦(不麻烦了),咱来不唱不跳!"二娃问:"不唱不跳赤寡寡成呀?"永平说:"没人听!八个唱的连八个听的也没啦!都过到来福区十八米街了。像这些街上的不行,没人来,(钱)瞎花了!年时家花了四千块钱……人家唱大型歌舞了,都是好几万家,咱这一共起得万数来块钱。"继海的账目对完,二娃又说起上午收份子碰到的几家人不在家的:"要黑地去,白夜(白天)人家在外全走亲戚!""走亲戚也不怕,咱十五黑间了院下来收!"永平说着,和二娃、继海散了,收份子暂告一段落。因为"二轻局盘子"的规模小,纠首们再聚集挂灯、搭盘子就到正月十二了。

第二节 | 搭盘子与酒桌上的蓝图

1. 正月十二：拉家当、搭盘子

正月十二，二娃和我早早就到了成永平家。因为这里的纠首们都不会搭盘子，所以这两天的活儿少不了金柱，盘子上也会付给他一些费用。二娃说昨天在龙王庙已经和金柱说好了，今天有空。二娃和永平于是先来到金柱家商议，二娃随即又按照金柱的指示去找邻院的三轮车夫定下去龙王庙地下室拖盘子的事。和三轮车夫说好后，二娃又回到金柱家，和金柱聊起来。因为金柱之前揽了搭龙王庙盘子的活儿，话题扯到了龙王庙的盘子上。二娃说二轻局的这个盘子比龙王庙的盘子轻省多了。金柱说："人家有九曲了，咱没啦九曲。哎呀，从联营公司伪头走两串走到公安局，够多吧？"二娃跟着就说起了对龙王庙今年主人家田勇勇的看法："哎呀，我看伪且（那个）后生，今年诺（他）呀，诺呀要去捣蛋去吧！"金柱也不看好："诺？诺非赔不行……不过人家电费不出。""省奔（这）电费你才能省多少钱？"二娃有些不屑地答道。

二轻局的盘子原来存放在二轻局后面的一间屋子里，后来拆房子腾地方，就挪到了龙王庙的地下室里。当一帮纠首来到龙王庙戏台院的地下室跟前，才发现又出问题了：一辆"霸道"停在出口的旁边，停得太靠前，堵住了出口。去年开光之后，四牛怕群众说闲话，停车场就一直没有再收费管理，所以又进入了随便停车的局面。纠首们打听了一圈也不知道这究竟是谁家的车，只好先从地下室里搬出一些电线、灯笼之类的小件。随后就只能边等车主边闲聊。看见从下面拿上来的塑料灯笼，永平说："今年谁说挪咱耷送的锦旗，送灯笼的送锦旗，幼儿园家女子不是考上大学送耷锦旗！"看着抬上来的这些东西，有的已经进了水，二娃说："盘子一是要有个好放处，二是要有个好人经营。"二轻局的盘子很多部件是铁皮做的，因为地下室潮湿，锈烂了不少。

纠首们等车主的当口，龙王庙盘子上的主人家田勇勇来庙里张罗借板凳供桌的事，碰到二轻局的这一伙子纠首。二娃一直不看好他今年张罗的龙王庙盘子，听说今年的份子收了一万二，就问："你呀兀是这赖赖人，从后面家至前面这赖赖人，才收得一两个钱？"田勇勇答道："不跟也能嘛！不出钱还是要不下，兀能斗气（吵架）叫给？有多少钱起多大红火！"

车主终于找来了，把车挪后了一些。一些大点的家当可以从地下室往上搬了，于是几个年轻些的纠首下到里边，把东西送到洞口再由上面的纠首接住。其中有几个年纪稍大一些的在一旁没怎么太动手，看见二娃出力搬家当，便打趣地说："哎呀，这下二娃，应该奖励一下，年轻！"二娃答道："哎呀，天家（每天）吃肉喝奶奶！"搬得差不多了，二娃又在洞口边指着地下室比画开了："这好地方一放，伪个郝出来哦，看兀这个东西好！一到些沤地方一放哦，一沤，就沤了……你如今在街道起来天家出来地个，你如今坐到老监，几天出来就沤球了，路也寻不见了！"实际情况也就像二娃说的这样，搬上来的箱子也起了霉了。刘赖赖的哥哥顶替上班的弟弟来帮忙，大概因为刚才没怎么出力有些过意不去，在一旁开始给这些忙着搬东西的纠首上烟，上到二娃这儿，又被他打趣了一番："如今人家全是吃两个字的伪个烟，红盒盒嘛（指'中华'）！你是弄地三个字，还是地且字（指'芙蓉王'），三个字要吃黄鹤楼嘛！"众人又是一通笑。

第六章　纠首刘二娃的盘子会：日常生活的嘈杂人声 | 223

东西全部抬到地面上以后,大家就等着三轮车夫来拉了。二娃得闲又说开了："如今的人们不爱弄地些,真的如今人们不爱弄地些,恰细(确实)是没办法,掀也掀不出去,弄到脑(头)上——这龙王庙的高二平个人一个当了八年主人家,好爷爷！黑地没啦纠首,个人一个家板凳在沓坐着,个人一个照起盘子,高二平一个当了八年了……那面放个电视,个人一个坐个板凳,个人一个看起电视,个人一个,黑地,你你你,一过十二点就没人了,个人一个在耷照着,没人弄了！年时依出挂灯做什全不是雇的人？诺来真是起的兀钱,没办法了……连地跌了八年,急得能死下,把个高二平急死！"说完了去年龙王庙的高二平,二娃又说起了今年这里的成永平："诺是开上汽车行,大女子在汽车站,大小子在交通局……居厢就没啦一个歇的,门面打赁钱,地方(房子)打赁钱,真是钱真是八面来财,正经家八面来财……"

永平布置好纠首们拉盘子,自己就出去买电线了。一帮纠首跟着车拉了两趟才把家当都移到了二轻局门口。卸了车,顺着二轻局院墙归置好盘子上的家当就已近中午了。永平买好电线也回了,五十块钱打发了车夫,就说起了吃中饭的事,纠首中有几个说要回家吃,永平也没有强求大家一块儿吃,坚决回家吃的就让回家,最后剩下的三四个人就和他到文化馆后面的"国营饭店"吃了羊肉面。吃罢午饭回到二轻局,听说金柱揽了几个地方搭盘子的活儿,又被人叫走了,所以大家只能边等他边闲聊。永平手里拿着账本,蹲在二轻院的门口,期望能够碰到那些还没有上份子的单位的领导："搭盘子,凑地(顺便)要钱,搭起来了总会回来一回吧！"

一众纠首围在一旁讨论挂灯的方案,永平提议说今年挂线的钩子打上去就不要取下了,这样好方便明年的主人家,说完还特意补了一句："二娃明年用！"二娃一听这话连忙喊道："哎,不是不是！不是黑地家,喝了酒了依下胡说,今儿是酒还没喝来嘛！"永平说:"咱院当(主人家)五年,第二年了!"二娃不依:"不不不不管,当十年也不管!反正是你当主人家,咱当纠首!"旁边有纠首跟着起哄:"从你家院起朝外轮嘛!"永平对二娃说:"明年你,后年继海!院起先,咱院弄上五年再出来。"二娃急得提高了声调:"人家人们不不不不用了?……看这一个霸起地家!"永平又说:"从你家院起朝外轮嘛!"二娃答:"轮到你院起就你一个!"永平只能做为难状:"沃了轮不出去没办法嘛!"又说起自己儿子一辈的年轻人暂时还挑不了大梁,接着还是拱二娃:"主人是说话的,纠首是干活的,让二娃明年也当说话的!"二娃不听这甜言蜜语,说自己就是变了哑巴也不说话,"就愿意干营生!"

等金柱到场,盘子才正式开搭。喜兵、六黑和二娃这几个年富力强的纠首跟着金柱先竖起了框架。二轻局的这个盘子属于柳林盘子里最传统的三段样式:单面,中间的主台供天官,左右两边各有一个副台。右面的副台供的是"护儿张仙",左面的副台供的是"送子观音"。金柱先带着纠首们把中间主台四角的四根钢管立起来固定住,然后再搭建左右的两个副台。整个骨架成形后再上各面的画板,最后再安装那些木制的斗拱和毛头滴水。盘子正面上方的一主二副三个画板装饰是直接画在铁皮上的,已经锈迹斑斑了。而神台里面的画板是去年重新画的,木框架结构,彩绘的神仙和故事图板用有机玻璃遮了一层,打开清扫一遍之后还显得很新。主台的天花板由二十四孝中的十六个故事画组成,侧面围着八仙。纠首们搭盘子的时候,来往的邻里有的也会凑过来看这问那,二娃也会时不时地耍笑一番,比方告诉人家说明年这里要搭个大盘子:"肯定嘛!明年七层的盘子,十三万,定了……明年十三万的盘子建了喽,这垕要是垒火炉子,要吊车垒了,人坐在吊车上垒!"直听得一旁来相伙擦画板的六黑媳妇笑得前仰后合。

柳林盘子多在侧板上记录割造的历史,二轻局的这副也不例外。左右两面侧板上分别记录着这副盘子新建和翻修的信息。一面的文字题为"新建元宵灯会",落款为"建于一九八九年 元宵佳节"。承办人里有侯金柱、成永平、高喜虎这几个我认得的名字,二十年前他们都还是三十多岁的年纪,承办人的下面则列出了总共七十五户的捐款数额。另一面背板上记录的是"2001年元宵重修盘子"的情况。和初建时制作人包括"焊工、木工和油工"不同,这一次的制作人列出的是"木工、画工和彩画",显然是将一个用了十多年的以钢管铁皮为主的简易盘子进行了翻修,重新制作了木制构件并绘制了新的画板。当年的重修花了五千八百元,捐款的除了住户还有一串单位的名字:"二轻局300、宣传部300、水资办200、药材六部100、东街美食城100、印刷厂50"。画板装好后,安装毛头滴水是搭盘子最复杂的工作:把这些让人眼花缭乱的木工部件识别出来再正确地安装到各自所属的位置并不是件容易的事情。永平希望二娃能够学会,"你跟上金柱嘛!"二娃回:"我跟上也不行嘛!兀就能学会了?"常年在庙上和盘子上混的金柱已经成了这方面的行家里手,二轻局的盘子一时间还离不开他。柳林年轻一辈的纠首们越来越少有人知道如何搭盘子,这也让金柱在每年元宵节前成了抢手的人物。

2. 盘子上的晚饭:关于换届的商议

二轻局的盘子结构简单,忙到晚上七点基本上差不多了,只剩下些细碎的部件。累了一天的纠首们在永平的带领下到了国营饭店。馆子里龙王庙盘子的纠首们也正在吃饭。就坐上酒,一帮纠首们又聊开了。成永平三句话还是不离找新主人家的事,又拱着二娃接手,"二娃,你想要呀地些纠首?"二娃一听,赶忙推脱:"不,明年就是不动,重来一年再说,后年依我移交吧,肯定!"永平不依:"你当主人家,我当纠首!""唉,不!要了就是主人家就是你的和我的,要弄成两个家,弄八个纠首。"永平不同意这个提议:"不能弄家!"二娃问:"怎么不能嘛!正的副的怎么不能了!"永平稍稍妥协:"沃了弄成顾问,这个能了!"二娃一副不上当的架势:"顾问?你顾得了问,顾不得了不问,叫我到呀寻你去?!"

主人家的事暂时搁置,永平问金柱:"你看看这个盘子今年搭的情况,收拾一下要多少钱……哪怕咱这一伙多连任一年,再添两个纠首,沃了纠首主要就是多出点钱。"金柱说明年至少要焊一下已经松了的铁件。说到谁来焊的问题,金柱说要去找人焊。众纠首一阵七嘴八舌,边伸筷子边出主意,有人说不用去求人,自己就能把这个事办了。永平说:"叫海龙焊去吧!"二娃哥继海顺势提议:"主人家明年继续任着,把高狮子拉里,喜兵拉里,把海龙拉里!"纠首福全说:"咱再继续来!"这句话好像感染了其他纠首,桌上有些群情激奋:"纠首不变嘛!咱如今这个不要动!"二轻局的盘子范围常被分成上下街道两个部分,今年的纠首主人家大都是住在上半条街的,六黑觉得如果明年要修整盘子,还得拉上几个下半条街上的纠首,他说:"底面再拉上几个嘛!纠首你怕?叫去嘛!有本事走到底面,这一辈子不要上来!你是怕甚……纠首过来你出钱就行了,因为要拾掇盘子了!"永平也说:"实际是要纠首是要出钱。"永平又转过来对金柱说:"金柱你估一下,和宝平告诉一下,得多少钱?"二娃在一旁出主意:"这个盘子要弄是,第一,焊了的,胶粘不地(住)的,是一定要换。颜色掉了的,不能,要重彩画一下,非彩画一下不行!宝平咱能吼动了。"永平说出了选纠首的标准:"实际可以说挑耷肯出钱的,还得年龄范围内的,就这个意思了!"

二娃怕成永平把事情推到自己头上,提议成永平和今年的原班人马再续一年:"我对你呀说,是地个,先不要,咱不要乱说!咱如今是这地个,纠首也好,主人也好,再任一年,如果说是主人,对对,纠首添几个,如今咱来说下是,如果明年成永平主人家依下移的人家,不怕,挪我放下脑上,我当,不怕!"成永平还是对自己连任有顾虑,二娃就又把龙王庙盘子上高二平"连任八年"的传说拿出来开导他。二娃接着对他说:"永平唉,主要是今年下盘子就不用下,盘子是真不要下了哦,盘子完了以后哦,就让我挪宝平打电话,叫宝平上来看一下咱这个到底该补的,该重彩画的得花多少钱。"永平答道:"这个你和金柱商量去,实在,你说咱这一伙人把这个事情再不完善叫谁完善?"二娃趁热打铁地说:"所以如今是,咱这一伙人话是筷子里头扒旗杆咧,扒你了!你挪咱把这个大旗郝上,你看我们跟上你过就对了……如今到根底是这地个,特殊人家估价估得高了,咱明年能再坚持一下,把这个钱盈出来,咱纠首主人家再多出里一些,无所谓!咱要弄成个式样,不要叫人家(说),'看这,爷爷!胶也粘不地了!'就是应该是这样,你看,大家商议,纠首了是,今年的这九个纠首真的不能换,不动,原封不动!要加,咱是加四个啰,五个啰……"桌上又是一阵关于纠首和主人家换届的议论,二娃接着说:"我对你说,这个主人家哦,还要稍微有点威信威望的,没啦一点威望你不要在这地弄地些,你这根本不是个简单事,看着是很简单的个道理,你还是弄不成!"

酒过三巡,永平有些松口了:"二娃,明年,主要你操作,名声我当,咱原班人马不要动!"二娃一口应承。永平接着说:"其他好说!咱看下这钱,差的一千两千,你说咱这一伙不把这个解决,再没法弄了!"说罢,永平又挨着把几个院子里住的能当事的人数了数,发现真的是走的走,没的没,于是摆出一副再挑重担的架势:"明年咱继续干!"二娃忙附和:"继续干,对了!"永平接着说:"继续干,咱再添两个纠首——添几个?叫估一下价再说,看能出多少钱?我多出上一点点!"二娃有自己的意见:"不嘛!永平,是地个!我对你说嘛,这个钱啊,咱明年肯定是能省下钱,起码线和灯的钱肯定是能省下了,咱起码省下的这个钱够人家绘的,叫人家彩画的,唉,是地个!"永平接着说:"烂了的,底面锈的伪些,弄成光圪蛋蛋的,伪个起码搭出来像一个盘子!"二娃接话:"最朝外的伪一种叫人重油一下,还是叫人重上一下色。估价有金柱了,没问题,我和金柱,宝平不敢多算咱的,这个肯定……有时了哦,人宁割起新盘子了哦,不想在些旧盘子上抛料,害(嫌)麻烦!"金柱听二娃提到新盘子,不以为然:"你怎么弄新盘子去啊?"二娃解释:"所以如今咱不要拆,不不不,不弄且新的,就是叫人家……"一旁有纠首提议:"不要割盘子,可以的盘子买上一个!"二娃回道:"哎呀,买下的也不能了!哎呀,好爷爷了吧……宋日照年时在龙王庙叫宝平割的伪且盘子人家几十万咧,伪且盘子!"

成永平大概估了一下今年的结余和明年的情况,看有多少钱可以用来修整盘子:"明年咱盘子上多上二三千了是问题不大。今年明年灯了线了,明年盘子这上就不花钱了。不差,这上四千三千就省的。灯了线了就不考虑了,就是垒火炉的钱。"二娃对纠首们说:"这奄是地个,对你说哦,你呀弟兄们,是地个,人家成永平是地个,要是弟兄们恰细同意弄这个,再连任一年的,不怕!这奄事情我对宝平说,下来钱是肯定不会多算!"永平没有明确表态要连任,叫二娃还是先找宝平估一下价再说。

意气风发地谈完了明年的构想,话题暂时转到了眼前最实际的值班安排上。永平把九个纠首分成三天三组安排了。看到永平没有安排自己的班,有纠首故意提议让永平负责这几天的白天值班:"白夜就是主家照……永平,不是兄弟针对你呀,这是个事实。"二娃也在一旁笑着帮腔,永平横了他一眼说:"少来这一套!"二娃问他:"你是白夜要上班去了?!"永平忙扯开话题:"烟酒什都有,我负责!白夜黑间吃的喝的都由我负责,这个,弟兄们难得在奄处(相处)一回!"

酒桌上的话题转来转去,最终还是没有离开下一届主人家的人选问题。一度看似有些松动可以考虑连任的成永平几杯酒下肚又变了主意,依旧拱起了二娃:"就是重选选你嘛!"二娃无奈:"不不不不不,你不弄了我就不接手!"永平使出了一个新词——"主办":"明年你是主办!"二娃咬住:"不不,悄悄,你不要说,明年下来再说,后年我再当,不怕,肯定当……不要弄地些,你这是,什么主办不主办?"一旁的纠首福全看这两人又开始拉锯,便出来解围,对永平说:"明年你继续办,二娃再不办我办!"成永平看手下的这一伙都指着自己连任,只好把眼光放到了下半条街上。金柱住在下半条街,永平转过来问他:"你底面,金柱,你看底面真没人了?"金柱说也不是没人,三羔就是一个人选。永平说这个三羔是个有魄力的人。除去来相伙的金柱,志军是这一众纠首中唯一属于下半条街的,他也觉得三羔合适,因为三羔家的儿子这两年结婚、生子,喜事多。照着柳林的习惯,这样的家庭出面当主人家比较合适。金柱也在一旁说:"当是家也肯当……挪三羔弄去,好推!"永平觉得不错:"要弄,就叫三羔直接主办,我情愿当纠首,咱继续当,原班人马不动,就是要换个主人家……还有几天了,让我跟诺(三羔)谈吧!"大伙也都附和说三羔没问题。

下届主人家新候选人被提了出来,而且接手的可能性似乎不小,这让酒桌上的气氛轻松了一些,话题也转到了另一个盘子会里常被讨论的主题——盘子的存放上。原来二轻局盘子存放在老运输公司库房区的一间平房里,去年拆迁的时候临时移到了龙王庙的地下室里。但是拆迁办答应给盘子会上临时提供一眼窑存放。纠首们希望借着这次拆迁和传说中的明清街复建计划搭起一间专用的盘子房。永平说:"谁要当主人家,非要盖成窝,越近越好!"金柱补充道:"尤其是这且修明清街的,非要对诺要个固定地方,以后就搭起不拆了!"福全说:"照如今这个现状啊是肯定没问题,伪个机会抓得好!"永平说如今在拆迁办手里要下的这一眼窑最后也要拆,所以一定要再为盘子要个地方:"你要说是要这个地方要拆,你这个事情先解决了,因为这是牵连千家万户的事情,这个你觉得跟我解决好! 我们要求就近处理,你要把我们埋到青龙去? 就近挪我们搭起……一卦弄的盘子搭起安排到里头去了就对了……搭起不朝下拆,年年过年鸡毛掸掸扦了,咱就好了,门一拉一卦……明年门一开,扦一下,掸一下,放个供敬,就开了……"

永平此刻仿佛已经看到了建好的盘子房,憧憬之余又兴致勃勃地敬了一圈酒,一边开始夸起这帮纠首来:"当纠首,实实际际做营生的,今是小庞和小高(两个年轻的纠首)!"年纪大一点的永胜附和:"真的,全凭年轻人们!"永平此时喝得脸已泛红,说话字句也明显拉长了:"明年,我们儿的,叫上跟上当!"二娃纠正:"留到后年,后年。"永平说:"能,总要朝前发展!以后咱这个要永久传下去了……咱死不了伪且盘子还搭不起了? 你说咱败兴不败兴!"福全也应和:"不能咱年年跟上当吧!"永平肯定地说:"只有朝前发展!"年轻人小庞也说:"如今说一句不好听的话,如今金柱过两年……没啦个人搭这个盘子了!"一旁的人们笑开,金柱自己也笑了。永平转过来跟二娃说:"二娃,要学了,跟住学两年!"小庞说:"那二年人们就对金柱说,你收上个徒弟。"福全说:"二娃今年不是? 叫二娃跟到底。"二娃也半开玩笑似地应承:"明年侯金柱搭下来,后年移到我脑上,就是叫侯金柱站到地下指挥,我上上面搭去嘛!"金柱也说:"我挪你配料……我挪你辨别柱子的左右。"二娃说:"行行行,明年你再挪我说! 后年你就纯粹在居厢睡觉,让我一个人……没问题嘛,这地且……"金柱说十八米街上就是这么个模式:"人家伪且十八米街,宝平就在底面寻东西。""就是要有人依下弄嘛,没啦地个人没办法! 你金柱老了是,爬不上去了是怎么弄?!"永平也受了感染,对着二娃说:"我当纠首,我跟上你收钱也能……每年只要是主人家出多少钱,我出多少钱,从今年开始,呀哪个主人家上,人家出多少钱我出多少钱……只要你如今办好,五百五百,一千一千,你不能要一万了! 我可能不给你,五百至一千只要你张口我就挪!"

酒菜下肚,面条端了上来。有人又说起了单位上份子钱还没交的事。成永平边吃面边发牢骚:"要么你就出上五六百块钱,要么明就把火炉垒到中间,谁也不要出来! 二轻局表示不好,今年火炉就在中间,任何车就不叫出来!"二娃也跟着鼓噪:"你说行不行? 这个火炉子放到中间,你呀要做得绝,我们也做得绝!"纠首福全想了想,出主意说:"也不朝中间放,就是弄得你车出不来。弄到中间不好看,稍微偏一下了车就出不来。"永平又对金柱说:"金柱唉,你跟我把这个火炉弄下……能弄了不能? 你要挣多少钱你对我说。"金柱应承:"不用,我垒了就对了……"

吃罢饭,一伙纠首主人家从国营饭店穿过贺昌大街回到旧街上的盘子跟前,金柱爬上案子,把灯笼都收到案子的最里边。夜色灯光下,二轻局的盘子倒是显得古朴精致,加上白天纠首们在钢管上又喷了一层大红漆,似乎也没显得太过破旧沧桑。

3. 正月十三:接班话题的延续与二娃的主人家史

正月十三是盘子开搭的第二天。二娃和我早早一起下了山,先到盘子跟前打扫垃圾。金柱到了之后便开始张罗安装那些昨天还没有安上的木制装饰部件,二娃和几个纠首也在一旁跟着相伙。这期间,还不停有人主动来上份子钱。一个大户的露面让二娃慌了手脚,他急忙给成永平打电话通知他快来,但电话却是半天没人接,二娃急得直跟我抱怨:"唉,成永平肯定不郝着电话,诺不是要找车明亮弄五百咧? 唉! 你人家来了诺不在,连电话也打不上,人家如今要走了,你如今,咋如今,电话打了二十个也打不上!"永平终于出现了,二娃一见就数落开了:"一个劲不接电话,你是埋什人你是?"二娃一边听着永平的解释,一边把刚才人们来盘子上交的份子钱递给永平,嘴里还一边唠叨:"咋的人性不好?你说人家不来了!人家撑上场来了,不来了?人这不全来了?不来?!"永平叼着烟,拿过钱,边在小本本上记账边笑着说:"我说谁人性不好?!"

高喜虎是这条街上的大户,也是二轻局这个盘子1989年初建时候的"承办人"之一。见他过来,侯金柱便跟他说了这个盘子计划重新修整的事,喜虎看着有些老态的盘子说:"嗯,不能了,烂的,每回捣上几回就白烂烂了!"永平也指着盘子顶上残破的毛头说:"那面的伪个家脑也跌了,叫人家修咧!修两天下来,叫人家看预算得多少钱,不了这越来越打不起。"喜虎听了一会儿,提起割新盘子的事,永平说:"起码要十个人舍得出三四千这就能了。"二娃在一旁表示没那么简单:"年时人家宋日照割的伪个盘子,二十大几万,快三十万!"旁边有纠首说如果有村里要这个盘子就把它给卖掉。喜虎说:"哎呀,卖我看也是多卖不下钱。"喜虎似乎对于新盘子也有自己想法:"不要弄个木石的,做成个塑钢的伪一种,伪一种更该便宜……也好看,柳林还没啦地个……伪一种好,又省钱,比木石的省钱,兀是画的,这是木石上割的刻的,价格也不一样,伪种吧,电脑都能弄出来。"有纠首说:"如今弄个盘子没啦五六万不顶事。"永平叹道:"这牟人家,你看,没啦些出钱的,有钱的全搬到外面歇着了!"喜虎并没有接这个茬,而是一个劲还在说他的塑钢盘子设想:"预算下兀地个,看伪个得多少钱,伪个估计了比割木石的肯定要便宜。"永平不以为然地说:"人家这个主要是要雕刻艺术了。伪些就……这实际原来的盘子就是要了雕刻艺术了!"

金柱的盘子一上午就差不多搭完成了,木工贾宝平也在二娃电话的催促下来到了盘子跟前,金柱和二娃把觉得该换的地方指了一遍,但是宝平到最后也没有给出个价钱来。整个下午一帮纠首沿街挂灯笼和花纸,到六点钟,合闸验灯,大功告成。晚上依旧是一班人马一起吃饭。到了国营饭店,发现没了座位。一打听,是矾水沟秧歌队进城来闹秧歌,把饭店包下了。大家只得换了一处地方,坐定的第一个话题依然是主人家的问题。永平问金柱:"金柱,你说呀地个合适呢?我说今年因为是二娃今年参与这些,要弄这且盘子,我们今告诉得有个谱谱了……要跟这些修盘子的,涉及这些问题。"一旁的纠首小庞说:"叫二娃上嘛!"金柱于是问二娃:"你没啦当过?"二娃说:"当来,当来,连续三年嘛!"金柱说:"行,早学会了嘛!"二娃今天并没有像昨天那样忙着和成永平互推,而是兴致勃勃地说起了龙王庙去年开光决策失误的事。

吃完饭,二娃拉着我一块儿在镇上串了一回盘子。从文化馆背后出来,沿着贺昌大街向下,看见龙王庙的盘子已开盘,闪着LED灯,看来今年投资了不少钱。副主人家二模挂着胸牌在盘子前照应,说十八米街今晚开盘了,所以这里也赶着开了盘。九曲上的灯也都闪起了,一班纠首在一旁敲锣打鼓,喇叭里吼着"满年通顺",一些小孩已经在九曲里转开了。沿着贺昌大街下行到十八米街,这里果然已经出了盘,九曲中的人比龙王庙的多,毕竟名气要大一些。离开十八米街,我们穿过小路,又上了旧街。沟门前纸活店门前的盘子组织得挺热闹,还结合了剪纸展览,看起来似乎有些"民俗展览"的意味,附近也真能看到些带着摄影装备的外地人。旺火边的台子上正有弹唱,凑着看的人也不少。再继续往下走,柳林一中门前的盘子上也闹开红火了。这里看歌舞的人比前面看弹唱的人更多,把旧街堵了个水泄不通。

我们俩沿旧街往回走,一路上的盘子,大多都已经出了盘,闹开了红火。走在半路,二娃接到了成永平的电话,说起让他接主人家的事,让他上家里去商议。二娃说电话中的永平喝醉了,所以最终没有去他家。二娃边走边跟我说:"真是不想接,怕麻烦!"我问是不是怕要贴钱。二娃说:"贴钱是肯定贴不了。主要是,咱离开兀奤也二十年了,就是跟了一次盘子,就是去年跟了,以前不是招邻家,开店的兀奤不是有邻家?他跟的我就不跟了。年时,那不是邻家走了,我就跟了,推上个纠首,今年成永平一个劲让我揽这个主人家。估计不能依起接嘛!接起,明年接了,后年放不下怎么办?不能像高二平一样,连地再弄八年吧?不敢嘛!咱在那地方,没有威信,盘子地个营生还要有点威信的人才能干。咱没有威信,闹不起。怎么办,恰细没有办法!"一路走到龙王庙,这里也挂了闪灯,轮廓时隐时现,只是盘子今年搭出去了,显得有些冷清。

我们折回旧街,沿着杨家圪廊走到半山腰,这里的盘子还没有出盘,只是有灯亮着。二娃告诉我:"我在这个盘子上硬过硬当了三年,连干了三年嘛!"我问他是不是也跟龙王庙的高二平那样移交不出去。二娃说:"不是,盘子不就了,这个盘子就是在我手上经营地割的,今年过了十五,要咱割了,明年不是割不就?割不就不是不能搭?还得一年。第二年看还是闹不就,连地干了三年!"我问他,盘子没割好,那每年是怎么对付的。他回答:"唉,搭个棚棚。"二娃又指着盘子里的彩画跟我说:"这全是我经营的画!"说完又打着打火机照着盘子的侧板,让我看上面他的名字。二娃和另一位主人家各出了五百元,纠首九个,每人出了三百元,剩下三十户左右的家户出钱不等,总共不到八千元的样子。二娃说这个盘子和下面二轻局的盘子是一个人割的,我一看,真是挺像,连对联都是一样的。后来二娃又告诉我,这个盘子从筹备到完成,前前后后花了七八年,"画伪个家爷爷,画里边那个像,那是三交家画的,伪会画这个像,反正是七八百块钱。起不起钱,连钱也,唉!画像的每天跟上要钱。山上是起不起钱!"

回到家,秋燕说按规矩今天在山上把衣服、枕巾、床上的垫单都洗了换了。平日里进出自由,时常在坡上混得灰头土脸的公猫咪咪也被关在家里不让出门,原来也被抓住洗了个澡。

第三节 | 正日子和接班问题的发酵

1. 正月十四：为神神采购、供敬与出盘

正月十四不到八点，永平的电话就来了，催着二娃下山。我和二娃从杨家圪廊下到旧街上，远远地就看见永平站在双清理发店的门口等着，说要跟二娃和我去文化馆吃早点。三人穿过巷子来到贺昌大街上，看见一大队扎着白头巾、打着腰鼓的汉子们正走在街上，这是三交的鼓子秧歌队进城了。文化馆前的小吃摊上，二娃一边吃着凉齐子一边和永平闲扯。二娃先说了我们昨晚一路看盘子的见闻，又说到这回盘子上的值班安排，二娃开玩笑说白天全该主人家照（看），晚上让六黑一个人照就行了。六黑家就在盘子的正对面，撩开门帘就看得到盘子。永平骂二娃瞎说："（六黑）常不在居厢，回来几天，人家要跟老婆睡觉，你要叫每天照（盘子）？！"又吃了一碗馄饨，饱足的二娃掏出一盒烟，拍着对永平说："这是我今早起个人买的哦，神神上的烟我是一根没吃，跟你说得清清的！"永平回："哎呀，行了吧！夜来你没啦吃？一根也没吃？不是没啦吃一盒！这个行，一根没吃？！"二娃没了话，点上烟，又说今天这凉齐子不好吃。永平嫌二娃事多，边叫摊主来结账，边数落二娃说："神神的东西，吃就对了！"

今天盘子上的第一件事就是取订好的供献。吃完早饭，我们三人就上了纠首杨喜兵的面包车，准备去面点作坊提供献。作坊里已经有几家盘子上的人在等着提供献。因为要等伙计到库房去拿蒸好的"羊腿把",二娃把抱着的三个大枣山顺势放到门口的摩托车后座上,直叫累:"哎呀,掐不动,成永平赖多多!地且三个(人)能掐动?这够十斤这三个!"看着忙进忙出的伙计,二娃叹道:"好爷爷,钱个人们全挣了——熬的!看兀眼也泡(肿)得,你啊真是,连人也不顾,看把你呀熬得真是!明年就少揽上几家,怎么不会?!真是,熬夜最怕了,你解下地个!"伙计也抱怨说:"三四天时间就是几十家,断根子(断子绝孙)!"

取了供献,车到石家沟和旧街交汇的十字路口停下,二娃跟卖肉的说要割上二斤肉,叮嘱对方要写个"计开"的条条,卖肉的嫌麻烦。永平停了在车上喊道:"不写怎么弄?不写兀不能挪钱,人家叫我个人出啊?!"二娃接着又跑到路口的小卖部,"凑地买上几耷手巾吧,成永平!"听见二娃的吆喝,成永平从路口赶过来,笑着说:"没多的钱了,不敢瞎球买!"老板递过毛巾,成永平问:"三条条,多少钱?二娃,还要什?凑地捡上!"看见二娃自己先买了一包口香糖,成永平就说:"伪个叫盘子上开支!"二娃赶忙笑着摆手说:"不用不用不用!好爷爷,这不敢,好爷爷,我不用,我多少不担地些名,我吃不起我不吃了!"

出了店,走了两步路,进了明清街东头的殡仪大全,又买了七八张红纸,准备铺在盘子里好摆供献。折回的路上在炒坊门口停下,二娃对掌柜的说:"买上一斤花生,一斤葵花籽,咸的哦,不要甜的,爷爷不吃甜的!"又买罢水果和蔬菜,二娃拎着菜就进了六黑家,把准备供菜的事交代给了六黑的媳妇。六黑问二娃:"哎呀,供神的东西,婆姨能弄?"二娃答道:"怎么不能?没有天哪有地,没有地哪有她,没有她哪有我?你没啦听电视上说?哈哈!"接着还开起玩笑说:"明年叫人家六黑家嫔子再当上一年纠首!"

盘子上摆供献的工作直到金柱来才正式开始,因为就只有他知道这些规矩讲究。昨天来过的卖锁锁的小贩也如约带了些新货来，放在六黑家门口的台阶上让纠首们挑选。面塑的两个枣洞洞捆好，金柱又领着纠首往里装东西，装好了枣，才发现没有核桃，便打发一旁的成永平去买，成永平这时也是一脸的恭敬，说："随叫随去！"枣洞洞装好后，金柱爬进了盘子，用新毛巾仔仔细细地在盘子里抹了一遍，先抹了天官爷爷的画像，又抹了两旁的八仙像，说这是要给神神们"扦脸"。扦完脸，抹好了摆供品的主台子，宝平开始往里铺红纸，等红纸铺好，金柱就要摆供品了。二娃示意一旁的纠首小高把枣山递过来："掐枣山，大的枣山，大的伪且啊……洗手了没啦？好爷爷！"小高答道："呀！早洗了！"二娃开玩笑道："夜来黑了洗了手了吧？"小高笑着说："才出来还又洗手了！"

金柱坐在盘子里，接过大枣山，放在台子上，解开外边的绿色塑料袋，把几乎一个人躯干大小的枣山放到了天官爷爷的画像前，靠在画像上。接着，金柱又示意小高把两个枣洞洞递过来，小纠首小心翼翼地把盛着枣洞洞的盘子端起，递了进去。二娃在一旁看着，嘴上又闲不住了："我来看侯金柱怎么摆，明年侯金柱不在了……好爷爷！你就是寡放核桃枣，没啦放柿饼子唉？侯金柱！里头寡放核桃枣?!"金柱在盘子里自顾自忙着，没搭理他。二娃不放过："唉，你说一下嘛！看款的！"金柱只得回答说："放里头核桃枣就对了！"金柱又叫二娃看清楚，两个枣洞洞的盖子有不同，一个的角是尖的，一个是圆的，分别代表了小子和女子。将两个枣洞洞分别摆在了大枣山的两边之后，金柱又抓了一把碎麻花似的"油炸花花"放入了代表女子的枣洞洞中。之后，金柱就开始摆放卷卷、大供这些蒸制的供献。二娃和福全在一旁往小香炉里装好砂子后在香炉的四周围了一圈红纸穗穗，又在上面封上了一张绿纸。来卖锁锁的女小贩也在一旁相伙着往木棍棍上插面蒸的小鸡鸡。秋燕的二姐晓琴正好路过。二娃高声打招呼："你姨在呀来?"晓琴答道:"串了一会儿!今儿开始?"二娃开玩笑说:"今儿开始……想十七出来,人家说不行嘛!"

六黑家来帮忙的契母和媳妇已经把供菜预备好了一部分,碗上还盖上了彩色的花纸,一旁的锅里蒸着自己家里晚上要用的卷卷。二娃在六黑家视察了一圈又到盘子跟前看侯金柱如何摆供品,口里念叨着"15个卷卷",金柱纠正他:"25个!"二娃又数起供献的式样:"桃、榴、佛手三样样。"金柱又纠正:"四样样……四抓嘛!这不,一抓,两抓,三抓,四抓。"盘子上供品放停当,金柱要垒火炉,纠首们都说先出了盘再垒。于是,二娃和纠首们把三个装饰好的香炉摆到了盘子前的香案上。成永平搬过来装了烛台等铜器的箱子,张罗着先把这些器具抹干净。盘子摆放好,永平端了一盆水在盘子跟前洒开,准备出盘。

一看时间临近中午了,众人说干脆凑12点出盘,于是大家站到六黑家门前的台阶上,先商量这几天值班的分工。永平指了两个当晚照盘子的纠首,说:"我是每天巡查!"二娃问:"白夜呢?"永平说:"白夜家继续负责嘛!"二娃急得提高了声调:"白夜你!你黑地负责了,你回来还得两个人扶你!"二娃说得困难重重,永平却一脸轻轻松松:"不要扶!能回来呀!"二娃咬定永平:"悄悄些吧!白夜照盘子就是主人家一个!"永平斥道:"胡说!""谁胡说?!"二娃说照一般的规矩都是白天由主人家照盘子。永平只好解释说自己白天要上班。"人家谁不上班?"二娃反问。永平想岔开话题:"把菜买下,弄上五个菜,不要弄太多了!"哪知二娃不依不饶:"不是,十四、十五白夜家是,绝对是主人家!正日子,你说你走了,叫人家……"永平急了:"谁说走了?"二娃问:"你不是要上班去?"永平终于软下来:"我陪你着了,上班是说的话嘛……实际不上!"二娃掏出烟来,语带嗔怪:"主人家白夜不照盘子!"永平也故作撒娇地跟了一句:"一个人害怕咧,要两个人!"二娃笑说:

"白夜你和侯金柱吧!"一旁的纠首们也笑起来。说着,只听见远近的炮声响起,柳林镇上大小盘子出盘的正点就要到了。

纠首们开始拆开鞭炮的包装,在盘子左右和正前的街中间各铺上一条。永平从香案后拉出了蒲团。摆在一主两副三个神台香案的前面。天气不错,盘子跟前的老旧明清街虽不如贺昌大街上人多,但也时有三轮、摩托和穿着收拾得利落的行人经过。12点,永平抽了一把红色长香在主神位前的蜡烛上点燃。顺着中、左、右的顺序分别插在了三个香炉里。金柱上前帮他点着了黄表,放进了跟前的铝盆中,永平顺势跪下,对着天官磕了三个头。接着就是左右各一回。众纠首也跟在永平后面烧黄表,磕头。二娃在后面吼开了,"快快,点炮!点炮!"鞭炮一响,路过的行人掩耳快走,除了两三个正在磕头的纠首继续,其他的纠首也散开,大多退到了六黑家门口的圪台上。鞭炮响完,又是一轮冲天大炮,路过的大人小孩渐渐有停下看热闹的。炮停了以后,又有几个还没有磕头的纠首继续燃黄表,磕头。

一直站在六黑家门口的二娃这时发现金柱不在了,就问永平。永平说:"金柱辛苦得多了!"二娃阴阳怪气地对永平来了一句:"用不着他了,不用说了,哎呀……会办事的多了!"语气神态逗得六黑的媳妇在一旁大声笑了起来。二娃接着揶揄永平:"人家请人了是一顿几十,这是两块钱今早就把我打择地,喝了一碗馄饨!"二娃这边揶揄着,永平那边一直拿着手机,做忙碌状,在场的人都在笑。说笑罢了,二娃又过街到了盘子跟前,朝盘子里看了一下,对成永平喊:"成永平唉!一会儿啊,侯些的个香要买上一两把。"看见盘子前清静了,二娃也拿了黄表烧了起来,然后把燃着的纸放到盆里,洒上一些白酒,对着天官爷三拜一叩,接着又把左右两边的也拜了,盖好酒瓶子,回到六黑家门前,在圪台沿上坐下。出过盘,纠首们散了,有的回了,但也有好耍的不走,福全和继海拿着冲天炮在二轻局门口放起来。

  主人家成永平说这餐饭还是得吃，于是又打电话把已经走了的纠首们吃喝回来，也包括侯金柱。文化馆面朝贺昌大街的出口此时正在搭彩门，纠首们一路向国营饭店走来，路过文缘小区的盘子。盘子跟前的捐款榜示让他们停了下来。金柱看着榜示上面捐了一万元和五千元的大户，数着："一万，二万……哎呀，至五千就跌了七万！"一旁的纠首们一阵七嘴八舌，有说这里谁谁谁上一万都还嫌少。二娃感叹："这乎一个人也比咱乎几十个人花得多！"捐款榜示旁边的节目安排上也列出了正月十四至十七的唱戏内容。二娃说："有了钱略，宋祖英也能请到柳林，没钱了你什也弄不成！"一直没说话的成永平吃喝着："走吧走吧，二娃！"纠首们跟着朝一旁的国营饭店走，继海边走还在边说这边的药铺捐了一千元，又骂起自己那边不愿出钱的药铺。进到国营饭店，发现这里仍然被秧歌队包着。于是一群人拐上了南坪东街，进了一家卖拨面的馆子。

  在等店家做面的当口，纠首们又闲聊开了。二娃说："今喝了，明喝一天，后喝一天，外后喝一顿，打择（收拾，解决）了！"永平听了这话，说："几千块钱就全喝完了！你明年……我还说明年移几千。"二娃忙说："唉，不要，不要挪我移！"一旁的金柱插话："挪二娃移下十万块钱，放上一年高利贷。"二娃接话："弄上十万块钱，放上一年高利贷，兀乎就能换地新盘子。一年五分家十万块一年是多少钱？五六万够吧？十六万块钱……成永平，咱乎伪个盘子啊，不要兀来大，再比伪个侯一下啊，割个新的也多要不了钱。就是个五六万。"二娃说着便问金柱这个价钱可不可以。金柱比着餐馆里的组合柜说就能做个组合柜大小的盘子。二娃算着："这个盘子再卖上一万，这就七万。"金柱用手在桌子上边比画边对二娃说："二娃，你个人当上一年主人家，咱割上个新盘子，就这来大……桌子就能摆,咱两龙摆上,一面摆上十个,两龙摆地二十个,不用搭嘛!"二娃一听,也开起了玩笑:"省事多了,谁家纠首主人家掐回放个人家居厢,正月上咯掐出来,哈哈,省事多多了!""诺是没钱嘛!"金柱叹道。

2. 最后的"钉子户"与晚饭上的交心谈心

吃完中饭,纠首分作两路开始了下午的工作:金柱带着继海几个在二轻局院门口垒旺火,成永平带着另外几个去解决初七收份子时留下的"历史问题"。收份子的队伍走了不多时,垒旺火的继海就守到了二轻局的局长,赶紧打手机给成永平报信。几个纠首从局长办公室出来都是一脸轻松。虽然没有拿到现钱,但是据说局长大人已经做了承诺,说尽快给钱。永平回味着局长的话:"肯定叫你满意,估计你能满意!"办了这件大事,一队人又去几家门面上收了漏收的份子钱,大多都还是顺顺利利,只有一家理发店的女老板硬是只愿意出五十元,纠首们赌气没收。回到盘子跟前,纠首们又说起刚才不愿意出钱的理发店的事,说那店是纠首杨喜兵家的门面。永平开玩笑说:"二娃,今黑了你就到伪串去吧!"众人大笑:"哎呀,这也是机会,这回有借口了嘛! 又收钱来了!"二娃一本正经地让永平赶紧给杨喜兵打电话,永平照做拨通了电话:"火炉垒起了,谁守的就撂下你呀门面上这一家了! 你把这个任务完成了,咱就吃饭了!"

打完电话,永平又要二娃考虑一下明年要哪些人做纠首。二娃一听这话连忙道:"不不不不,不弄,坚决不弄! 谁家人家当罢纠首又当主人家? 呀的地且来了嘛? 十八米街上也没啦地且! 明年我也不能,明年我也在青龙了嘛! 好爷爷,不在这头嘛! 你一个劲这是?!"永平自顾自接着问:"你想要谁?"二娃说:"我谁也不想要!"永平这时想起还有几个家户没有上份子钱,说要打电话叫他们上香的时候来给钱,还故意说要多收几个钱为二娃长余下来。二娃一听又急了:"不要不要!长余下来你的话,填到功德箱里头!"永平说:"功德箱朝你居厢郝!我最后总得伪个钱撅出来!"二娃说干脆把功德箱寄放在六黑家,"明年谁当主人家在六黑家寻,不顶事,我也不当,我也不要。我也歇上两年吧!明年抹不地杨家圪廊当纠首。"永平听见二娃不松口,只好赔着笑给他上烟。二娃嘴上说着不吃,手里却还是接了烟,又对永平说:"实在不是吃你的,这是神神的!"点上烟,二娃又跟一旁的六黑开玩笑说到现在总共才吃了永平的三根烟。永平一听,笑道:"哎呀,兀就不少了,十来且人要吃多少!"

二娃跟着成永平去为盘子上补买了一些孩子们放的花炮后,就去洗澡了。我独自去了龙王庙的盘子上。主人家田勇勇、二模都在,他们和一众纠首胸前都挂了胸牌,让人想起了龙王庙开光时的阵势。压膜的牌牌上还印上了龙王庙盘子和九曲的照片,写着"二〇一〇年龙王庙灯会工作证"。高二平总算是卸下了几年的担子,今年当了个副主人家,昨天晚上排头阵值班,"一晚上收了一千五百块钱,今天更多,明天更多!"高二平说到目前盘子上的花费大约就是个两万多块钱,份子收了一万多,"现在的情况还亏着。九曲收回三万四万问题不大,估计是问题不大。因为我跟你说,十八米街一年是收十几万,收上它的一半就行!"

洗完澡的二娃和永平正在双清的理发店里剃头染发,继海捧着二轻局兑现的六百块钱份子钱过来了。永平头上糊着染发膏,坐在沙发上,往小本本上记这一笔款子,"我来这钱没用了这钱,这全要往下移,明年够省钱,明年做什花钱?什也不用弄了,明年。就要准备装潢,不要唱,不要做什。明年火炉子也要比这垒侯些……电线也买下,明年不用投资了……"永平把本子合上,又对二娃说今年纠首主人家份子钱的事:"沃了你出上五百,我出上八百,咱一卦把盘子弄好起来!"二娃一听,立马反对:"好爷爷!人家纠首主人家三百的二百……纠首出上二百,主人家出上……六百家也成了是!"永平不答应:"不能不能,差太多了!"一旁的继海插话道:"纠首是涨上一百,不敢呼的一下弄成五百,弄成五百,估计……"永平想了想,说:"不能今年有钱了,不用(多出了),就跟年时的一样,三百的二百,我出上三百,你出上二百。"二娃开玩笑说:"你不出也能了!"

傍晚的太阳更斜了,金柱和福全也过来蹲在六黑家门前的圪台上,参与永平与二娃的闲聊。说起那些没交份子钱的家户,福全说:"你如今就吼死诺也不来,你能呀地?关键是要自觉了嘛!"远远看见杨喜兵走过来了,福全让他去自己出租的店面找刚才不愿上一百块份子钱的老板要钱。永平一见他就摊手道:"要不下!""要不下打嘛!"杨喜兵干脆地说。一旁的金柱说:"兀家钱多的多了多了多!"二娃也骂道:"如今人家真是唾沫能淹死……如今叫杨喜兵寻去!五十也叫寻回五十来!"几个人又是七嘴八舌地对这几家"钉子户"的情况短短长长地议论了一番。

晚上杨喜兵在十八米街上的一家馆子里请永平和二娃吃饭,也拉上了我。杨喜兵在街上开店,也有门面出租,经济条件不错,在成永平手下这一伙纠首中属于出钱出力、跑在前头的得力干将。喝酒的话题自然还是离不开盘子。几杯酒下肚,喜兵红着脸表态,只要成永平明年接着办,自己就跟着摊钱。永平直说不需要摊钱,接着又把今年盈余的账给杨喜兵算了一遍。永平认为纠首主人家理所当然应该挑大梁:"首先从钱上谋,这是不对的,这是思想意识有问题。要是谋到盘子上你多出三百、二百,首先这是,为人你就生错了!坐地户,再缺下,不在三百五百上!"二娃的标准低些:"如今纠首们,你如今说是二百掏不起,一百也能一百嘛!份子钱你要跟了吧,对不对?"永平不这样想,还是有些要强的意思:"呀!

年时出二百，今年出一百，外人笑话……今年咱，年时海海没啦要下的钱咱今年要下了，这来明说，咱比䜣收得多。年时收的一万一千几，咱今年我是多少圪拉一下侬年时的标准，咱今年一万二就多，这来到的就到了，不到的就是这事了。"

说到移交盘子，对下半条街的不信任又成了话题，二娃说："我说哦，盘子就留在上半耷，后半耷恰细不行！要说是一个劲要三羔，三羔说是是了，人家三羔说是是了，这个东西不能说是人家㖿人了……起码是这二年钱起到了，各方各面！"永平也不服下半耷："钱有啊，咱穷啊？！这个咱也能办！"二娃又说下半耷有年轻人自称明年要跟着三羔当纠首，永平不满地说："你是个什？你不纠首不主人家是……这个东西是，下一届由我决定，不是由你定，你是谁？我来推荐下一届主人家是谁，纠首是叫下一届主人家挑。你来了就是纠首？这些不存在你在耷指手画脚！"二娃接着说："我对䜣说了，我说人家今年移纠首䜣要了不要？䜣说䜣来不能当，䜣明年要到太原兀家的做手术。我说呀，'你瞎埋说的，黑辣辣的，你连地个也不弄？！'"永平叹道："说，谁也能说了，做营生了不能做了……一年毕竟就这几天了，熬来熬不死！""我常对人们说，挣钱不在这几天上！你顺顺的一年家还挣不下？这几天抢人（抢劫）也不得办！我没啦对你呀说，我说杨家圪廊哦，我和海全连跌了三年……"二娃说着又诉起了自己当年在杨家圪廊当主人家时候的悲壮。

酒桌上的情绪总是起起伏伏：时而牢骚，时而亢奋。说到在自己手上要完成的宏伟计划，成永平又两眼放光了，"要弄啊，咱一定要叫人（把盘子）变一卦！"二娃应和道："肯定要变，定了要变，今年已经就对人说了要变嘛！"一旁的杨喜兵干脆说："不要考虑三羔，这了沃了！"永平想了想，说："咱是说，这班人马确实可以……最后，完了，咱多请上一顿。"二娃说："不用多请，到根底说多请一顿也无所谓,我对你说,不能了我也请上一顿,这耷无所谓,主要是这地个:记得在咱手上,叫人家以后出来,咱要弄成!"永平也肯定地说:"只是想把这个事情弄好!下一任接管利利索索接上就对了,便便宜宜。明年把个名字全擦了,重弄!第二次盘子改建,谁们经营的,花了多少钱。咱不要求你杨喜兵当纠首吧掏五百,不说,你个人看……咱把今年余下的伪个钱和明年咱估计整盘子的钱弄一下,咱不希望人们多掏去,明年我接手我要掏一千块钱!"二娃说:"这一伙人哦,受下苦哦!各方面弄成地个,再多掏上几个,差不多就行了……短下两个纠首问题不大,明年咋咋一卦提两且纠首。"永平和喜兵说再提的纠首要能出钱的,二娃道:"也不一定……街道我是说不来,你像是山上哦,纠首和主人家和这些(家户)份子起来一样,只不过是比这些起份子的多掏一副灯笼,纠首主人家买上一颗灯笼,一家一颗,挂在兀耷,是这地个,山上全是地些。你是特殊说是有钱,不怕,跌下诺出钱。兀家一年也就是起得万数来块钱,也和咱这个一样。"

  这时的永平在一旁摸着额头,想着修盘子的花费问题,又把今年能余下的钱和明年大概的开支算了一遍。二娃说:"今年移的这两个,连明年还有万数来块钱,你说余下来的这些钱,明年,比个例子,假比说是这个盘子我不接手,肯定不接手,把这个钱移到外人手上,盘子不改造,外人把这个钱就瞎花了……"永平说:"哎呀,咱今年余钱的目的就是要改造盘子了嘛!就是要凑地办事嘛,就是挪三羔移也要说清楚是要改造盘子的。兀不是叫瞎花……鞭炮买上五千块钱?!"二娃还是担心:"有了嘛,肯定有这人,不了明年又摊头!"永平听到这里,知道二娃还是想让自己再当一年主人家,便说出了自己的难处:"明年连任,唉!实在怕外人说——人家三羔家不是养下小子?我还在这上有点难做。二娃,你不要说这个,我推给外人好说,我要霸住……前年是人家海龙,我说你呀掐了

(抱了)孙子,你呀先来。这不轮上我了……这不有了孙子了……"现在三羔家也是抱了孙子,接主人家同样是名正言顺的事。说到这里,移交主人家的事只能搁下,两个人想起了不愿多交份子钱的店家,你一句我一句地骂了起来。"不挪,我们的方法就是捣玻璃!""你怎么能埋下二十块钱咧,看你啊爹的,今年是特殊不行的埋二十,起码五十!""七老八十的,年龄大的,十块也行,取个心!年轻轻,你做的买卖,你要给二十块钱,这是打发讨吃的……"

3. 二轻局盘子的红火之夜

吃罢饭,我们几个从十八米街一路逛回自己的盘子跟前。夜色降临,盘子上的灯也都亮起了,衬着一旁熊熊的旺火,闪出一片喜庆的红光。邻近的家户和路过的行人有来逛看的,成永平在一旁提示着今年盘子上的变化:"今年的灯都是新的,不着今年的工作量多!"晚上七点半,已经有人陆续过来上香,盘子上突然一黑——停电了。二娃高声喊道:"稳地稳地,不要怕!"语气中却透露着些许兴奋。晴朗夜空中的圆月、供桌上的蜡烛和一旁熊熊燃烧的旺火成了自然的光热之源,或许更有些传统红火的意味。夜色中成永平的儿子也抱着小孙子过来了,成永平拿了一支"跌跌金",在旺火里点燃,递到小孙子手里。二娃也是童心未泯,跟着点了支"跌跌金"。附近几家的女人们也出来,围在旺火边与纠首们一起闲聊逗趣,笑声不断。贪玩的纠首们也趁机放起了花炮。自打下午洗头开始,一条绿毛巾就成了二娃的行头,这会儿二娃把毛巾搭在了肩头跟成永平打趣,说要是来了旅游者,还得要他站到盘子前去说两句。成永平笑答:"挪钱了什也能说,挪多少钱?怎么说?"说着就开始假模假样地说开了:"这宋朝留下的盘子……年代远多多了!"大家一阵哄笑。

二轻局的盘子是旧街上的第二座盘子,从宾馆出来的旅游者过了河头起的盘子就会经过这里。果然八点钟电力恢复不久,就有背着摄影设备的外地旅游者三五成群地经过。继海下午就说过要跟这些外地来拍照的游客收点布施钱,这会儿真的就实践了起来。继海上前对着一个正在看盘子装饰的女游客说:"我们不要求,一块也行,十块也行,有个意思就行。"女游客最终摸出了一块钱,要往功德箱里放,却寻不见入口。"上边!"远远看着的永平边喊边走过去。走到女游客身旁,永平搭话:"除过柳林有这个,离开柳林就没有这个,你们有这个?"女人说没有,又指着盘子问成永平:"这个是干什么的?"成永平指着正面的天官说:"你看,正面的是玉皇大帝嘛!"又指了指右边:"这是张仙……"说着便不确定地回头向圪台上看着的二娃求证:"张仙下天,保佑子孙着?"二娃补充道:"这面是张仙,那面是观音。"永平又想起两句,对着女人说:"张仙下天台,保佑子孙来嘛!"一会儿又想起一句,做起拉弓的姿势,说"弹打云中犬"。但此后就是想不起后面的一句来,直到女游客被同伴吆喝走了,永平还在和二娃想着这最后一句。

看到不时有外地人经过,二娃笑说:"今年过来九百多号人,红得怕了,柳林! 行了,咱就在这耷看吧,人们全要来!"除了游人,盘子前经过的还有一些久不见的老熟人。纠首们也跟他们打着招呼。赖赖问一个推自行车经过的老者今年高寿,老者回答八十三了。继海在一旁说:"哎呀,好精神了嘛!"永平记得老人爱喝酒,便问:"还喝酒呢?"老人答:"喝呢!"永平又问:"喝多待(多少)? 半斤?"老人笑答:"不喝兀赖赖。"永平再问:"三几两?"老人点点头。永平说:"也可以了! 只要心宽就能延寿!"

晚上八点多,我和二娃要回山上一趟取供献,特意路过龙王庙看了看。二娃在观音殿办公室里和四牛打趣说今天晚上要照盘子,明天再来庙里相伙。其实庙里也没什么需要相伙的,很冷清,只是偶尔有几个背着照相机的外地人进出,四牛直说自己不想理这些人。二娃说:"来了一毛钱也不用放,真是!"我们又到了龙王庙这边,上二楼的九天圣母殿看了看独自在地上铺垫硬纸壳的金柱。二娃说盘子走了,庙里元宵冷清是肯定的。从龙王庙里出来,我们一路上山,只见整个柳林镇灯火闪耀。回家取了供献,下山的时侯二娃在上杨家圪廊的盘子上待了待,跟盘子上的纠首们上了一圈烟,又独自在盘子跟前注视了好一会儿。

下到山下,几个纠首在六黑家门口的圪台上坐着聊天,说刚才有人往功德箱里上了大钱。二娃看见二轻局里的熟人小龙过来了,便喊道:"小龙!做什么去了又?当了头了是,款的是!你不能说的弄成一千?你怎么弄成六百?"小龙答道:"人家挪我打电话说三至五百嘛!你看,人家打电话说的兀地个。"永平在一旁帮小龙说话:"小龙紧好了,要弄盘子,小龙还出一千,今儿说了!"小龙也表态说:"唉,要弄盘子再出上一千嘛!"二娃叫好道:"这家没问题家,这好弄!行,没问题,行行行行!今年要重整饰一下,烂的补一下,挪夯高重换一下,商量商量下!"二娃这时用大拇指向后一指背对着的成永平,提高声调对小龙说:"主人家还是成永平!连任两年,没问题,这没问题!滴水不漏!"大家又是一阵笑。笑罢永平又扯开话题问二娃待会上哪儿买菜。二娃说:"今儿黑了不要喝了,不能再花公家的钱了!"永平来了一句:"一人二十!"二娃一听,也开玩笑道:"诶,这个家想听!"永平还是掏出了钱递给二娃。二娃推过不要,说:"这会叫到呀办去?一会到凉齐子天柱家伪,一会一会再说,三点还有!"永平又补了一句:"再买些罐头。"

这边说着,过来一个相熟的妇人,说是刚从来福区回来,说那条街上又是歌舞又是秧歌的可不热闹。二娃有些不服气地说:"明年咱夯也闹秧歌!"说着还主动请缨说要当伞头。成永平说没那么简单:"闹动了看有三十个婆姨倒腾才敢闹!"不一会儿,话题还是回到了盘子上,二娃指着跟前的刘赖赖跟成永平说:"人赖赖说来,没问题! 你不要说什么人家什也不行,你自己个人不行依出推,你不要说人家,你是说你事情……你看人家六黑也当,赖赖也当……你还不当?今年,今年真的牌子依出一挂,弄成第二代修建盘子,成永平!"永平一听,似乎也来了劲,对二娃说:"你明依出写,没事,定了,顶上一千块钱没事。明年拾掇盘子了……"二娃一听,便接嘴:"今年拾掇盘子!"永平笑着说:"今年弄下钱,花了就对了!"听到这话,所有人都笑了起来。

永平又说起出榜的事:"碳素笔一卦写,花多少钱,叫人家晓得,来了黑间全来说,'唉,看人家谁谁谁花了多少钱了',害得花了钱也晓不得!"永平顺着又帮一旁的六黑、二娃都点上烟,说起纠首主人家的份子钱的事,"这种要么就这话,二娃,咱一般的是起一百来二百,纠首主人家啰……个人说个人,假比我是主人家,我说我出五百,你呀弄成两百也能,三百也能,四百也能,只要自愿,不了你说怎么弄?我还能命令人家多出钱?如今说你自觉自愿地出钱都可以……你说人家狗蛋,明明朗朗上来,写了三百,你说我主人家我还出上三百?"赖赖问:"狗蛋放的三百,是相当于纠首是什?"永平答:"狗蛋吧,人家实际不纠首不主人家,人家还出了三百……海亮也揶我打了个电话来,我说你这是上来呀,这二年抖成地个,咱盘子上保佑你着,这二年一个经济可以,活得也还通顺,这个也是个人看个人了,活得顺了,哎呀,这可能就是咱年这个神灵保佑的我这二年顺了,三百、五百对兀家来说算个什?!"

今年的二轻局盘子上的小灯笼横着一排排地挂了一整条街,显得比往年热闹了不少。听见成永平得意地说起这个杰作,二娃忙表功:"不是没啦对你说嘛,这个早对你提过这个,一开始就对你说过嘛!两边边挂不上灯笼,当中非挂不行嘛!当中你不挂灯笼就没办法弄了!"永平承认了二娃当初这个提议的正确:"当中好看,边边上差得多了。"二娃一听,越发来劲地自夸起来:"二娃说出来的全是精品,解下了吧?不是对你瞎说,明年再加上十串,你看又是呀地个效果!明年加上十串灯笼,近门市部这一溜上把个串串灯挂回来,你看下又是呀地个?串串灯,十块钱一串的伪个串串灯,咋咋插上,插上两溜。你看下又是呀地个,不行嘛!不挂不行嘛!"

永平由挂灯的变化说到了去年盘子上的整体效果:"这面唱也是没人听,下来钱来没啦少花,年时光唱就花了四千,又呀奔来说花了六百?!"二娃说:"不是,这个东西,不要说是看个依出推,推不上个正经人就是弄不成,你弄不成丢人嘛!"二娃让成永平推不上可靠的人还是自己当,永平问:"当五年?"二娃答道:"十年也行!一年就是三四天,这来不是一个劲在这!"永平笑道:"三四天?夜来王老板打电话,我说十八就下去。原来谋的今儿搭就就没事了,哎呀,又是垒火炉子,又是点香……"正说着,去年的主人家海龙拎着垃圾桶路过,二娃高声喊道:"海龙!定了哦,明年哦,原班人手不动,还有你!"盘子上的纠首们一阵笑。海龙停下来说:"年时,都是下面的些人,真是召集不上来!"赖赖跟他说今年没有用下半条街的人,海龙仍不停地摇头叹道:"年时都是底面的,真是……"

在永平的催促下,我和二娃出去串了一圈,买回了凉齐子、袋装小吃和水果罐头。永平在盘子旁边支起了一个小桌子,放上了几个凳子,把食物摊在了桌上。永平拍拍罐头盖,拧开,喝了几口浸没着果肉的糖水,然后把罐头瓶放在小桌上,对着继海吆喝开了:"花生米也有了,继海,花生米弄下了!"吃开不一会儿,福全来了。二娃对福全说:"成永平说你不来了。"福全问:"今你叫我十二点接班,是了不了?"永平边说是,边招呼福全坐下,又叫站在一旁的继海:"继海你不喝?"继海答道:"疼得根本不能,脑疼!"福全劝他道:"喝里一口就不疼了,夜来文胜牙疼,不是喝了两钵子、三钵子就不疼了?"继海笑道:"瞎说,根本不能,不敢依下喝!"永平边喝酒边把十五值班的人手安排了,说人安排多了没用。杨喜兵说:"图瞎红火还不是?!十二点开始喝酒,喝到个两三点。"永平说不会到那么晚,"实际到了十二点,一两点以后,灯挣的一卦关了以后,全都……留下一个只害怕生生灵灵做什……关键功德箱,今功德箱大几百块钱,今儿黑了估计六七百块钱。"

双清今天早早地打了烊,因为永平早和她说好了这几天晚上借用一下她的理发店,让值班的纠首休息。只是现在理发店的门锁着,也不知双清去了哪儿。纠首们正在着急,双清带着店里的丫头玉蓉来开门了:"我走的时候你呀谁也不在,叫我挪谁呢……不见人嘛!不见人就先走了。"永平也和她说笑开了,说店里有电磁炉,饿了还能煮方便面吃。"调理调和也有了,兀不怕,双清好说话……沃了你睡去嘛!把门开了走。钱郝得去!调理调和吃的我们敢用了!"双清开了门,边往回走边调皮地说:"里面钱也有了!"永平开玩笑道:"多少怕钱,把钱郝得去!焗油膏贵的也郝回去,不了叫二娃提回依上抹呀!"

随着午夜的临近,来上香的邻里渐渐多了起来,去年的主人家海龙带着儿子拎了一对灯笼过来了,这是一对高级些的走马灯,福全爬上梯子把原来挂在盘子前方两侧最显眼处的一对灯笼拆了下来,换上了这对。陆续又有老人带着自己家的孩子来烧香磕头的,都是恭恭敬敬地用簸箕盛了自家蒸好的卷卷和香表。人越来越多了,成永平的儿子也端着簸箕出现在了人群中。永平对二娃说有人跟他打过招呼要来盘子上偷鸡鸡,于是二娃现学现卖,把早上从金柱那儿学到的知识又抖给成永平。他走到盘子侧面,把侧面下方的一个小隔扇门打开,对永平说:"这面是小子,伪面是女子嘛!把这个先弄清楚,晓得了吧?!"

远近炮声渐隆,二娃和杨喜兵开始把大串鞭炮铺在盘子前,和大响炮同时点燃了。盘子跟前的家户们开始点香、磕头，一片繁忙。鞭炮声中二娃接到家里的电话，问几点上香，二娃对着手机喊道："一会儿，两点、三点、五点、六点也能了，哎呀，挤得根本弄不成！一会儿回去再说吧。慢些慢些，不用过伪面抢去！"大批点香的邻里散去以后，剩下的人们围着旺火边烤卷卷，边闲聊。有女人说今年盘子上的灯挂得红火，接着又说起去年的景象："年时的盘子搭得海龙恓惶多了，我在居厢就了解，年时（纠首）伙得全在居下……全是成年人了，你晓不得个人们是纠首？！"

　　过了一点半，盘子跟前没什么人了，二娃对今天一起值班的福全说："福全唉，我把奔供敬了，你歇下会，我山上点香去。"边说边把塑料袋里的卷卷分别放到三面神神的牌位前，嘴里还在唠叨："我一会儿就要下来，我来今儿不睡，坚决不睡！"回到山上，秋燕这时已经带着军军早把山上杨家圪廊的盘子供敬了。于是二娃就把家里户里户外的几个神神供敬了一遍。军军拎着酒瓶，跟在二娃身旁，看着二娃点蜡、燃香、倒酒、烧香表、拜神。等到二娃把神神都供敬了，军军又在院子里放了鞭炮才算结束。

　　下山路过山腰的杨家圪廊盘子，二娃又点了一回香，坐下和一群纠首闲聊了一会儿。纠首们说是今年上杨家圪廊和下杨家圪廊的盘子可能要合并，原因是山上的钱越来越难起了。二娃叹气道："再过二年更少！老的是，一年比一年老了，人家儿女交代了，六十几了，不跟盘子了。有了钱的，全从山上搬得走了……杨家圪廊不是没钱，把坐地户，在杨家圪廊修起地方的，就是你走出去呀，也要把份子钱你要送得来！底面街道全是，打电话，'咱奔的个盘子，份子钱你是跟不跟？'全来了！诺能不来啦？你起码地方修在这，份子钱你不要跟？不是？你挣邻家是邻家的，本身邻家本身跟的份子就少，你坐地户起码把你一份子钱先出了，是地个道理不是？你如今全有钱全搬出去了，这杨家圪廊没人打且盘子了，不是完了?！这不是没办法了,所以就是说是,只要你在杨家圪廊修起地方,上面杨家圪廊,盘子至呀耷,耷至呀耷,修起地方的,走了呀,你把份子钱弄得来！年年正月十五,就是这个道理嘛！如今咱不是今年,年年两份,一年一百,份子钱一百,还要多掏二百块钱,山上八十,你如今不掏能了？你歇在呀耷！不能说是,'哎呀我们底面也跟了！'底面跟你如今不歇底面？你歇山上做什？像村里的,'我们村跟！'村上跟在你村！歇这耷做什？走到呀耷,你份子钱你要出！你假比人家坐地户出一百,你出上五十,是兀地个道理！不能说'唉我来修起地方了,我来搬了,地方来没人了！'地方来赁出去了,赁出去了你把地方搬了！你坐地户你起码要把个份子钱要出了。份子钱也不出了？不是！这不是很正常了。不了你再过二年,坐地户全搬走了,邻家串完了,你连盘子也搭不起,不是？人家谁揶你经营搭盘子？今年八十家,就起成一百家,坐地户,你想出的出上一百,不想出了你五十、八十也能。东西贵下,一吨(炭)跌下八百块钱,爷爷……这个炭哦,就是县上也要考虑,年年别个子弄不成,你把柳林十五下的火炉炭要准备着。今年下来够多了。你起码,停了一回电……今黑了不是停了一会儿电……人家不是中央下来叫人看,专门下柳林来看盘子,你把电停了,你是叫看什？年时就叫你检查线路了,今年过了年你不检查,这会儿停了电。吕梁台一个劲报嘛,说是正月十四、十五下来够多少人参观盘子嘛！柳林这个盘子是入了世界非文物组织了。"

刘二娃一顿连珠炮似的针对不上份子的坐地户和县里的停电发完牢骚后,又问纠首们山上今年收了多少份子钱,一听只有四千又皱起了眉头,说:"哎呀,四千来块钱没意思,得两吨炭吧？"有纠首答道:"就是光炭还跌两千！"二娃于是算起来:"两千块钱,你说是,这就是什也不敢依下买什！一份献子最少得四百五,这来两千四百五,还有一千多块钱。电费四百,这就小三千块钱。瓜糖梨子,炮仗,球胡妈的买一下还得贴钱!"纠首叹道:"真是花的不够纠首主人家贴就对了。"二娃认为最终的问题还是山上坐地户越来越少:"你山上恰细没啦坐地户,人串户不能依八十家收嘛,人家挪四十就没问题。坐地户才交八十,人串户出四十不少了,一半家出!你如今假比串户也出成八十家,这就是起七千块钱。如今串户假比不跟盘子了,你到哪……"有纠首说以后干脆就十来家搭一个盘子,二娃觉得不太现实:"伪会十来家搭卦,十来家的个样子,这如今十来家能了?伪会挂上两颗灯就行了,这如今出去……"

山上的纠首里有一个是永平的姑舅亲戚,问起了二轻局盘子的情况,二娃答道:"今年就是你永平的主人家,明年了啰,主人家挪我依下掀,我说要掀你就是纠首,你不当纠首我是不接!说得清清楚楚。我说要了原班人手不动,把盘子重换一下。"有纠首听了就说:"村干部是抢着要当,你这干部是……"一旁也有纠首说:"哎呀,这干部当上脑疼了!"二娃说起这头疼的事,就想起在门面上起钱碰的钉子,给山上的纠首又添油加醋地描述了一番:"怎么来?依出搬搬搬你呀娘×吧!在这做什?赶了嘛!我们九且纠首,永平一个主人家,十个且人了!我、永平、我们老大、赖赖、燕兵、燕兵家姐夫、福全、庞家兄弟的、蛋蛋家儿的,还有且谁了,反正我们十个人。'村沟的',村沟的你在这做什?你赁的门面出五十块钱?人家卖碗团的兀家还出五十块钱,你凭什出五十块钱?!"二娃接着又说了一家坐地户的儿子不懂事只愿出三十块钱,后来老子来补交的事:"成永平说,'不用出,不勉强你,你不用出,随心所欲,这个对着,你说的对着!'我们刚走了,老子的真是满街道地寻我们,跟的一百块钱,'唉,细们解不下!'不敢嘛!爷爷你……"

4. 正月十五:新主人家的露面

跟山上的一众纠首一顿海夸之后,二娃和我下了山,这时已经快三点了,盘子跟前一片冷清。二娃说有点饿,于是继海主动留下看店,其他三个人去文化馆小吃摊吃了消夜。回来双清的店里,继海和二娃接着闲谈,说盘子能推出去还是推出去为好。二娃忽然发现有人在外面盘子的架子下翻东西,一看是街道上的疯子,吼开了。四点钟,几个人把功德箱搬进了店里。几个人又回忆了一下有谁家还没有来点香。后来算下来,还有十几家,估计会在早晨来点香。接着,觉得有些疲倦的几个人各自在椅子和沙发上眯了会儿,到五点多再查看盘子的时候,发现侧面的挡板被人动过了,里面枣洞洞的盖子已经被拨开,想生孩子的人已经来偷过鸡鸡花花了。这时候,又有家户来点香放炮了。

早上几个值班的纠首把盘子跟前打扫过后,二娃就和我跟金柱上龙王庙借榜,回到盘子上,双清的店里已经有一些纠首在里面了。店里有一个人我没见过,没有胳膊,后来发现这便是久闻大名的三羔。三羔的官名叫温继全,这个名字我倒是在盘子侧板的榜上见过,1989年新建盘子和2001年翻修时的"承办人"名单上都有他。相比之下,他在二轻局盘子上的资格显然要比刚跟了这盘子两年的二娃要老得多。他的出现,使得几天来一直显得扑朔反复的"移交"难题似乎突然间有了解决的可能。

永平一边给三羔点烟,一边跟他说今年盘子上的情况:"咱谋一下,假比说是今年余下了,明年估摸再起上个一万二左右吧,伪耷来总共有个四五千,有五千块钱怎么也够花了。"一旁的金柱问:"明年没啦开支的?"永平答道:"明年就是炭、献子的。今年线、钉钉、铁丝、灯泡全是新的,这些管子灯来即使坏上一两颗还长的有咧……三羔,你参谋一下,因为你对这个相对熟悉一点。"二娃端了一碗碗团进门,香香地在一旁用锯条挑着吃着。永平又趁热打铁地让三羔挑上几个合适的纠首,三羔却自有打算,对他说:"明年你不能再当上一年主人家?我们相伙嘛!我们愿意当纠首!

整饰这些我们整饰嘛!"永平忙推脱道:"不能嘛!人家海龙养下孙当了一年,我养下孙当了一年,你今年你当了嘛!这东西级别上推了嘛!你不能说折上两年咱再当嘛!是这地个意思,不是说别的个意思,当了爷爷的人家叫当。海龙前轮着叫我,我说海龙人家先养的叫人家海龙先来,年时咱是毫不客气,咱不在这上……明年咱兀夺相伙着把这个盘子整饰一下动了再揶谁移也相对好说,因为有时有些外人吧在这上不是很熟悉,叫诺经营管理倒是能,在这些上纯粹是弄不成……还要把住个钱的左右,要掌握,还要叫盘子像个样样,你弄些生人还不是不能弄了。"

永平又说这钢木结构的盘子修整起来很困难,提出干脆割副新盘子。一旁吃着碗团的二娃插话:"今年假比改进了,明年依出一搭,写上个'此盘出售',看能卖多少钱,再闹腾重弄个盘子。卖不了这且盘子来,永总不敢闹腾割盘子。"永平对三羔说:"能,你组织去嘛!看谁们情愿,多花了,我不怕,这夺盘子三至五千块钱我来花了。咱就割新的,看还有没有肯出钱的,咱就能组织叫弄新的,人家你如今永共埋得一两个人出钱,你五六万不好瞎要,短球下你怎么弄?不是?……一个人三千家,十个人弄上三万几,短下一两万又是怎么弄,或者是到根底份子上要,他们一个劲,每人他揶一百要上二百可以,要五六百就不好要了,多要一百块钱了,伪个能。"

听了这一番鼓动,三羔站起身,踱到门口,隔着店门的玻璃看了看街对面的盘子,说:"咱相伙着整饰一下,这个夺好说!"永平一听"相伙"这两个字连忙也站了起来,对三羔说:"主人啊,你这不要说,你这个非接不行,这个主人因为什咧?因为辈分推夺来了,这人们叫你当,先跟你推上了!"三羔说:"还有五五了嘛,什了!"永平说不对:"五五诺没啦你养的快,海龙先养的我叫海龙先当,罢了才我当,这不能,排在后面嘛,下一任再移过去嘛,你再把盘子移挪诺嘛！诺当了爷爷就叫诺当主人家……这个你就弄下，那么纠首你挑嘛！明年相对做营生轻身下了！"三羔踱到屋里，又转身再踱到店门口，低低地说："先考虑一下，你先考虑嘛！看有人没啦，人家，咱相伙就对了！"成永平说："人家是，单从轮辈分就轮上你了，你就不用考虑，这夅你先弄上一年，因为今年这个相对，责任大一点，这人家关键涉及盘子上整饰，因为人家，你如果交给五五，说叫诺当诺也不可能不当，五五儿也养下细了？这个诺也肯定要当，关键在这些诺不是解不下？这个你把今年接下了，下一年再就好推，你要兀家们确实对这解不下！心也愿意，诺不是说诺不想做，诺实际对这解不下。"

接着是一阵沉默。三羔坐到店门口边的长沙发上望着店外，寻思着，永平坐在对面的理发椅上对着他，停顿了几秒，说："这个你就不用谋了，你就推上几个纠首……"三羔还是望着店外，腿上下抖着。永平盯着他又看了一会儿，说今晚要看看今年可以长余下的钱有多少："余啰是肯定余着……"三羔突然站起身，说："你们先考虑，考虑好了再说吧！"永平连忙说："我考虑好了嘛！你把主人依下应承，纠首你挑嘛！钱我再去算嘛！"话题转到纠首的选择上，永平说家户中挑纠首的困难，接着一个一个院子地数开了。永平又给众人上了一圈烟，三羔起身，说："行了，考虑一下，咱喝了再说嘛！（还）早了嘛！"边说着边走出门。永平在他身后喊道："定完依出写啦！你就定了，你就谋要谁的纠首吧！你这伪夅就不要推了，不要考虑了，一卦就考虑好了！"

将近十一点，二娃和我才忙完上山，到了家都是倒头便睡，秋燕在一旁埋怨道："年年都是二娃一个人最忙，别人都不忙！"一觉睡到下午快三点，外面已经下起了雪。二娃下山到了秋燕的姐姐家，又是跟挑担和侄女婿一顿好喝，直到天黑下来。雪虽然停了，但地上还有些湿滑，龙王庙盘子上高二平兴奋地说昨晚的收入就有七千,今天转九曲的人更多!没有九曲和红火表演的二轻局盘子相比之下显得有些冷清,不过时不时有三三两两路过的行人在盘子跟前停住,看看盘子,或是围在旺火旁取取暖。这一晚虽然不是二娃值班,但是他在盘子上忙到十点才上山,一会儿张罗着给孩子们发鞭炮烟花,一会儿给纠首拿矿泉水,一会儿帮到盘子上来求锁的人找锁锁……偶尔也在闲下来的短暂当口发发呆。

第四节 | 收场与散伙饭

1. 出榜与请成永平上山吃饭

正月十六的一大早,依旧是永平的电话催二娃下山。到了永平家,桌上已经放着下届主人家纠首的名单。主人家是温继全(三羔),纠首列了十个,除了成永平,另九个都不是今年的纠首。永平说三羔这是合计着要割新盘子了,没有五六万块钱新盘子割不下来,估摸着这些人至少一个人要出上三千。永平把龙王庙上布施的板子铺在了地上,让我把小本本上的份子账誊了上去。榜的最前面一溜是留给纠首主人家的,名字都写好了,永平和二娃合计着一个掏了五百,一个掏了三百,把这两人的数字填上,就算是定了个调调。写罢榜,我和二娃抬到了盘子对面一家还没开门的门面前。住在对面院子的继海先到了,一看这榜,没说什么就上了三百。小庞过来一看纠首要出上三百就问:"谁定来?"二娃答:"我来!"小庞说:"我出不起!"二娃道:"出不起二百也行,一百也行,随心所欲!你跟伪且铺子上伪且一样'随心所欲',你看人家成永平个人家跌了五百,咱弄成二百?好爷爷!叫人们,'哎呀!'麻球烦吧!多少一百五百,不想听人们,捣蛋的些人们说……你说我说的对不对?"小庞听了二娃的话,还是有些迟疑地回去拿钱了,临走还让我别忙着往榜上写,等钱拿来了再说。继海在一旁又盯着榜看了半天,说这榜写得不对,没有把主人家和纠首的名头写出来,二娃一看也对,和成永平合计着在前面加上了。永平站在榜前忙着打手机叫剩下的纠首来上份子。

　　中午,二娃请成永平和自己山上房子的房东愣子在家里喝酒,秋燕问了永平明年盘子的主人纠首的情况。永平说明年三羔的主人家,要张罗割新盘子。"人家三羔出五千!"秋燕说:"人家三羔们能出一万!"据说这个三羔是有钱人,手里放着高利贷。永平躺在军军睡的沙发床上说:"常给神神送两个钱了,叫神神挣钱!……我也要出了,顶上两个月工资不挣也要出了!"二娃弄了五六个菜,几个人就围着小茶几吃喝起来。愣子问起盘子上的事,永平边喝酒,边说:"二娃说叫这回盘子维修一下,今年想着要朝下移钱,所以想着多要少花……三羔出来说了,实际伪个盘子,三羔伪个思路对着,维修不成,你能换些什?换成些木的钢的又连不上!"

　　永平顺着还解释了没让二娃当主人家的原因:"今年实际,如果不要大改造,我就叫二娃当这个主人家,要谁要弄新盘子吧,你二娃……三羔弄上了亏下了人个人们贴,你说你当上主人家……叫买盘子,我说出五千,你个主人家能低于五千啊……这不是有人抽和吗?抽得你就没办法,你总不能低于一般人嘛!除过单位,是个人,你低于人家不合适,你不是说'哎呀,你有钱叫多出了!'咱是按钱多少挪人家排队嘛!你总不能把你排……"二娃说:"这回三羔当完了,说没人当且主人家,咱再,这个就能当。"永平说:"三羔完了估计是五五,五五完了这么着……人家这是属于爷爷辈的,咱这个四十几快五十的,养下孙子了,这两年就是海龙、我、三羔、五五……因为以后人们就成了一般人了……二娃,因为光维修一下,我谋见这个问题不大,因为这个钱,我看今年余的两个钱,应该能余几千块钱……"

　　永平似乎为二娃这次没有接任主人家而遗憾,二娃在一旁自顾自吃着,显出一副满不在乎的神态:"我来,不是没当过,杨家圪廊连地跌三年了!"说着又把自己当年在山上当主人家吃的苦回味了一遍。永平对他说:"实际这是这里是赁人地方了,在这里是少管事,至于你想管,下咱底面管去!是个坐地户,是生你养你的个地方,你养夻生夻,侯也是个坐地户!"二娃接着摆谱:"不不不,呀也不管!这二年来,在地些上不稀罕了,龙王庙年年嘛,去了还管钱着,有什事四牛还商议。"

永平接着又说昨夜在盘子跟前和三羔、喜虎喝了酒,这才最终定下明年的计划,"不是这个今年盘子也不跟了,就没啦跟今年,高喜虎,掏了一百块钱,替他儿子名字。我说夜来三羔在夻,我说寻酒,我来把桌子搭到夻放着,寻了一袋袋花生米,寻了一瓶子罐头,寻了一瓶鱼……这不人喝两盅,嘴上就敢说,说得诺(喜虎)才应承了,诺是口头应承了三千!"愣子问永平这回新割一个盘子要多少钱,永平估计得五六万。二娃说:"你就是割如今的伪个样子,五六万够,要说纯新式一下,五六万不得够!"永平说:"如今首先从灯笼的挂处和整体灯光设计肯定不能照原来的个样子,灯吊在伪了,灯就设计里头去了!"二娃又说:"不,我不是对你说嘛!盘子不能割成如今的个形状了,晓得了吧?要把起码背面的这包的全要画上,这肯定是要弄!"永平觉得也是:"是是,你不能一面点香,以后侧面还能点,观音老母侧面还能点了嘛!"

又喝了一会儿酒,永平情绪上来了,说:"我是从心趣上想把咱的个盘子换一下,我不下地狱谁下?这个钱我要坚住不出,我要说成三千,高喜虎肯定出两千……明年开个会行了,可能坐下,看要谈了,我要对三羔提议,明年把肯出钱的叫回来,盘子上能开支嘛!三千、两千咱叫回来吃了喝了咱告诉,探讨。讨吃的都组织回来嘛!叫在外面歇着?"二娃也附和:"这个很正常!外面的肯定要回来!"永平说到时候定了地点还要发帖,"'商讨盘子改建问题',起码要请一千以上的,准备花一千以上的人,多少有钱的掏钱,没钱的许下,写下,你看二娃?不过这个可能要几回商量,这还不是个侯事情。"永平又接着说,人都是要面子的,"可能捧得就多出两个钱,谁不想活得有个脸面?不是?"

午饭过后,成永平去城区拆迁办的人那里签了《盘子存放协议》,算是在自己手上为盘子解决了暂时存放的问题。拿了协议,永平和二娃又去拆迁办提供的那眼窑洞看了看。十六的旺火是二娃垒的,二娃边垒火炉,边夸赞自己的手艺好,说自己垒的旺火肯定不会像金柱垒的那样,烧到晚上就塌了。十五、十六晚上都会有来盘子上放孔明灯的人。十六是二轻局盘子的最后一天,理发店女老板双清也难得一身清闲地和一个男人来放孔明灯。二娃说,双清死了丈夫,这男的是她的"伙计"(相好)。永平在一旁对双清说:"许个愿吧,今年要嫁出去!"点燃的蜡烛散发的热气让红色的孔明灯慢慢成形,又慢慢地离开双清"伙计"托举的双手,缓缓地升向空中,却又被盘子上牵遮雨棚的细绳挡住,僵在了半空……好在一阵风吹来,孔明灯终于在摇晃中摆脱了遮挡。熊熊旺火边的双清抬头目不转睛地看着自己的孔明灯越升越高,直到它融入灯火如星般闪耀的柳林的夜空。

2. 拆盘收场

柳林镇上规模小一些的盘子到了正月十七就会拆盘,二轻局的盘子就属于这一种。十七的一早,二娃和我就下到了街道。永平没有来,估摸是昨天晚上又喝多了。二娃半夜躺在床上还接了永平的电话叫喝酒,二娃躲了。二娃在盘子跟前给永平打了手机,径直进了双清的店。值班纠首小庞和赖赖在店里。一会儿永平也过来了,让赖赖张罗一个簸箕好装撤下来的供献。赖赖从自家拿来一个,永平嫌小,二娃玩笑说:"不能明年盘子上余下两个钱,买上且簸箕!四月十八(庙会)我串提上一个,不是?"永平直说没放处。又说昨天晚上二娃不来喝酒的事:"你说嚷得叫炒菜,酒埋下了,你是到呀去了?"二娃不信,问:"炒了什菜?"永平让他跟一旁的小庞求证,说:"葱头炒肉嘛!八两菜四两油嘛!"说着永平又出去找簸箕了。二娃对小庞说:"四两菜八两油,埋不成,晓得兀家埋不成嘛!"二娃一副料定的模样:"又是一个菜,一瓶罐头,一瓶鱼。"小庞笑说还有两块钱的花生。

大簸箕找来了,永平吆喝纠首们到盘子跟前点香,"点一卦香,咱先下献子!"看着成永平和几个纠首点香,二娃没有跟去,而是进到双清隔壁的店里发起了感叹,"这会哦,不在这邻家起(钱)哦,这盘子就搭不起,你说如今像这两溜门面哦,你说不要起,这全是赁的,人来没啦个人家的,你说这且盘子是怎要依起搭?就没办法搭起!坐地户来,老的来,死的死完了,一出六十了,人家不跟了,儿女全交代了,年轻人全搬开了,你说这个盘子,这这这不是搭不起?没钱,没办法嘛!真是不想到……你说前二十年以前家,肯定不用到……就没啦些赁地方,全是些坐地户……你如今十八米街上全是些串户,你如今修的兀地大的一座楼,歇的一且主家嘛!"二娃一通慷慨激昂过后,走到店门口,看见隔壁双清店里的丫头玉蓉,笑着数落道:"点去嘛!点了叫寻个好女婿!你这不点,你是……"又转过头来叫这家的女老板也去点香,"今拆盘子你更应该点,去了你说个些什,你说个叫寻个好女婿!"

点了香,一群纠首下了沿街的灯笼,又收了闪闪灯,撤了电线,便开始收拾盘子上的东西。金柱又爬到盘子的供台上,往外撤起了里面的供献。赖赖站在外面,一手接着这些已经干硬的供献,一手拿着小扫把扫上面的灰尘,然后扔进大簸箕里。供在盘子里的果品也撤了出来,二娃随手拈了一个柿饼子吃起来。收拾好供献,成永平拿来一卷红丝带,在簸箕里挑出几个"大供"用红丝带绑了,说是准备发给明年的纠首。二娃在一边卸起了盘子正面的木雕花饰,一边递给一旁的六黑,一边说:"明年弄新的,不要了!"六黑有些怀疑:"哎呀,明年割不起,这是?"金柱听见也跟着说:"唉,我看见明年还是复旧如此,照样……呀的几个人来了?成事?"二娃边忙着边说:"唉,有成永平了嘛!有钱了嘛,你是!明年肯定割,明年割不起啰……"金柱说:"有十个成永平够了,咱耷一个成永平啦!"二娃答:"瞎说了,还,还有三羔了!"金柱跪在盘子供台的最里面,跟二娃开着玩笑:"还有二娃,哑下了!"二娃解嘲说:"哎呀,到根底三百怎么也出了,放心,多了不敢吹牛嘛,哎呀,咱,成永平当上主人家动了,肯定出!"永平用红绳为明年的纠首捆大供的当口,二娃也把大枣山的头掰了下来,说是给新主人家三羔准备的。

供献撤完,纠首也基本上来齐了,大家一鼓作气地把盘子拆了。拆盘子比搭盘子容易很多,二轻局门口这个存在了五天的"神神"的居所在不到两个小时的时间里就消失得无影无踪了。直到纠首们把拆下来的部件运到永平新要下来的窑里放好,上午的营生才算一段落。中午在国营饭店草草吃了面,一帮人就开始分供献了,切的切,装袋的装袋。分好的份子由继海和福全挨家挨户地散了。永平则坐在双清的店里给下届的纠首打电话通知晚上一起吃饭。打罢电话,永平又出来跟纠首们诉苦,说答应做下届纠首的喜虎想变卦:"喜虎说,'哎呀,埋的你叫年轻人们弄去吧!''哎呀,你怎么这种!'我说,'伪一夜黑了盘子根底告诉,你说能嘛!你这会又说什?'……我对诺说,'你不当算了,你明年不来也行!你个人在耷说下了!'"

3. 散伙饭上的群情与憧憬

成永平对喜虎临阵变卦的不满一直延续到了傍晚的散伙饭上。散伙饭是柳林大小盘子会告一段落时必备的一幕,也是新老班子借吃饭喝酒的场合做总结、交接与展望的一个场合。五点半,永平带着自己手下的这帮纠首来到了国营饭店,在小包间里开了两桌。等着下届纠首主人家的当口,永平跟福全、六黑、继海、喜兵几个坐了一桌,又说起了喜虎变卦的事:"伪一夜黑了在盘子根底说什……伪一夜黑了证人也多了,三羔,我,福全也在根底吧?说叫诺出上五千,诺说诺出三千,呀,今来纠首也不当了!"成永平接着数了今年没有跟份子的坐地户:"栓大家大儿子没啦跟,明亮没啦跟……"金柱说:"明亮主要是没啦寻上,没啦抓地……可是割盘子了要要!"永平又说:"应该说,平时地方在这苒,都是个人们过回来,谁还到居厢去寻去啦?!这种东西,这来咱还是说,虽然这是个大家的个事情,但是还是采取个自愿,不出还打人家?叫诺个人品,说这二年我活得可以,我有儿有女,毕竟这是个群众性的个东西,咱这二年还可以,咱把钱花起,不能弄一千,千数八百,五百也能掏了,你说不是?只能个人品了……你说伪阵咱割伪且盘子时候,我是出了一百二十块钱,伪阵一百二相当于我四个月的工资,伪阵我挣三十来块钱,人如今出上五千块钱也是两个月工资也多……"

一番批评发泄之后,永平接着又对坐在一旁的金柱夸赞起今年这帮纠首弟兄们的得力,"这一把把子人哦,金柱,实际带劲着!"听见永平称赞今年纠首们得力,金柱感叹起了去年的情况:"哎呀,年时恓惶得……我,海龙,海龙儿的,三个人,咬硬多了!纠首都吼不到跟前去嘛!不用说,叫吃饭也不得来嘛!"永平说:"你说这个东西吧,你不用说主人家是呀地,咱纠首既然应承下了,你这个东西,咱完咱也当纠首一卦,咱也个人要自觉了嘛……领导不了你嘛!几天的个群众性的个组织来呀,我是我是呀的个局长啊?不对,不对把你调到三交去?!不是没办法吗?只能你自觉嘛……你今有个事,谁也难免有个事,订对一下嘛!这个上辛苦一下,你在伪个上多过一会嘛!你都要绑到一天家二十四小时也不现实！"

慢慢开始上菜了，新纠首于四元也来了，坐到了金柱的一桌。这桌除了金柱、福全、继海和我，剩下的座位都留给了新纠首。但显然新纠首的班子直到此时还没有最终敲定下来，所以位置大多还是空着。纠首们把两个桌子上的几瓶瓷瓶杏花村开了，永平张罗着大家倒上了酒，举杯敬酒，把让大家聚到一起的功劳归了天官："哎呀，难得遇一回家，咱好不容易有地个机会，不了邻家们在一搭吃饭的机会还是恰细少……全凭神神着！"酒喝开一会儿，三羔到了，坐到了金柱的旁边。作为明年的新主人家，三羔在敬酒之前做了一番陈词。"我的想法是这地个，伪一夜对永平们啊……告诉了一卦，你说咱的伪一夯再改造是，瞎花钱了，如今我和你说，要弄是三千两千，这地家是，把原来烂了的，整饰一下了啰，可以！你如今是说换一个，正儿八经换不成个东西，是年年家把兀钱瞎消耗了……如今要弄，我跟你说哦，弄成个样子算球了，不能年年在上头修去，打上三年二年，咱伪年就修去了，是了不是？伪年跌了五千几，年年拆补是年年穿个烂衣裳，这如今不管怎么家，我和你说，下上个狠心，咱狠心买上一件件算球了……实实际际我和你说啊，花钱就花得一回，以后就不用花了，以后花的就少下了！"

三羔开宗明义地把大方向定了，边喝酒边谈自己的打算。要割新盘子，筹钱是最大的问题。二十年前二轻局这个盘子铁皮子的原型割就的时候三羔就是纠首，当时出了一百二十块钱，"咱伪会，开始伪会全是跌了一百二家，看伪会的钱多，如今花起这一百二来，如今我和你说吧，打发个讨吃的还打发不了……我认为这些盘子上也好，特别是这公益事业呵，花不穷人，公益事业实际是越花越有……"金柱在一旁插话道："花大钱的人还不叫留名字，挪布施可比登出来的这功效高！"继海接话："爷爷在天上，爷爷看见！"三羔继续说："人在社会上，人活个精气神，这个东西我和你说呀,实际是一种信心,咱不管是说跟盘子也好,哪怕说是咱互相之间邻居有个什困难也好,咱互相,尽了咱的心,是吧?我到了呀奄,走到呀奄是理直气壮,不怕些神了鬼了!我一身正气……实际咱这奄这个力量,我就考虑来,就是个五万至六万,就是地个力量,哪怕一年不行,二年也还……这是一年和二年来实际一样,就像咱伪年一样的,咱是做了一年,实际上是二年的钱完善了,各方面至于说红火起红火不起来了无所谓,是了吧?我和你说呀,红火起红火不起,沃在于人咧,不是?"

三羔接着转过来对永平说:"永平唉,咱来我对你说呀,要摊头这个事月呀,这来过来过去就是咱弟兄两个……相对地来说呀,这还是离开你什也弄不成!"永平表态说:"第一纠首,跟上!今年主人家明年纠首,常务纠首!"听了成永平的表态,三羔信心十足地说:"我和你说,咱考虑一个合适的方案,绝对上,我和你说呀,我谋这个不是奄什事情。""能咧!咱也开光,隆重些!"金柱在一旁响应。福全也出主意说:"土生土长的,出去的,回来叫!都能回来嘛!"酒桌上似乎群情激昂起来,继海也跟着说:"有贴五千的,还有贴三千的,还有贴两千的,就这地搭配嘛!再下来了千数八百的,六百的,三二百的,一凑,应该说是五六万块能弄起!"三羔对永平说:"永平,咱就定了弄就对了!方案,我和你说还有时间考虑,如今是定了弄,要弄了,开始实施,叫金柱再揶咱探讨……钱够不够来,我和你说呀,钱不够,钱实际上钱是在呀了?钱咱如今不是在爷爷揶咱叫朝下挣下,今年咱就和诺就告诉了说了,不是?多挣下的钱,你不用全弄回来,少些弄回口就行了……像人家上税,百分之十来,百分之……永平,今掏钱的这个方案啰,咱酝酿着,还有很长时间酝酿,这个是要叫万无一失,一回弄不成,两回,咱能商议,商议好以后,咱再实施。"

接着,桌上的这一帮人把从二轻局这条街上出去的人中间"活得还可以的"挨个儿数了一遍,说是这些都要请回来。永平说:"弄盘子就要寻主家了,不寻邻家,邻家是收份子钱,主家是要这个割盘子钱……谋下的,大家再开会回来谋,把话提前打到以后,咋咋地依回请,请回来以后咱组织说话,表达咱整个咱的个意思,要怎么弄,咱先表达,咱的态度怎么个,咱要花多少钱,咱要把咱纠首主人家态度表不明了,你就更不能弄……咱这个要务吧,肯定要挖出咱柳林所有咱耷那面上学读书的,这耷五六万块钱我认为不是个什事……三羔,谋下个意思,大鸿祥或者联盛组织回来,把意思稍微讲一下,讲出来以后,这么着咱写上一段,说上一阵,说了以后弄上个募捐箱叫开始,今不郝(钱)的,说下的,写上的算数……我的思想是坚定的,金柱今不是说,'哎呀,把金顶保护好,明年后年还怕弄不成了!'唉,我恰发现,明年真的想一炮打红,弄成了!"一旁的纠首应和:"弄成,绝对弄成了!"继海说:"不怕!你明年你纠首主人家你组织,明年要搭盘子要说是叫相伙,呀的吼上一卦就来了!"

福全坐在三羔的对面,敬了三羔一杯酒:"平常来朦朦胧胧来也是呵!"三羔说:"没啦这地个集中的中心的个东西呵,说实在的,一辈子也弄不好,我和你说呵,看歇得这近,遇不上一回。"永平一桌的纠首红胜说起去年海龙当主人家纠首不帮忙的情况,继海插话道:"伪一年喜虎当主人家的伪一年伪一班人也是不得劲,今年的这一班人手特殊得劲!"永平又一次称赞起了今年的一帮弟兄们:"不用说嘛!早起八点半就来了嘛!"继海说这次的人手全,"会做这的,会做沃的,人们就都来了!"红胜说:"人们都会做了,只是说想做不想做了!"永平在一旁就说搭盘子就是个技术活,并不是每个想做就都会做的:"挣上三千块钱你把盘子搭起,绝对搭不起!我们搭得半里半耷凑合,我就到王家沟把金柱吼回来了,搭不起!"几个人于是说起搭盘子的难处。六黑说看似相似的几个部件,前几个凑合着搭上了,剩下的最后一个往往无论如何就是对不上。永平跟福全说:"原来是金柱和你老子嘛!你老子退开(后就是)金柱一个人弄的,看住你老子弄的……三年以后,这个盘子能换新的,培养新人才,培养二娃,学来个!"

成永平又喝了些酒,想起收份子遇上的那些不通情理的门面和家户,诉起委屈来:"咱来实际上很辛苦,有些不通情的,受很多委屈了,辛苦是辛苦,我不怕熬人,我怕受委屈!"三羔坐到永平的对面,开导道:"这种事情,辛苦也要受,委屈也要受,你要做个事情吧,我和你说啊……好面上,好面下,叫你吃下地些,人们不是还是朝诺谝?不要说是咱是揶人们做什了,对不对?"金柱接话道:"做什也有人谝!"三羔继续说:"这个东西我和你说呵,你既然要做这事情,这就本身就是公众的个事情,你的影响力就大下了,解下了吧?说你的人,不可能是一个人,人人都能说你……有人谝也是一种福,外人想叫谝,人家还不谝!"说起有几家不点香的,永平道:"咱在个爷爷根底图什?我也不能说爷爷对我怎么好,但是我也不能说爷爷对我不好,对我好散了我成了邢继斌,说对我不好散了,我也还活得凑合……只要能顺顺利利,能生活,团团圆圆,你要谋那些太多的……"福天应和道:"平平安安,求神就是永平安了,最大的财富了!"

聚餐常能激发出盘子上纠首主人家们的豪情壮志,二轻局盘子会的这餐散伙饭,人们除了规划割新盘子,热火朝天的议论还包括了搭九曲的可能性。二轻局的盘子在柳林镇上算小型的,不仅没有九曲,今年连弹唱、秧歌之类的红火都省了,但这不妨碍纠首们在散伙饭上憧憬一下未来。不知是哪个纠首说起了龙王庙盘子上今年的成功。地点的变化真是让龙王庙盘子的九曲红了一把,金柱说龙王庙盘子的九曲不算正月十六的就挣了三万多,加上十六的就上四万了。三羔说:"只要我们弄下钱动了,今年龙王庙在公安局兀夲弄了,明年咱在公安局兀夲下,那家我和你说十几家朝出搭了,咱初几就能朝出弄了!"金柱过来说龙王庙盘子这次能往那儿搭是纠首里面有人开了绿灯,不好跟人抢地盘,又说:"咱搭到旧街也比兀家龙王庙院起搭上强,我看闹个夲两万块钱闹下了!"三羔说:"沃怕什?我和你说啊,你闹下钱也是为爷爷,我们弄下钱也是为爷爷,对了不对?"不过众人似乎都不太看好去公安局门口和龙王庙的盘子抢地盘的想法,而是想着在旧街上搭开九曲的可能性。二娃说:"十八撒盘,弄两万块钱差不多!"继海也想象着:"从燎原伪下……要通过街道下,必须走九曲,一个人多不要,两块钱,哎呀,走上两万人就跌四万块钱!"二娃和其他几个纠首议论着合适的搭建地点:"要弄就是从盘子依下弄,天主堂巷巷伪夲开始到你底面搭九曲……"讨论越发热烈,继海表态说:"要兀地弄了哦,今年的纠首就不能退了,明年人手就不得够了!"福全也附和道:"这帮人手吼一下也能了!"二娃说:"沃了,十八一出盘子也不能拆,至二十五转!"不过,二轻局门前旧街街边的地盘实在太小,真要搭开九曲,恐怕只能像继海说的那样,来往行人也要收买路钱了。成永平并没有参与这个关于九曲的讨论,或许对于他来说,相对于这个有点不着边的奇想,割新盘子还是一个可以预见结果的计划。

主食蛋柿面上来了,永平吃面之前端起了酒杯,说:"我是希望能弄成,我说相信肯定能弄成……我是不相信明年咱还搭旧的,不是夲什事,只要弟兄们齐心合力!"福全说:"不管怎么,呵,咱这一代人,探讨探讨,把这个事情办妥,以后细们,你说,就不用多费力量了!"

第七章

尾声：南山上的盘子和北山上的寺

正月十七拆了盘子出了榜，刘二娃在这年盘子会上的相伙也就告一段落了。要是不张罗割新盘子的事情，二轻局的盘子会再动弹开就是来年的正月上了。柳林镇上大大小小的盘子会差不多也都是这样的生命节奏，红火再长过了正月二十五也要收拾了①。只不过这样昙花一现的神秘风格随着盘子会成为国家级非物质文化遗产之后名声大噪而有了些新的变化。文化局的现任局长刘书学正琢磨着开发盘子的微缩模型，说是想做纯手工刻制，价值一两万的那种，当作柳林特色的"文化礼品"。微缩盘子和孟门的桑皮纸是他正在计划的用非物质文化遗产开发"文化产业"的两个项目。其实在2009年底参加吕梁市里关于"文化产业"的会之前，刘书学就已经朝这方面想了，开了会，他的认识就更坚定了："(文化产业)刚刚提出来，要政策的支持，要资金的支持。文化产业这

---

① 我在柳林见过的唯一一个特例是青龙赵家楼的盘子，由于还有替代观音楼的功能，拆盘时间是在二月十九观音会之后。

一块的投入相当大,但是见效相当慢,比如非物质文化遗产……这东西不要叫失传了,实际上它是人类进程中,祖先留下来的。再更深的东西呢就是你如何能把它变成,叫它发挥它的价值,它有些能发挥价值,有些不一定能发挥价值。要能发挥价值的时候,文化的投入相当大,可是将来回报很可能很大。但是现阶段与利益相连接。"如果这微缩盘子做成了,原本只在正月上露脸的柳林盘子就会有常年出现的替代品了。

除了还没有付诸实施的微缩盘子,另一个已经完成的替代品是南山公园里的那座汉白玉的"石头"盘子。俯瞰全镇的南山公园正对着县城西端新建的柳林县政府大楼,是县里近年来着力打造的一个生态景区。2008年底,公园里的最后一项工程,耗资三十多万元的汉白玉盘子验收前的意见会上,县里建设指挥部的领导刘树宝说过建这座"石头盘子"的初衷:"柳林自古以来老百姓的习惯,正月十五在盘子底下搞一些决策。山上的盘子是搞了一个九曲,过去九曲和盘子是在一起的。山上搞了黄河九曲阵以后,考虑到如何完善,有节日的气氛,以前柳林有木石盘子,没有石盘子,过了正月十五就放到库房了,柳林人和外面人听说柳林这个盘子要看,有了石盘子以后,什么时候都能看,就这个意思。""盘子底下搞决策"的传统的确可以通过这座汉白玉盘子的树立得到一个象征性的展现。没有什么永久建筑能比一座眺望着汇聚着地方决策者的县政府大楼的汉白玉盘子更能象征团结协作的柳林精神了。除了具有纪念碑似的象征意义,南山上的汉白玉盘子和一旁先期建起的合金九曲阵也成了当地人元宵红火游艺的一个新集中地。爬南山、转九曲成了许多柳林人,尤其是青年人元宵节庆之夜热衷的活动,柳林元宵的节庆生态也随着这合金九曲和石头盘子的出现而悄然改变。此外,汉白玉盘子的出现还为外地人随时观赏这个名声在外的柳林一绝创造了条件,在这个意义上,它就和微缩盘子一样,是"昙花一现"的柳林盘子的一个常年替代品。

  我在2008年底初到柳林的时候,看到的第一个"盘子"就是南山上的这座汉白玉盘子。这座石头盘子挺拔体面,双层八面的设计似乎比柳林镇上任何一座真盘子都要高大、繁复,而山下市井中那些最原始、常见的"三段式"单层木盘子如果和它摆在一起的话,倒是可能会显得像"奇形怪状"的"异类"。但是,这座漂亮的石头盘子后来渐渐被我淡忘了,因为我在山下看到了那些真正的盘子。不过,石头盘子既然屹立于此,它的存在便自有其意义。正如它的修建者所期望的那样,它能够以一种近似纪念碑的形式为官方定义的地方精神提供物化的象征,也能成为当地年节文化中的新鲜元素。此外,它还能够与微缩盘子一起,以一种标准化的形象为旅游业或文化产业中的消费主体提供可供常年观赏的对象。但是,它终究不是木头盘子,它并不扎根在某个具体的社区人群之中,而更像是官方宏大话语中的一个符号。从某种意义上看,南山上的石头盘子相对于社区里的木头盘子,就好比再现于申报书与各类官方话语中的"文化遗产"相对于日常生活中的文化遗产一样,前者宏大、标准、恒定,用于观看与膜拜,而后者平凡、多样、动态,扎根于生活。

  和南山上的石头盘子不一样,北山公园里的"国保"单位香严寺并非拔地而起的新建筑,而是货真价实的古迹,居高临下的地位和壮观的外貌让它和南山上的盘子竟有着某种神似之处。香严寺的规模要比龙王庙大得多,始建于唐代,现存少量金、元朝代的遗物。这座寺庙在"文化大革命"开始以后先后做过县里的粮站和县委党校,受到的破坏比起柳林镇上的其他小寺小庙就相对小些。香严寺后来成了柳林县城范围内"独一份"的"国家级文物保护"单位,修缮工作从此在各级政府的支持下开展得有板有眼。香严寺就坐落在柳林宾馆旁的北山坡上,从宾馆东向的窗户望出去就可以看到那一片恢宏的建筑群。有外地贵客来柳林造访,这里也成了政府接待参观的首选。刘二娃在一天下午小店打烊后领着我到香严寺逛了逛,那种感觉与平时我们去龙王庙里"串"是完全不同的,二娃更像是尽地主之谊般地领着客人去参观地方名胜。他对香严寺的感情更多的来自儿时的记忆,说自己小时候逃学常常整日躲在寺里玩,等到学校放学的时候再回家混饭吃。但是"文化大革命"以后这里既没有庙会也不唱戏了,如果不是陪我这"外地脑子"(柳林人对外地人的谑称)见识柳林最像样的古迹,他也很长时间没来过这里了。有了政府主导的修缮,香严寺并不需要像龙王庙那样指望着每年唱戏和时不时开光来筹集资金,和二娃这样的市井小民的关系也就远了。用柳林文物旅游局局长王进军的话说,香严寺是"三条腿"走路,国家一条,县财政一条,然后才是民间一条。他说等香严寺修缮完工后也有可能年年唱戏,只不过那是县里筹划的旅游节上的戏,已经不是供龙王庙那样的民庙"一条腿"或"一条半腿"走路的"人口戏"或者"开光戏"了。

  柳林县城两边南北山头上耸立的石头盘子与香严寺或许可以被看作是柳林的物质与非物质两类文化遗产纪念碑似的地标。它们占据着镇子南北的两个制高点,高高在上的地理位置似乎投射出自上而下生成发展的权威遗产话语的地位。但是,在对它们的雄奇魅力投以注视的目光之余,我们也不妨从俯瞰小镇的这南、北两山下到纷乱嘈杂的市井之中。我们会发现,在这些宏大遗产话语之下,"文化遗产"还可以被分解还原成刘二娃、贾宝平和贺四牛这些镇民与他们的先辈们琐碎而鲜活的日常生活。这些闹红火、敬天官、唱人口戏、跟份子、搭盘子、移交、保庙、修庙、开光、集资、开饥荒、点香、求子、还愿和祈求满年通顺才是他们日常生活中的所言所行,也正是他们对这些"琐碎日常"的固执坚持才让这些今天被称为"文化遗产"的东西在社会变迁的起伏大潮中得以延续流传,生生不息……

结 语

后现代语境中"文化遗产"的"多声部民族志"

后现代社会科学家将目光重新聚焦于那些曾被视为理所当然之物、被忽视之物、抵抗的区域、被遗忘之物、非理性之物、无意义之物、受压制之物、暧昧之物、经典之物、神圣之物、传统之物、怪诞之物、升华之物、被征服之物、被拒绝之物、无足轻重之物、边缘之物、外围之物、被排斥之物、脆弱之物、沉默之物、偶然之物、被驱散之物、被吊销资格之物、被延误之物、被分离瓦解之物。①

宝琳·玛丽·罗森瑙(Pauline Marie Rosenau)在《后现代主义与社会科学》一书中的这番话将我们最终引回对自身研究者角色以及所肩负使命的思考,即作为身处后现代语境之中的人类学研究者,我们要如何通过民族志的书写来揭开"文化遗产"的重重面纱,继而开启对"文化遗产"一词内涵的理解与反思。

---

① Pauline Marie Rosenau, *Postmodernism and The Social Sciences: Insight, Inroads, and Intrusions*, Princeton University Press, 1992, p.8.

对宏大的权威文化遗产话语的生成过程进行追本溯源的考古是揭开面纱的第一步。但与此同时，在纷繁的后现代场景之中重新寻找、定位、研究、呈现久被忽视的上述种种成了研究者的当务之急。于是，在力图为"文化遗产""揭开重重面纱"的"后现代多声部"民族志中，"文化遗产"被分解还原成刘二娃、贾宝平和贺四牛这样一些镇民日常生活中琐碎而鲜活的构成部分。关于国家、民族、认同、发展等主题的宏大话语不再是"文化遗产"表述中唯一的声音。相反，"文化遗产"被重新放入地方的日常生活场景之中。圣坛上的汉白玉盘子上看不见的参差斑驳，申报书和重修碑记里官方话语中遗漏的口述史讯息，以及当地人日常生活中的相关话语与实践一起得到了呈现。它们既与地方社会的历史变迁相互纠缠，又实实在在地置身于鲜活当下；既与一个更为宽广的国家与世界的后现代话语背景相连，又牢牢地扎根在地方的土壤之中。

在这个多声部民族志的书写过程中，日常生活中当地人的声音构成了这部民族志中篇幅最大的一个引注。长期以来，当地人的日常生活之声在民族志作品之中容易在精英知识生产过程中受到忽视或流为装饰性的点缀。而在这部民族志中，来自研究者本人以及其他地方与跨地方政治或文化精英的声音都不再拥有至高无上的统治权，它们都是且仅仅是多声部民族志中的组成声部之一。而与此形成巨大反差的是，长期处于失语状态的地方行动者的声音被给予了更大的表述空间。这部"多声部"的文化遗产民族志在写作模式上的尝试体现了研究者对"文化遗产"的"表述权力"的反思，同时也表达了研究者对一种后现代语境下民族志"合作"模式的期盼。因此从某种意义上说，这些琐碎嘈杂的日常生活之声正是这部民族志作品中最宝贵的资料，它们或许会因为太过日常而显得平淡，或许会因方言表达而显得难懂，或许会因为缺乏逻辑而显得杂乱，但这正是"面纱"之下"文化遗产"的"日常样貌"中的重要组成部分。

通过后现代视角下的多声部民族志为"文化遗产""揭去面纱",使得人类学与文化遗产研究在后现代理论集合的作用下相互融合、相互影响,形成一个积极的、具有建设性的合力。它不仅为转向中的人类学在当下的世界与地方环境中找到了一个新的应用研究领域,而且为其进行后现代状况下的学科反思提供了一片沃土,这一反思性的学科实践就包括了关于"文化遗产"的多声部民族志的书写实验。同时,人类学的积极参与使得跨越如建筑保护、民俗学、文化研究、考古学、博物馆学、城市规划、旅游管理等多个学科的"文化遗产研究",在人类学经典方法与视角以及其当代转向的洞见中,寻找到对"文化遗产"在整体观的视角下进行总体认识与再现的方法论依托。

对于人类学与"文化遗产研究"之间的结合,后现代社会理论的参与起到了具有建设性的关键作用。在后现代主义的视角观照下,二者的结合产生出的一种结果就是:后现代转向中的人类学通过研究作为后现代产物的"文化遗产",生产出有助于揭示"文化遗产"一词内涵的多声部民族志。而这类民族志的一个潜在功能便是对文化遗产保护与发展实践提出建设性的后现代主义构想。这一构想的核心理念是:文化遗产保护所朝向的并不是抹杀对现代生活的追求,而是要将前现代与现代通过对多样性的诉求糅合在一个异质而有机的后现代空间中。从这个意义上讲,后现代思潮的积极意义并不在于全然与现代对立,而在于对其进行反思与发展。将"文化遗产"看作是后现代语境下的一种话语实践也正是基于这个认识。

人类学对文化遗产的认识、民族志再现以及保护研究与实践的参与应该面向一种后现代的"文化遗产空间"的识别与建构。在这样一个后现代的"文化遗产空间"之中,物质遗产、非物质遗产、其中的人以及他们的现代生活组成一个有机的生态总体，它为和谐地居于其中的各个组成部分提供一种"在家感"。这一个有机总体的构造需要地方内生的肌理。这一内生肌理的来源之一就是地方性知识。当我们试图对盘子会、龙王庙以及柳林的文化遗产进行表述的时候，关于"事月""份子""红火""爷爷"（神明）及"偷鸡鸡"的地方性知识，以及关于二娃、宝平、四牛等这些柳林人对各自"在社会上"的人生的理解都成了这个有机的后现代"文化遗产空间"的构成肌理。也正是这个有机生态空间的构建对"文化遗产"的认识、民族志书写以及保护与发展实践提出了一种建设性的后现代整体观的要求。

克利福德在《写文化》中的《论民族志寓言》一文中称："要将民族志本身当成一种由有影响力的故事设计出情节的表演。这些故事收录在已经成文的报告中，它们在描绘真实的文化事件同时，进行了附加的、道德的、意识形态的甚至是宇宙论的陈述。民族志在其内容（它所说的各种文化及其历史）和形式（它的文本化方式所隐含的）两个层面上都是寓言性的……由于民族志文本不可能摆脱寓言性，郑重地接受这一事实将改变它们可以被写作和阅读的方式。"①通过后现代视角下的多声部民族志的写作为理解"文化遗产"一词的内涵提供启示是作者任务，而将这个文本看作一个寓言，通过阅读发现、补全乃至发展作者在寓言故事背后未曾言明的那些东西，还需要来自读者的想象与创造，这也是这部多声部民族志的作者对"合作"的一种期盼。

（本书正文中所有人物均为化名。）

---

① 詹姆斯·克利福德：《论民族志寓言》，詹姆斯·克利福德、乔治·E.马库斯编：《写文化——民族志的诗学与政治学》，高丙中、吴晓黎、李霞等译，商务印书馆2006年版，第136—137页。

附录

部分柳林方言口语词汇对照释义索引

熬 劳累(例:"真熬人!"即"真累人!")。

白夜 白天,和"黑地"相对。

便宜 方便的,准备好了的(例:"把房子弄便宜就能歇了。"即"把房子收拾准备好就能住人了。"),读音近"biànyì"。

不了 要不然的话(例:"快去吧!不了就迟了!")。

长下 多出来,与"短下"(欠了,少了)相对(例:"每年盘子上长下多少钱、短下多少钱都记得清清楚楚")。

凑地 顺便(例:"凑地把赁钱打了!"即"顺便把房租交了!")。

夯 这儿,那儿(例:"在夯坐着"即"在那儿坐着";"咱夯"即"我们那儿")。

夯夯 这儿,那儿(例:"不是在夯夯?"即"不是在这儿吗?")。

打择 收拾,处理,解决,完成(例:"把饭打择地!"即"把饭吃完!")。

地 这(例:"地些"即"这些"),读音近"dī"。

底面 下面(例:"下底面去!"即"到下面去!")。

跌 花(钱),赔钱(例:"跌了五万")。

断根子 断子绝孙的,讨厌的(例:"这断根子天气!")。

多待 多少(例:"今年多待?"即"今年多少岁?";"工资多待?"即"工资多少?")。

掇 放(例:"掇到桌子上"即"放到桌子上")。

告诉 商量/交谈(例:"咱告诉一下"即"我们谈谈")。

个人 自己/私人(例:"你个人看吧!"即"你自己看吧!")。

害 嫌(例:"害钱少"即"嫌钱少")。

好少的 很多(例:"柳林的有钱人好少的"即"柳林的有钱人很多")。

郝 拿/带(例:"你郝上"即"你拿上")。

黑地 又称"黑间",晚上,和"白夜"相对。

侯 小(例:"侯鬼"即"小鬼";"侯盆盆"即"小盆子")。

饥荒 债务/亏欠(例:"开饥荒"即"支付欠款"),读音近"qíhuo"。

解下 理解/懂(例:"解不下"即"不理解"),读音近"hàihà"。

居厢 家里/屋里(例:"在居厢歇着"即"在家里待着"),读音近"jǔxia"。

谲 骂(例:"人家要谲我啦!")。

赖 坏(例:"诺赖多久"即"他太坏了")。

埋 搞,做,弄(例:"什事也埋不成"即"什么事也做不成";"瞎埋"即"胡乱瞎弄")。

埋人 麻烦,烦人(多用于抱怨,例:"埋人吧!""真埋人!")。

米 我的(例:"米爷爷"即"我爷爷")。

没啦 没有(例:"还没啦来?"即"还没有来?")。

年时 去年(例:"年时刚养的细"即"去年刚生的小孩")。

诺 他/她(例:"诺说诺明年引嫂子"即"他说他明年娶媳妇"),读音近"nǒ"。

沤 坏了,变质了(例:"饭沤了。")。

恰发见 觉得,认为(例:"我恰发见这事不对着!"即"我觉得这事有问题!")。

恰细 确实(例:"这盘子恰细好!")。

扦 抹,揩(例:"把桌子扦一下。")。

且 个(例:"伪且"即"那个";"两且"即"两个")。

什会 什么时候(例:"什会过来")。

拾跟 与……一道,跟着,或为"相跟"(例:"你俩拾跟着去吧!")。

事月 对红白喜事或如搬迁暖窑、孩子十二岁过大生等邀请亲朋参与的庆祝活动的总称。

嫂子 媳妇(例:"引嫂子"即"娶媳妇"),读音近"sōuzi"。

摊头 花费(例:"瞎摊头"即"浪费")。

斗气 吵架/闹别扭(例:"谁跟谁斗气了?"),读音近"tōuqì"。

伪 那(例:"伪会"即"那个时候";"在伪"即"在那儿")。

兀耷 或为"伪耷",那儿(例:"盘子搭到兀耷。")。

兀地 或为"这地",那么,这么(例:"兀地大的摊头!"即"那么大的开销!")。

兀家 或为"这家",他/她(例:"兀家们上访了。"即"他们上访了。")。

沃 那(例:"这了沃了,太麻烦!"即"这样那样的,太麻烦!")。

沃了 那样的话,这样的话(例:"沃了,你就不用来了。")。

恓惶 可怜(例:"看这细,恓惶得!"即"看这小孩儿,可怜得!")。

细 小孩，孩子（例："细们"即"孩子们"）。

歇 住（例："在呀歇着？"即"住在哪儿？"），读音近"sēi"。

呀 哪儿（例："在呀了？"即"在哪儿呢？"），读音近"yà"。

呀地 怎么，如何（例："呀地说？"即"怎么说？"），读音近"yādī"。

夜来 昨天（例："夜来刚拆的盘子。"），读音近"yàlai"。

咬硬 困难，麻烦（例："这件事咬硬多了！"），读音近"niǎonìng"。

揶 给（例："揶钱"即"给钱"；"揶我"即"给我"）。

依 往，向（例："依出走"即"往外走"）。

一卦 一次，一下（例："揶我看一卦"即"给我看一下"）。

摘 偷（例："钱包被人摘了"）。

招邻家 招租户（例："这是我新招的邻家。"）。

这耷 这儿（例："在这耷"即"在这儿"）。

这赖赖 或为"兀赖赖"，这么多，那么多（例："吃不了兀赖赖！"即"吃不了这么多！"）。

说明：柳林方言口语语汇中存在一些现有汉字书面语汇中很难找到确切对应的词汇，为了忠于当地人的口头表达并展现方言的鲜活之美，作者在民族志书写的过程中并未对这些方言词汇进行释义性的书面语转换，而是在直接引述过程中选取了一些普通话中读音较为相近的汉字对这些方言口语词汇进行替代呈现。此处列出对照释义索引的主要目的是辅助阅读，意在帮助读者较便捷地查阅并理解文中一些方言口语词汇的意思。替代选词无论在表音和表意层面上都还不尽科学、严谨，仍有探讨与完善的空间。

参考文献

- **中文文献**

麦茨·埃尔弗森:《后现代主义与社会研究》,甘会斌译,上海人民出版社2011年版。

马茨·艾尔维森、卡伊·舍尔德贝里:《质性研究的理论视角》,重庆大学出版社2009年版。

佩里·安德森:《后现代性的起源》,紫辰、合章译,中国社会科学出版社2008年版。

巴莫曲布嫫:《非物质文化遗产:从概念到实践》,《民族艺术》2008年第1期。

弗雷德里克·巴特等:《人类学的四大传统——英国、德国、法国和美国的人类学》,商务印书馆2008年版。

白占全:《盘子文化探秘》,山西高校联合出版社1994年版。

白占全:《柳林民俗》,柳林县文化局1991年版。

白占全:《吕梁民俗》,北岳文艺出版社1998年版。

白占全:《"柳林盘子"吐新翠》,《吕梁宣传》1992年第9期。

包亚明:《后现代性与地理学的政治》,上海教育出版社2001年版。

包亚明:《现代性与空间的生产》,上海教育出版社2003年版。

北京大学世界遗产研究中心:《世界遗产相关文件选编》,北京大学出版社 2004 年版。

北京天则经济研究所:《阅读福柯——记北京天则经济研究所〈知识考古学〉读书会》,1998 年 12 月。

曹大斌:《柳林建县创业回顾》,山西人民出版社 2006 年版。

E. 杜尔干:《宗教生活的初级形式》,中央民族大学出版社 1999 年版。

方李莉:《遗产:实践与经验》,云南教育出版社 2008 年版。

福柯:《知识考古学》,谢强、马月译,生活·读书·新知三联书店 1998 年版。

福柯:《权利的眼睛——福柯访谈录》,上海人民出版社 1997 年版。

福柯:《词与物——人文科学考古学》,莫伟民译,上海三联书店 2001 年版。

复旦大学文物与博物馆学系、复旦大学文化遗产研究中心编:《文化遗产研究集刊》(1—5 辑),上海古籍出版社、复旦大学出版社 2000—2012 年版。

高丙中:《居住在文化空间里》,中山大学出版社 1999 年版。

高丙中:《民间文化与公民社会》,北京大学出版社 2008 年版。

高丙中:《中国民俗概论》,北京大学出版社 2009 年版。

高丙中:《日常生活的现代与后现代遭遇:中国民俗学发展的机遇与路向》,《民间文化论坛》2006 年第 3 期。

高丙中:《作为公共文化的非物质文化遗产》,《文艺研究》2008 年第 2 期。

高丙中:《知识分子、民间与一个寺庙博物馆的诞生——对民俗学的学术实践的新探索》,《民间文化论坛》2004 年第 3 期。

大卫·格里芬:《后现代科学》,马季方译,中央编译出版社 2004 年版。

大卫·雷·格里芬:《超越解构:建设性后现代哲学的奠基者》,鲍世斌译,中央编译出版社 2002 年版。

龚坚:《喧嚣的新村:遗产运动与村落政治》,北京大学出版社 2013 年版。

古塔、弗格森:《人类学定位——田野科学的界限与基础》,骆建建等译,华夏出版社 2005 年版。

顾军、苑利:《文化遗产报告——世界文化遗产保护运动的理论与实践》,社会科学文献出版社 2005 年版。

郭于华:《仪式与社会变迁》,社会科学文献出版社 2000 年版。

本·海默尔:《日常生活与文化理论导论》,王志宏译,商务印书馆 2008 年版。

琳达·哈琴:《后现代主义诗学:历史·理论·小说》,李杨、李锋译,南京大学出版社 2009 年版。

斯图尔特·霍尔编:《表征:文化表象与意指实践》,徐亮、陆兴华译,商务印书馆 2003 年版。

黄晖:《福柯的知识考古学理论剖析》,《法国研究》2006 年第 2 期。

黄剑波:《写文化之争——人类学中的后现代话语及研究转向》,《思想战线》2004 年第 4 期。

黄应贵主编:《空间、力与社会》,(台北)民族学研究所 1995 年版。

黄应贵主编:《时间、历史与记忆》,(台北)民族学研究所 1999 年版。

曼纽尔·卡斯特:《认同的力量》,社会科学文献出版社 2004 年版。

道格拉斯·凯尔纳、斯蒂文·贝斯特:《后现代理论——批判性的质疑》,张志斌译,中央编译出版社 2011 年版。

康保成:《非物质文化遗产保护发展报告(2011)》,社会科学文献出版社 2011 年版。

詹姆斯·克利福德、乔治·E.马库斯编:《写文化——民族志的诗学与政治学》,高丙中、吴晓黎、李霞等译,商务印书馆 2006 年版。

保罗·拉比诺:《摩洛哥田野作业反思》,高丙中、康敏译,商务印书馆 2008 年版。

李春霞:《遗产:源起与规则》,云南教育出版社 2008 年版。

李军:《什么是文化遗产?——对一个当代观念的知识考古》,《文艺研究》2005 年第 4 期。

李立:《在学者与村民之间的文化遗产——村落知识生产的经验研究、话语分析与反思》,人民出版社 2011 年版。

让-弗朗索瓦·利奥塔尔:《后现代状态》,车槿山译,生活·读书·新知三联书店 1997 年版。

联合国教科文组织:《联合国教科文组织保护世界文化公约选编》,法律出版社 2006 年版。

梁瑜霞、叶辉:《去魅与返魅——关于大学语文教育现状的思考》,《唐都学刊》2007 年第 4 期。

列维-斯特劳斯:《忧郁的热带》,王志明译,生活·读书·新知三联书店 2000 年版。

刘介民:《西方后现代人文主流——征候群研究》,北京大学出版社 2010 年版。

柳林县文化馆:《国家级非物质文化遗产名录项目申报书(柳林盘子会)》,2007 年。

刘世锦主编:《中国文化遗产事业发展报告(2008)》,社会科学文献出版社 2008 年版。

刘铁梁:《中国民俗学思想发展的道路》,《民俗研究》2008 年第 4 期。

刘廷奎:《柳林三镇溯源》,山西人民出版社 2004 年版。

刘永谋:《福柯的主体解构之旅——从知识考古学到"人之死"》,江苏人民出版社 2009 年版。

乔治·E. 马尔库斯、米开尔·M. J. 费彻尔:《作为文化批评的人类学》,王铭铭、蓝达居译,生活·读书·新知三联书店 1998 年版。

莫伟民:《莫伟民讲福柯》,北京大学出版社 2005 年版。

聂文军:《西方伦理相对主义探析》,中国社会科学出版社 2011 年版。

彭兆荣:《遗产:反思与阐释》,云南教育出版社 2008 年版。

乔治·瑞泽尔:《后现代社会理论》,谢立中等译,华夏出版社 2003 年版。

菲利普·萨拉森:《福柯》,李红艳译,中国人民大学出版社 2010 年版。

单霁翔:《从"文物保护"走向"文化遗产保护"》,天津大学出版社 2008 年版。

安东尼·D. 史密斯:《全球化时代的民族与民族主义》,龚维斌、良警宇译,中央编译出版社 2002 年版。

孙克勤:《世界文化与自然遗产概论》,中国地质大学出版社 2005 年版。

汪民安:《福柯的界线》,南京大学出版社 2008 年版。

王杰文:《仪式、歌舞与文化展演——陕北·晋西的"伞头秧歌"研究》,中国传媒大学出版社 2006 年版。

王铭铭:《社会人类学与中国研究》,广西师范大学出版社 2005 年版。

王其钧:《后现代建筑语言》,机械工业出版社 2007 年版。

王瑞珠:《国外历史环境的保护和规划》,淑馨出版社 1993 年版。

王文章编:《非物质文化遗产概论》,文化艺术出版社 2006 年版。

王文章等:《非物质文化遗产保护与田野工作方法》,文化艺术出版社 2008 年版。

王霄冰:《仪式与信仰——当代文化人类学新视野》,民族出版社 2008 年版。

马克斯·韦伯:《伦理之业:马克斯·韦伯的两篇哲学演讲》,王容芬译,中央编译出版社 2012 年版。

吴猛:《福柯话语理论谈要》,九州出版社 2010 年版。

吴宁:《日常生活批判——列斐伏尔哲学思想研究》,人民出版社 2007 年版。

向云驹:《世界非物质文化遗产》,宁夏人民出版社 2006 年版。

《中国大百科全书(文物·博物馆)》,中国大百科全书出版社 1993 年版。

《新德汉词典》,上海译文出版社 1999 年版。

徐嵩龄:《第三国策:论中国文化遗产与自然遗产保护》,中国社会科学出版社 2005 年版。

严翅君、韩丹、刘钊:《后现代理论家关键词》,江苏人民出版社 2011 年版。

杨念群:《空间·记忆·社会转型》,上海人民出版社 2001 年版。

于海广、王巨山:《中国文化遗产概论》,山东大学出版社 2008 年版。

张典:《福柯知识考古学的历史观》,《中州大学学报》2011 年第 28 卷第 3 期。

张生高:《柳林文化园地》,柳林电视台(影音资料)。

张松:《中国文化遗产保护关键词解》,《中国文物报》2005年12月16日。

张宏彦:《中国考古学十八讲》,陕西人民出版社2008年版。

中共中央书记处研究室文化组编:《党和国家领导人论文艺》,文化艺术出版社1982年版。

中共中央文献研究室编:《毛泽东文艺论集》,中央文献出版社2002年版。

中华人民共和国国家文物局官方网站,http://www.sach.gov.cn。

中华人民共和国国务院:《关于加强文化遗产保护的通知》,2005年。

中华人民共和国国务院:《关于开展第三次全国文物普查的通知》,2007年。

周计武:《艺术的终结:一种现代性危机》,《文艺研究》2007年第7期。

- **外文文献**

Agnew, John A. and James S. Duncan, eds. , *The Power of Place*: *Bringing together Geographical and Sociological Imaginations*, Unwin Hyman, 1989.

Aikawa, Noriko, "An Historical Overview of the Preparation of the UNESCO International Convention for the Safeguarding of the Intangible Cultural Heritage", *Museum International*, Vol. 56, No. 1-2, May 2004.

Aplin, Graeme, *Heritage*: *Identification*, *Conservation*, *and Management*, Oxford University Press, 2002.

Appadurai, Arjun, *Modernity at Large*, University of Minnesota Press, 2003.

Atkinson, Paul et al. , eds. , *Handbook of Ethnography*, Sage Publications, 2001.

Blake, Janet, *Developing a New Standard-setting Instrument for the Safeguarding of Intangible Cultural Heritage*, UNESCO, 2001. (http://unesdoc.unesco.org/images/0012/001237/123744e.pdf)

Byrne, Denis, "Heritage as Social Action", in G. J. Fairclough et al. , eds. , *The Heritage Reader*, Routledge, 2008.

Clifford, James, *The Predicament of Culture*, Harvard University Press, 1988.

Daudi, P., "Conversing in Management's Public Place", *Scandinavian Journal of Management*, 1990, Vol. 6.

De Certeau, Michel, *The Practice of Everyday Life*, University of California Press, 1988.

De Cuéllar, Pérez, et al., *Our Creative Diversity: Report of the World Commission on Culture and Development*, World Commission on Culture and Development, 1995.

Di Giovine, Michael A., *The Heritage-scape: Unesco, World Heritage and Tourism*, Lexington Books, 2009.

Du Gay, Paul, Jessica Evans and Peter Redman, *Identity: A Reader*, Sage Publications, 2002.

Ellis, Carolyn and Arthur P. Bochner, eds., *Composing Ethnography: Alternaltive Forms of Qualitative Writing*, Altamira Press, 1996.

Fairclough, Graham, Rodney Harrison, John H. Jameson Jnr and John Schofield, eds., *The Heritage Reader*, Routledge, 2008.

Featherstone, Mike, *Postmodernism*, Newbury Park, Sage, 1988.

Foucault, Michel, *Aesthetics, Method, and Epistemology*, the New Press, 1998.

Foucault, Michel, "Power/knowledge", in John A. Agnew, James S. Duncan, eds., *the Power of Place: bringing together Geographical and Sociological Imaginations*, Unwin Hyman, 1989.

Gerstenblith, Patty, "From Bamiyan to Baghdad: Warfare and the Preservation of Cultural Heritage at the Beginning of the 21st Century", *Georgetown Journal of International Law*, 2006.

Griffin, David Ray, *Spirituality and Society: Postmodern Visions*, State University of New York Press, 1988.

Gupta, Akhil and James Ferguson, *Culture Power Place-Explorations in Critical Anthropology*, Duke University Press, 1997.

Hall, Stuart, "Whose Heritage, Un-setting 'The Heritage', Re-imagining the Post-nation", in Laurajane Smith, ed., *Cultural Heritage: Critical Concepts in*

Media & Cultural Studies, Vol. II, Routledge, 2006.

Hammersley, Martyn and Paul Atkinson, *Ethnography: Principle in Practice*, Routledge, 1995.

Harvey, David C., "Heritage Pasts and Heritage Presents: Temporality, Meaning and the Scope of Heritage Studies", in Laurajane Smith, ed., *Cultural Heritage: Critical Concepts in Media & Cultural Studies*, Vol. I, Routledge, 2006.

Heise, Jens, *Johann Gottfried Herder zur Einführung*, Junius Verlag, 1998.

Honko, Lauri, "Copyright and Folklore", paper read at the National Seminar on Copyright Law and Matters, Mangalore University, Mangalore, Karnataka, India, on February 9, 2001.

Hymes, Dell, ed., *Reinventing Anthropology*, Pantheon Books, 1972.

ICOMOS, *Quebec Declaration on the Preservation of the Spirit of Place*, ICOMOS, 2008. (http://www.international.icomos.org/quebec2008/quebec_declaration/pdf/GA16_Quebec_Declaration_Final_EN.pdf)

James, Allison, Jenny Hockey and Andrew Dawson, eds., *After Writing Culture, Epistemology and Praxis in Contemporary Anthropology*, Routledge, 1997.

Jameson, Fredric, "Postmodernism and Consumer Society", in H. Foster, ed., *Postmodern Culture*, Pluto Press, 1983.

Kurin, Richard, "Safeguarding Intangible Cultural Heritage in the 2003 UNESCO Convention: A Critical Appraisal", *Museum International*, Vol. 56, No. 1-2, May 2004.

Lefebvre, Henri, *The Production of Space*, Basil Blackwell Ltd, 1991.

Low, Setha and Denise Lawrence-Zuniga, *The Anthropology of Space and Place*, Blackwell Publishing Ltd, 2004.

Lowenthal, David, *The Heritage Crusade and the Spoils of History*, Cambridge University Press, 1998.

Marcus, George E., *Ethnography through Think and Thin*, Princeton University Press, 1998.

Morris, Brian, *Anthropological Studies of Religion*, Cambridge University

Press, 1987.

Newall, Venetia J. , "The Adaptation of Folklore and Tradition", *Folklore*, Vol. 98, No. 2, 1987.

Redfield, Robert, *Peasant Society and Culture*, the University of Chicago Press, 1956.

Rosenau, Pauline Marie, *Postmodernism and The Social Sciences: Insight, Inroads, and Intrusions*, Princeton University Press, 1992.

Smith, Laurajane, ed. , *Cultural Heritage: Critical Concepts in Media & Cultural Studies*, Vol. I-IV, Routledge, 2006.

Smith, Laurajane and Natsuko Akagawa, eds. , *Intangible Heritage*, Routledge, 2009.

Sullivan, Sharon, "Cultural Value and Cultural Imperialism", in Laurajane Smith, ed. , *Cultural Heritage: Critical Concepts in Media & Cultural Studies*, Routledge, 2006.

Svensson, Marina, *In the Ancestors' Shadow: Cultural Heritage Contestations in Chinese Villages*, Center for East & Southeast Asian Studies, Lund University, 2006.

UNESCO, *Convention for the Protection of Cultural Property in the Event of Armed Conflict with Regulations for the Execution of the Convention*, UNESCO, 1954. (http://portal. unesco. org/en/ev. php-URL_ID = 13637&URL_DO = DO_TOPIC&URL_SECTION = 201. html)

UNESCO, *Masterpieces of the Oral and Intangible Heritage of Humanity Proclamations 2001, 2003 and 2005*. (http://unesdoc. unesco. org/images/0014/001473/147344e. pdf)

UNESCO, *Operational Guidelines for the Implementation of the World Heritage Convention*, Version 2002. (http://unesdoc. unesco. org/images/0012/001267/126704e. pdf)

UNESCO, *Operational Guidelines for the Implementation of the World Heritage Convention*, Version 2005. (http://unesdoc. unesco. org/images/0013/001386/138676e. pdf)

UNESCO, *Preparation of a New International Standard-setting Instrument for the Safeguarding of the Intangible Cultural Heritage*, 31C/43, UNESCO, 2001. (http://unesdoc. unesco. org/images/0012/001234/123437e. pdf)

UNESCO, *Proclamation of Masterpieces of the Oral and Intangible Heritage of Humanity-Guide for the Presentation of Candidature Files*, UNESCO, 2001. (http://unesdoc. unesco. org/images/0012/001246/124628eo. pdf)

UNESCO, *Proposal by the Director-General concerning the Criteria for the Selection of Spaces or Forms of Popular and Traditional Cultural Expression that Deserve to be Proclaimed by UNESCO to be Masterpieces of the Oral Heritage of Humanity*, UNESCO, 1998. (http://unesdoc. unesco. org/images/0011/001111/111165e. pdf)

UNESCO, *Proposals Concerning the Desirability of a Standard-setting Instrument on Historic Urban Landscapes*, UNESCO, 2011. (http://unesdoc. unesco. org/images/0021/002110/211094e. pdf)

UNESCO, *Regulations Relating to the Proclamation by UNESCO of Masterpieces of the Oral and Intangible Heritage of Humanity*, 155EX/15 Add & Corr. Annex IV, UNESCO, 1998. (http://unesdoc. unesco. org/images/0011/001131/113113e. pdf)

UNESCO, *Report by the Director-General on the Precise Criteria for the Selection of Cultural Spaces or Forms of Cultural Expression that Deserve to be Proclaimed by UNESCO to be Masterpieces of the Oral Heritage of Humanity*, UNESCO, 1998. (http://unesdoc. unesco. org/images/0011/001131/113113e. pdf)

UNESCO, *The Nara Document on Authenticity*, UNESCO, 1994. (http://www. unescobkk. org/fileadmin/user_upload/culture/cultureMain/Instruments/Nara_Doc_on_Authenticity. pdf)

UNESCO, *Yamato Declaration on Integrated Approaches for Safeguarding Tangible and Intangible Cultural Heritage: Towards an Integrated Approach*, 2004. (http://unesdoc. unesco. org/images/0013/001376/137634e. pdf)

UNESCO, *Executive Board, Hundred and Fifty-fourth Session & Hundred and*

Fifty-fifth Session, 155 Ex/15, 154Ex13-Annex III, 155Ex/15-Annex IV. (http://unesdoc.unesco.org/images/0011/001131/113113e.pdf)

UNESCO World Heritage Centre, *Expert Meeting on the "Global Strategy" and Thematic Studies for a Representative World Heritage List*, UNESCO, 1994. (http://unesdoc.unesco.org/images/0014/001493/149324eo.pdf)

UNESCO World Heritage Centre, *Working towards the 2003 Convention on Intangible Cultural Heritage*, UNESCO, 2009. (http://www.unesco.org/culture/ich)

UNESCO World Heritage Centre, *World Heritage: Challenges for the Millennium*, UNESCO, 2007. (http://unesdoc.unesco.org/images/0015/001501/150164e.pdf)

Weber, Max, *Wissenschaft als Beruf (1917/1919)/Politik als Beruf (1919)*, Studienausgabe, 1994.

Zammito, John H, *Kant, Herder, and the Birth of Anthropology*, the University of Chicago Press, 2002.

后 记

二娃嫁女

2012年3月底,我第六次来到柳林。坐在车上从高速公路出口的薛家湾一路上来就发现清河对岸的青龙那边又多了不少新修的高层住宅楼,其中就有几幢的下面标着"联盛小区"的字样。"联盛"让我想起了几天前让"柳林"这个地方在网络上大红了一把的一条新闻——柳林联盛公司的煤老板在海南嫁女。"七千万""演艺界大腕儿""三架包机"都是这条新闻中吸引人眼球的关键词。

不过,真到了柳林我才发现,我认识的当地人似乎并没有在意这条新闻已经在网络上传得沸沸扬扬,他们关心更多的恐怕还是整个事件与他们日常生活相关的另一面……这次来柳林是赶刘二娃嫁二女儿的红事月,跟一年半前嫁大女儿红红不同,这回嫁二女儿亚红,二娃俭省得连婚庆公司也没有雇。屋里屋外用的婚庆装饰全是用的自家买的行头——幔帐、灯笼、地毯、贴花,就连两年前跟我到武汉串的时候从汉正街上买回的假花也派上了用场,插在了还种着吊兰和君子兰的花盆里。"摄像"的开销自然也省了,由从武汉过来"赶事月"的我充任。

嫁女摆酒席的场子是杨家圪廊半山腰上的邻居二蛋家的院子。头一天的晌午饭上，桌子上的一伙子人就说起了联盛老板嫁女的事，不过大家这时关心的并不是婚礼名传柳林外的豪华排场，而是联盛员工因为这场婚礼的巨大开销而被拖欠六个月工资的事。二娃的大女婿海军就在联盛工作，二娃娘说现在下面的员工即使有意见也没人敢反抗，"不做了你就走，还欠了六个月……"我吃惊地问："网上不是说联盛老板身家几十个亿，怎么会这样？"一旁的二娃哥哥继海嘟囔着："几十个亿？嘴上说的！"二娃娘也说："人家没钱，人家嫁女子兀地大的摊头！"

几个柳林老乡对这一大柳林盛事的反应有些出乎我的意料。当地社会生活的方方面面通过媒介被传达到外面的世界，催生了人们对于当地的这样或那样的、简化了的缥缈想象，但是对于当地人来说，实实在在的日常生活可能就比外人的简单想象多了一份复杂。"惊世婚礼"如此，柳林的盘子和庙宇这样一些在外人眼中被简化了的"非遗"或"古建"又何尝不是如此呢？

盘子上和庙里的是非曲折

柳林的红白事儿就像主家社会关系的展示台，刘二娃的朋友中很多熟面孔都在这两天出现了，有的来相伙出力，有的来吃席上礼，这其中就包括了与"盘子会"和"龙王庙"有着各种联系的贾宝平、贺四牛和成永平。成永平是二轻局盘子会 2010 年的主人家，那年曾经和自己的继任者意气风发地张罗割新盘子的计划，不过这次当我再与他谈起二轻局的盘子时，发现他口气中的无奈已经代替了两年前散伙饭上的那种豪情。

成永平告诉我，因为新盘子并没有如期割好，他后面接手的三羔（温继全）接连当了两年的主人家，"诺移交不出去嘛！唯把新盘子弄好好移交……年时家弄龙王庙拆了来个，就没啦做起，明年正月……"现在的情况是，明年的主人家又被推到了他的头上。

"伪一夜我不在,又把伪且什挪我送得去,明年叫(我当)……(送我了)枣山脑……又叫我当主人家,诸如今送得去,我来不在(家),不接怎么啦?!"永平的语气里透露着无奈。

后来我才知道成永平所说的"龙王庙拆了来个"指的是龙王庙新建的会棚突然倒塌又拆掉重建的事故。因为承揽二轻局新盘子的木工师傅贾宝平还负责龙王庙的这些古建营生,所以盘子的工期也自然受了这个事故的影响。宝平后来告诉我说会棚是2010年11月开始搭建的,之前几年木结构就做好了,因为工程遇了些社区居民的阻力没有搭起来,一直放在戏台院里,有些已经受潮变形了,所以这次刚搭好就在腊月里垮塌了,去年重修这个会棚又费了不少工夫。

贾宝平手上这盘子和龙王庙的营生搅和在一起本来就比较麻烦,工人的工钱又逐年看涨,应承下几家的盘子割不起来,修龙王庙的工钱也老被龙王庙保护组的组长贺四牛拖欠着,现在又遇上这倒霉的事故,更让他没了脾气。这次在刘二娃家的喜宴上碰见宝平,他连说今后不想割盘子了,"不割了,有也不应承了,底面还有一个,不行,挣不了钱,太麻烦,挣点钱!"我问他龙王庙上拖欠他以前的工钱都开了没有,宝平叹气说没有。

吃罢饭,宝平跟我回到山顶二娃的家中,二娃谈起了今年龙王庙上二月十九观音会上大收布施的情况,"今年闹了五十几万,二月十九……民间三十几万,(煤老板)毛东昌挪了十六万……有人有应承下开(饥荒)的,赶明年就开完了,还要长钱!"宝平在一旁摇头道:"开不完!今年一分钱还没啦挪我!"二娃对宝平的悲观态度有些不以为然,说:"只短你的呀地两耷钱?明年人家二月十九来些条子,给你放下五百万,你是眼瞪龇牙,你还要找钱!"

二娃又说听说庙上已经开了会,计划好了明年还要再找大户们起钱,"人家明年不是说是,叫主人家叫侯喜当上,再弄上一部分纠首……"二娃告诉我说这侯喜是贺昌村新选出来的书记,"庙上也要弄个主人家,弄个贺昌现在村委的书记,当个主人家,出去闹些钱!"其实和盘子上的纠首、主人家相类似的轮换机制在柳林的其他庙里,比如双塔寺、庙湾的华佗庙里一直都实行着,只不过在龙王庙保护组成立以来都是由组长一人操持。马清的继任者四牛手上这几年庙会和开光的收入成绩平平,就今年的情况是富余刚多了些。

二娃还是不信四牛没有付给宝平拖欠的工钱。"四牛一有钱,贾师就高兴了!我就不信诺今年一分钱还没啦挪你……今年不是还长下三几万?"二娃问一旁苦着脸的贾宝平。宝平回答:"如今还钱还没啦挪一分嘛,不行了我罢工!"二娃有些不相信他这次又没拿到钱,于是说:"哎呀,我不信,多了不敢说,多少一年怎么也挪了你五万!"宝平说四牛告诉他有钱还没有到庙里的账上。二娃更不信了:"谁家的还没啦到账上?上布施的钱和起下的沃人口钱全是账上的钱,就是毛东昌一个十六万的……我才不信!人家伪一天就说你呀回吧,赶你回去钱就到了账上了,怎么是……侯喜这两万人家是挪了嘛!就是毛东昌的十六万,肯定到了账上了嘛!我才不信,还在高速上走啊?早下了高速了吧?恐怕!"宝平在一旁嘟囔说只能等着,接着又絮叨起罢工的事。

二娃见宝平这副模样,便说了自己对宝平边修庙边在庙上干私活割盘子的看法:"你对诺(四牛)说了嘛,说'你看我也看紧嘛'!问题你在诺的这些钱是……哎呀,这咱也是瞎告诉啊,咱弟兄,我就恰发见你的和诺的这一搭,我来恰发见以后啊也是麻烦事,因为什?你如今有一部分工人,又挪龙王庙做,又挪你个人(盘子)做,你下来这些钱是怎么对诺说?"宝平说他算着工时。二娃不以为然地说:"算工时?一天人家做上两项项营生,这面记上半且工,伪面再记上半且工?哎呀,如果说是四牛大器些,对你人,下来还能说个什，如果四牛要在这上头抠地你动了，这个事情真的也是麻烦！我恰发见也是不对着……"宝平听了这话，说自己把庙里原来的老年活动室那一溜西厢房修起来之后明年就不干了，"休息，串一串，恐怕是最后再没事了，做一点小的作品就行了。"

从二娃家出来，宝平又领着我回山下久违的龙王庙里转了转。庙里的变化不小，停车场出口高勤当年收费用的电子伸缩门已经拆掉了，宝平说从2009年的那次开光之后龙王庙停车场就再没有收过费，现在也不过是有人承包了洗车的营生。原来院里沿着石家沟一侧的围栏已经变成了会棚，这会棚是在经历了倒塌风波之后重修的，现在只等雕刻的工艺最后完成就可以上油漆了。

宝平边走边向我解释这会棚未来的功用："不是门面，临时也能按门面出租……弄成以后以庙养庙，闹下一点钱，再吧二月十九人们唱戏吧，要开支吧，要不下钱了，人们要上门起钱吧？假比闹下点钱就不需要起钱了。下来了自己红火，维持这个庙会，也可以，不需要民间出钱，一样，实际是一样。实际是个变相的，修起也不是那些门面，也是人们串了，也是个活动的地方，活动活动，做什以后，经营还是庙上经营，保护组嘛！租也能了，不能乱七八糟经营……比如说卖点工艺品吧，茶馆喝点茶吧，不是经营吧，想做什做什。卖点工艺品吧，弄个图书馆看点书，或是弄个茶馆吧，人们坐来喝一下，也可以……你开饭店就不行，你开个饭店赁一万块钱，开个茶馆三千块钱，还是叫开茶馆。"

"传承人"贾宝平的新打算

进到庙中，宝平领着我到大殿里看了看他手上正在赶制的青龙宝宁小区新刻的盘子，宝平看似很得意自己的这个新发明，说："这个搭开方便，和搭个家具一样……和摆个组合柜一样，组合起来……一面有三截，没有那个铆子，组合柜一样，一摆就行了……我现在朝这个地方发展，将来搭的那个，小一点，精致一点，那个上下方便一点,它就行了……朝这个地方改进,不知道应该改进不,人说改进过来吧哦,盘子是盘子,可是吧原来种东西不是没有了……不了你现在没有人(搭),根本没有人,你像十八米街那个盘子……"

贾宝平的新发明一方面是出于拆搭上方便的考虑,另一方面则是出于对自己"艺术作品"的爱惜。他解释说:"我就准备叫那个人们吧,修个地方,修得小一点,把这个搭到那个里边噢,应该还是修个地方,好处是个什呢?好处是能把做就的这个吧保持下去,你如今像这些吧,每年上呀下呀,捣呀,最后,这个烂得不行了,重来一个,把原来的种东西就没有了,一个盘子上啊下啊像什?闹好的话顶多保存二十年,二十年以外你有时候就不行了。假如今像我吧,费了点辛苦,有时候做下的东西,有时候自己还没啦下世了,东西就下世了!应该是它这个东西吧,流传下去,多少年多少年,谁谁谁,怎么怎么,应该是有价值的东西留下去。"

这次见到宝平,发现他"传承人"的自觉感比之前更强了,也不知道是不是最近这段时间的遭遇引起心态上的变化。"有的时候吧,今年接上吧,人们明年就要,时间特别紧,外边还有营生,特要得紧了有时候这个工艺做不好,有时候想做了,自己也很容易,想做了家里边自己搞一个,设计一个,重新做一个,到时候你看下这个盘子,有钱你就拿去,这是这么的个,你看不下它就歇着,谁看下谁把这个东西拿去就算了。"宝平说。

如今的贾宝平已经是省级的非物质文化遗产代表性传承人,正等着国家级的批下来,吃着"官饷",收徒弟也是他不能逃避的重任。他说:"估计是应该得下来……报下来做是做了,那个做的方式方法不一样。徒弟也有,务必要把徒弟也要报上去了,省级的时候就报了,报了三四个嘛……实际是先报了再说,这个下来做这些吧,条件有时候也是不行,有的是雕刻吧,自己先拿不下来,还有那个设计,拿不下来……简单的,原来做过的能做一个,重新设计吧,还是不行!你太做什下的吧,传承吧,人家看不下做这个事情,没有人做这个事情,挣不下钱……"

对于"国家级传承人"的名头,贾宝平内心还是有点矛盾:"批下来了,实际也是个好事,也不是个好事。为什不是个好事情,你如今批下来吧,国家,比如说每年给你补助一万块钱吧哦,有时候,你把这个钱不能白拿嘛!是吧?像今年吧,你有什的作品吧?做到什了?有些各方面吧,总要你还要多少弄一点,你不能说是白拿人家人们这个钱,是吧?你不能批下来了,你什也不管了,反正你每年给我钱就行了,不可能的事情!再个你说的是传承下来了,到底是个传承的这个是个真的假的,是吧?假如说你说你传承下来了,到时候那个人不会做,你说你传承了个什?不检查将来做成以后不能诈骗国家嘛!一年一万十年就十万了!"

刘二娃的总结

贾宝平的所有这些打算都和他目前的困境交织在一起,让他显得在重负下难以轻松。回到山顶,订对完第二天女儿回门宴席安排的二娃又跟我聊起了盘子上的事,说算上明年自己已经连当四年的纠首了。他说:"明年下来,四年!三羔没有把这个盘子割起嘛……成永平那一届不是纠首?移交三羔的那一年,又纠首,三羔又当了一年又纠首,明年又一年,又纠首!宝平不又把那个盘子又能割起吗……如今不是从今年、明年,这不是硬碰硬写到上头了,十八个纠首,今年就十八个嘛!去年宝平,叫诺不割盘子?要割起盘子,那不是人家要准备大闹?大红火?意思说把咱这一伙年轻人,多弄的些纠首吧,意思有些东东西西,全要人干了……宝平不是没有割起盘子?头一年没啦割起,第二年也没啦割起嘛!应该是今年要搭个新盘子,诺去年也没有割起,今年不是过了年又是不能搭这个新盘子?预留到2013年了……"

关于宝平现在的窘境,二娃还有话说:"如今龙王庙有三个盘子就没有割就,还有人家青龙的一个八角盘,转的这个,也是两年。他因为什这个盘子割不出来,因为工价高了。如今画一个盘子最少得三万块钱,我们那个地方的那个,伪会他是六万块钱揽的,人家那一年就给他两万块钱。2010年给他两万块钱,应该是2011年,应该搭新盘子吧? 2012年如今也还搭不起新盘子,你两年都没有挪人家割起,如今至明年就三年了,你割不起的时候你不要拿人家的钱嘛!你拿了人的钱,你就应该给人家割了,是地个道理不是?去年成永平……今年打不起这个盘子,去年人家把宝平凶得不是……双清那个地方,一句话都不会说,最后把我调得去,我也去,还有侯金柱,还有四牛,全去了嘛!最后才把他闹出来……"

今年二月十九起钱成功之后,宝平和四牛之间的关系越发微妙起来,二娃说:"为什现在四牛不给他钱?今年长下钱了,今年长三十七万多块钱,他现在就是那个……下边的那个老年活动室不是拆了?人家现在就一个人要出那个钱,盖那个房子,就是人家贺昌村委,有一个人,说你盖这个房子,人家对诺说得多少钱多少钱,他说得十万,人家就跟四牛说,'你明年二月十九,这个房子就便宜,就修好了,我就给你出这十万块钱,你闹不好我就不给你出这十万块钱。'人家给他就是今年至明年的二月十九,你一定要弄得跟这面的这个一样……硬过硬今年长三十七万……就没有给,宝平说没啦给,我恰发见不可能。就是大同那个塑像的,他媳妇今年过来,钱全给了。宝平说现在罢工?你罢了工,四牛肯定不给你钱,他现在如今是,走也不能走,干也不能干,还得要给四牛干!"

尾声

这一趟回柳林,感觉本来就纠缠在一起的宝平与四牛,盘子和龙王庙之间的关系越发纠结了。纠结中的各方又都各有各的闹心与愿景。这其中相对顺风顺水的是曾经在高二平手上连续四年移交不出去的龙王庙盘子会。继2010年把盘子搭到贺昌街口扭转局面之后,听说他们2011年也挣了不少。来二娃家行门户吃席的牟侯平告诉我,2012年他们盘子上的主人家是公安局的,带上纠首们狠要下了几笔大的布施,挣下了三十几万。

  临离开柳林之前我绕道龙王庙的时候,四牛领着我看了看庙院西南角刚为龙王庙盘子修起的十多平方米的存放屋。记得2009年他曾经明确反对过在庙院里为盘子会建存放屋,但时过境迁,故事有了另一种结局。新建的房子共有两层,存放屋在二层上,一层则是从庙院西北角迁建过来的茅厕,这似乎是个两好合一好的完美安排。四牛说:"在咱龙王庙范围内……人家可以,今年人家给了咱们三万块钱,他们不给我去年就准备修了,去年就把基础打好了,今年他们也收下钱了,不给也行,反正都是公益事业……"

  柳林龙王庙和盘子会,这是两个官方文化遗产保护话语体系中分属不同门类不同层级的文化遗产,然而在以宝平、四牛、二娃、永平、秋燕为缩影的普通柳林人的生活中,这里有柴米油盐,人情世故,天灾人祸,手艺营生,还有保佑着柳林人四时平安、满年通顺的"爷爷"们。

致　谢

　　2013年6月，这部扎根于柳林田野的人类学民族志博士论文终于完成了，而三年之后，它也将迎来最终的出版。回想始于2008年的这一段人类学田野研究之旅，我首先要感谢的是导师高丙中教授——如果没有他，我或许至今都还对柳林这个为我提供了丰富启发的田野一无所知，是他指引我展开了这段终生难忘的田野工作。同样还要感谢高丙中教授在我于北大学习期间的谆谆教导，当年他在北大出版社楼上的办公室里递给我《写文化》一书的情景还历历在目。这些推荐的书目、课堂讨论以及交流都在这篇人类学民族志方向的选定上起到至关重要的启发作用。他的鼓励也是我在写作最为艰难的时候最宝贵的支持。当然这部作品的最终完成还要感谢在研究、写作和修改期间曾经给过我宝贵的意见、建议以及鼓励的其他师友们，这其中包括张海洋老师、方文老师、王建民老师、吕微老师、周云老师、钱民辉老师、张冠梓老师、邵京老师，还有与我在研究与写作上一路相互支持的宋红娟与王立阳等同学，以及老同事许丽娟。当然，还要感谢一直支持我人类学学习及田野工作的父母。最后，我还要由衷感谢的是那些我在柳林认识的朋友们，这其中既包括在本民族志中得以直接发声的那些主要信息人,也包括很多没有出现在本书叙述中的柳林人。是他们向我无私地敞开了自己的生活世界,并以各种方式帮助我这个外来者在柳林这片田野中"歇下"并最终顺利完成了研究。首先要感谢的是接纳我的三个当地家庭:刘二奴一家、贾金平一家以及高清一家。此外,还有太多的当地人为我的研究提供过帮助,这里谨向他们以及那些姓名被不慎遗漏的朋友们致以衷心的感谢:曹大斌一家、车银银一家、杜树贵一家、高宝玺一家、高继平一家、高秀连一家、冀全科一家、康天应一家、梁宏义一家、刘爱珍一家、刘继平一家、刘应中一家、马应一家、牟平安一家、牛海生一家、司永平一家、王树英一家、王玉平一家、闫玉琴一家、张生高一家、张叔平一家,以及白洁、白瑞峰、白润平、白有厚、白占全、崔全海、车新明、车秀平、陈方亮、陈秀丽、成保平、成海平、邓定霞、段来旺、段佑旺、段照宝、冯二羔、冯贵高、冯天香、冯新平、高保平、高翠珍、高福平、高明、高全喜、高栓照、高维其、高艳、高艳强、高永红、高有元、高元亮、高忠、葛银生、郭五五、郝润应、郝忠厚、贺符翠、贺四虎、侯金宝、呼文艳、呼英忠、贾保玉、贾翠平、贾福补、贾老六、贾鹏富、贾鹏贵、贾晓丽、贾有亮、贾玉进、贾泽峰、贾志强、贾志伟、贾忠平、康丑丑、康飞龙、康改英、康书亭、康五小、康孝生、康序、李长青、李成平、李登桂、李登亮、李国大、李侯平、李金柱、李丽琴、李艳飞、李勇勇、李争光、李钟山、梁浩、梁来顺、梁思武、刘二娃、刘公鸡、刘海军、刘继斌、刘计兵、刘赖皮、刘美平、刘锁旺、刘天补、刘廷奎、刘银海、刘映学、刘艳红、刘永贵、刘玉平、刘志善、刘志泰、马声宝、马生明、马松青、毛建红、牟二平、穆忠有、牛荣星、牛虎生、牛三虎、强庭连、释宗戒、宋三元、田红红、田新全、王兵莲、王秉贵、王二羔、王海、王红龙、王侯文、王虎则、王还成、王进军、王奴则、王启用、王秋香、王荣、王三厚、王探生、王喜平、王玉成、王志勇、王军、温春平、吴俊兰、吴玲、薛贵平、闫福、闫金兰、闫平、闫维德、闫晓明、杨建生、杨津平、杨俊峰、杨平生、杨玉斌、云利青、张常华、张德明、张继全、张俊、张俊林、张林生、张龙年、张全应、张庭中、张玺荣、张秀林、赵建生、赵永军、赵玉杰……感谢之余,也希望这部作品能够算作我对他们的一个回报。